Rainer Hattenhauer

Das Android Smartphone

10 Lektionen für Einsteiger

Inhaltsverzeichnis

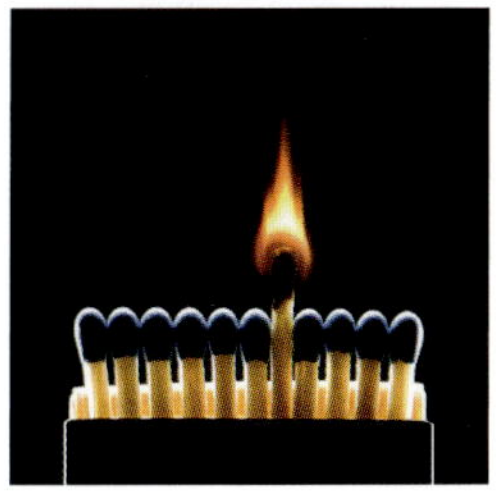

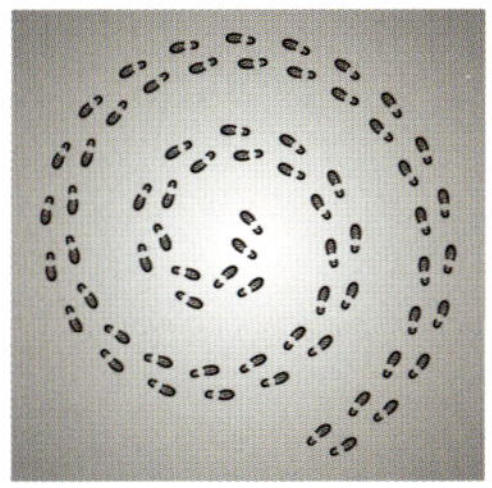

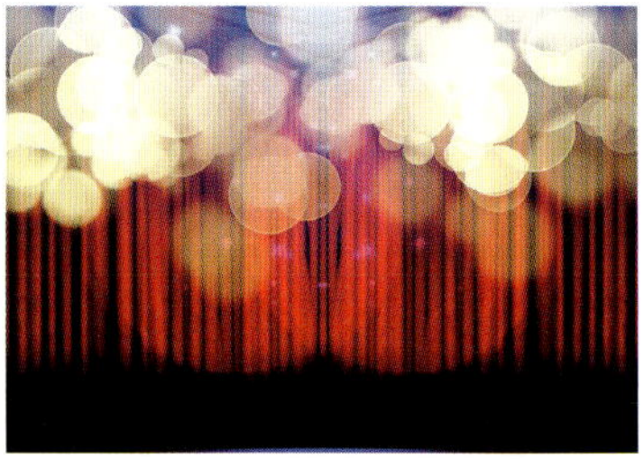

click here
click here
click here

Einleitung

»Handy brumm, ergo sum.«

Rainer Karius, deutscher Management- und Verkaufstrainer

Sie haben sich ein Android Smartphone zugelegt oder tragen sich zumindest mit dem Gedanken, dies zu tun? Dann ist das vorliegende Buch genau das Richtige für Sie! Telefonieren war gestern – ab jetzt tragen Sie Multimediacenter, Konferenzzentrale, Büro und Spielekonsole in Ihrer Jackentasche bei sich …

Warum ich mein Android Smartphone liebe …

… oder anders formuliert: »Warum ich *kein* iPhone besitze …«

Ein großes Raunen ging durch den Mobilfunkmarkt, als Steve Jobs im Jahr 2007 der Öffentlichkeit das erste iPhone präsentierte. Ein völlig neues Bedienkonzept, verpackt in schicker Schale – allen Unkenrufen zum Trotz war eine Legende geboren. Auf die erste Präsentation folgte die Ernüchterung: Das gute Stück war (zumindest bei uns in Deutschland) nur in Verbindung mit exorbitant überteuerten Mobilfunkverträgen zu haben.

Auch heute noch müssen Freunde des Apfeltelefons einige Kröten schlucken, als da wären:

- Die iPhone-Hardware gibt's ohne Vertragsbindung nur zu saftigen Preisen oder vergünstigt nur in Verbindung mit teuren Mobilfunkverträgen.
- Ohne iTunes läuft gar nichts: Ein iPhone will mindestens über iTunes aktiviert werden. Für Backup und Synchronisation ist man ebenfalls auf iTunes angewiesen.
- Individualität war gestern – schauen Sie sich mal in der U-Bahn um, wer heutzutage so alles mit einem iPhone unterwegs ist.

Was macht Android nun besser? Das Betriebssystem vom Suchmaschinenprimus Google ist im besten Sinne frei. Als Unterbau wird Linux, das freie Betriebssystem, verwendet. Somit fallen keine Lizenzkosten im üblichen Sinn an, was den Endkunden freut:

- Ein Android Smartphone der Mittelklasse mit halbwegs aktueller Hard- und Softwarebasis wechselt heute schon ab 100 Euro seinen Besitzer – und zwar komplett ohne SIM-Lock und inklusive WLAN und GPS-Funktion.

- Sie sind an keine spezielle Software zur Aktivierung oder zum Abgleich Ihres Android Smartphones gebunden. Alles, was Sie benötigen, um ein Google-Konto zu erstellen, ist ein Browser. Und der kann sich auch auf Ihrem Smartphone befinden.
- Sie können sich Ihr persönliches Android Smartphone aus einer Vielzahl schicker Geräte diverser Hersteller aussuchen.
- Android ist komplett konfigurierbar und individualisierbar – richten Sie sich Ihr neues digitales Wohnzimmer ganz nach Ihren Wünschen ein.

Mittlerweile hat Android dem iPhone locker den Rang abgelaufen: Auf ca. 60 % aller verkauften Smartphones werkelt der kleine grüne Roboter, und es kommen immer mehr dazu: Pro Tag werden fast eine Million neuer Android Smartphones aktiviert.

Für wen das Buch gedacht ist

Kurz: Für alle Smartphone-Besitzer, die ein beliebiges Android-Gerät ab Android Betriebssystem Version 2.3 (Gingerbread) besitzen, aber auch Nutzer aktueller Android-Versionen wie Ice Cream Sandwich oder Jelly Bean werden in jedem Fall auf ihre Kosten kommen. Dabei ist es gleichgültig, ob Sie blutiger Anfänger im Smartphone-Bereich sind oder schon Ihre ersten Gehversuche (vielleicht sogar mit anderen Smartphone-Betriebssystemen) gemacht haben.

Ich habe mich sehr bemüht, die Ausführungen im Buch möglichst hardware- und systemneutral zu gestalten. Besitzer eines HTC oder LG Smartphones sollten den gleichen Nutzen ziehen können wie diejenigen unter den Lesern, die ein Samsung-, Motorola- oder Sony-Ericsson-Gerät ihr Eigen nennen. Wie soll das bitte schön gehen? Ich greife für den Großteil der Aufgaben, die ich Ihnen nachfolgend vorstellen werde, auf Apps jenseits des Betriebssystems zurück. Und die haben auf jedem Gerät die gleiche Gestalt. Lediglich die Optik der eigentlichen Systemoberfläche mag von Gerät zu Gerät etwas unterschiedlich sein, was aber der beschriebenen Funktionalität keinen Abbruch tut. Die Anleitungen bezüglich des Betriebssystems habe ich unter der Android Version 4 verfasst, ist aber leicht auf ältere bzw. neuere Versionen zu übertragen, da sich am Menüaufbau und der prinzipiellen Struktur der Oberfläche wenig geändert hat.

Apropos Apps: Sicher fragen Sie sich, ob Sie nun nach der teuren Erstausgabe für das Smartphone mit Folgekosten für Software rechnen müssen. Das ist nicht zwingend der Fall! Ca. 90 % aller im Buch vorgestellten Apps sind entweder kostenlos oder zumindest in einer kostenlosen Light-Version erhältlich, die sich meist nur durch Werbeeinblendungen von der Vollversion unterscheidet. Wer's genau wissen will, was man veranschlagen muss, wenn man später doch auf die Vollversionen der Apps zurückgreift: Ich habe nach Abschluss des Buches genau 57,24 Euro in Software aus dem Android Market investiert – wohlgemerkt, für *alle* vorgestellten Apps zusammen –, das ist gerade mal der halbe Preis der Home-Version des PC-Office-Pakets vom Marktführer Microsoft.

Die Bedienungsanleitung für das Buch

Wie ziehen Sie maximalen Nutzen aus dem Buch? Einsteigern empfehle ich, in jedem Fall mit *Kapitel 1* zu beginnen und dieses gründlich abzuarbeiten. Danach können Sie sich beliebige Themen vornehmen. Fortgeschrittene Anwender können nach Einrichtung des Google-Kontos sofort loslegen und Themen je nach Interessenlage durcharbeiten.

Folgende wiederkehrende Stilelemente enthält das Buch:

- Die *Schritt-für-Schritt-Anleitungen*: Damit gelangen Sie auch bei komplexen Aufgaben sukzessive zum Ziel.
- Die *Google Play QR Codes*: Installieren Sie Software per Knopfdruck auf Ihrem Smartphone. Wie das geht, erfahren Sie in *Kapitel 1*.

Google Play: <hier stehen Verweise zu Apps aus dem Google Play Store>

Alternativen
Viele Wege führen nach Rom. In diesem Bereich werden Ihnen Alternativen zu einer vorgegebenen Lösung aufgezeigt.

Tipp
An derartigen Stellen gebe ich Ihnen den ein oder anderen Tipp, der das Leben mit Ihrem digitalen Kameraden vereinfachen soll.

Das war's dann auch schon mit den einleitenden Worten. Bleibt mir nur noch, Ihnen recht viel Freude und Erfolg bei Ihren ersten Schritten in der Welt des wunderbaren Betriebssystems Android zu wünschen.

Rainer Hattenhauer, Bad Sachsa im August 2012

Auch eine Reise von 1000 Meilen
beginnt mit dem ersten Schritt.

(Chinesisches Sprichwort)

Kapitel 1

Erste Schritte

Nun halten Sie es endlich in Ihren Händen – Ihr funkelnagelneues Android Smartphone. Telefonieren war gestern: In den Nachfahren der klobigen Ur-Handys sind alle Fähigkeiten einer modernen multimedialen Kommunikations- und Unterhaltungszentrale vereint. Die erste Lektion stellt den Kontakt zu Ihrem neuen digitalen Wegbegleiter her – ein erstes Beschnuppern sozusagen …

1.1 Der Startschuss

1.1.1 Erste Inbetriebnahme

Auspacken – loslegen: Ganz so schnell sollten Sie bei der ersten Inbetriebnahme Ihres neuen Geräts nicht vorgehen. Bereiten Sie Ihr Android Smartphone für den ersten Einsatz folgendermaßen vor:

1. Entfernen Sie den Gehäusedeckel.
2. Legen Sie die SIM-Karte Ihres Telefonproviders in das Smartphone ein.
3. Legen Sie (falls vorhanden) die externe Speicherkarte in den zugehörigen Einschub. Beachten Sie: Viele aktuelle Android Smartphones besitzen mittlerweile keinen Einschub mehr für eine externe SD-Speicherkarte, so etwa das Samsung Galaxy Nexus.
4. Bauen Sie den Akku ein.
5. Und ganz wichtig: Laden Sie den Akku **voll** auf.

Durch die vollständige Ladung des Akkus vor der ersten Inbetriebnahme des Smartphones stellen Sie sicher, dass die Akkuanzeige korrekt kalibriert wird.

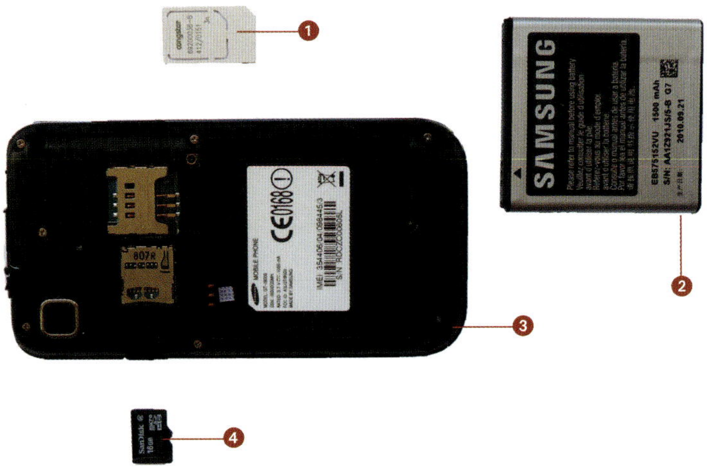

❶ *SIM-Karte*
❷ *Akku*
❸ *Smartphone*
❹ *Externe SD-Karte*

Danach kann's richtig losgehen: Schalten Sie das Gerät nach Herstelleranweisung ein.

1.1.2 Der Konfigurationsassistent

Jeder Hersteller baut in „sein" Smartphone eine spezielle Routine ein, die bei der ersten Inbetriebnahme abläuft. Es empfiehlt sich, diese Schritte ordnungsgemäß zu durchlaufen, um das Gerät für den ersten Einsatz grob vorzukonfigurieren.

Bei einem Samsung Galaxy Nexus Smartphone (Android-Version 4) sehen die ersten Schritte beispielsweise folgendermaßen aus:

1. Bei eingelegter SIM-Karte werden Sie zunächst aufgefordert, die PIN (*Persönliche Identifikationsnummer*) der Karte einzugeben (Abbildung 1.1). Geben Sie die PIN ein. Diese finden Sie im Schreiben Ihres Providers oder auf der Plastikkarte, aus der Sie den SIM-Chip herausgelöst haben.
2. Im nächsten Dialog wählen Sie die Sprache aus, mit der Sie zukünftig Ihr Smartphone bedienen möchten (Abbildung 1.2).

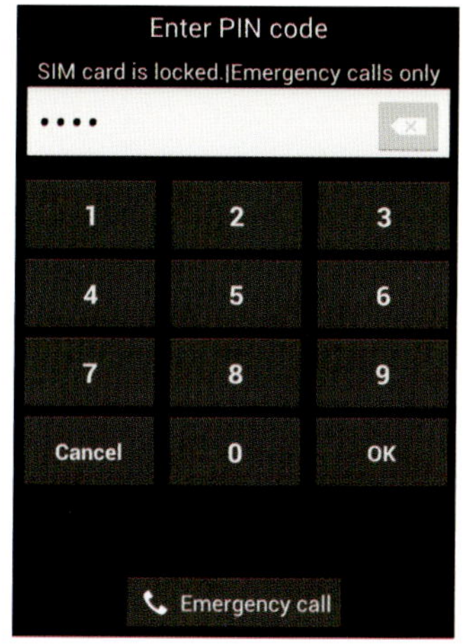

Abbildung 1.1: Vor der ersten Inbetriebnahme ist die PIN einzugeben, die der Provider zusammen mit der SIM-Karte oder ggf. extra verschickt hat. Da an dieser Stelle noch keine Lokalisierung der Sprache vorgenommen wurde, müssen Sie mit englischen Dialogen vorliebnehmen.

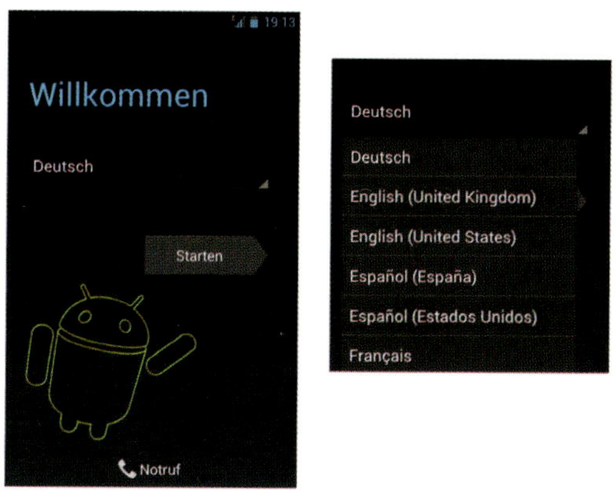

Abbildung 1.2: Ein Assistent nimmt Sie bei der Ersteinrichtung Ihres Smartphones an die Hand. Im ersten Schritt wählen Sie die Sprache der Benutzeroberfläche aus.

3. Anschließend haben Sie die Gelegenheit, die Systemuhrzeit einzustellen. Bereits an dieser Stelle sollte das Telefon aber schon eine Verbindung zum mobilen Internet aufgebaut haben, dementsprechend wird die aktuelle Zeit aus dem Mobilfunknetz bezogen (Abbildung 1.3).

Abbildung 1.3: Datum und Uhrzeit werden bei bestehender Netzanbindung vom Mobilfunknetz bezogen.

4. Im nächsten Schritt wird nachgefragt, ob Sie ein bestehendes Google-Konto nutzen möchten. In der Regel verfügen die meisten Android-Nutzer schon über ein Konto bei Google. Sie können sich also bereits an dieser Stelle mit den entsprechenden Login-Daten anmelden (Abbildung 1.4).

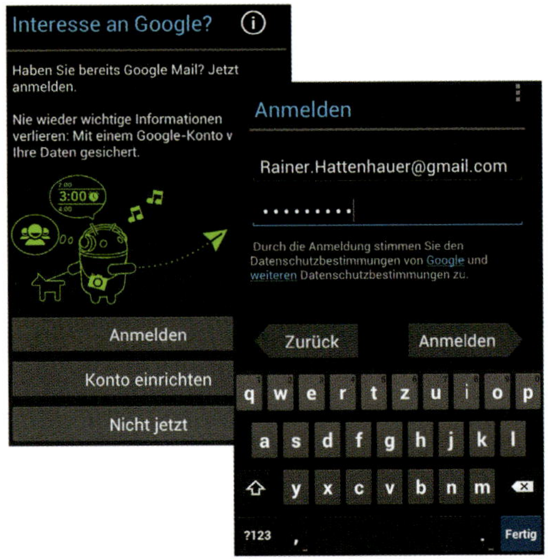

Abbildung 1.4: Melden Sie sich bei Google an. Sollten Sie noch kein Google-Konto eingerichtet haben, so können Sie das an dieser Stelle nachholen.

Sollten Sie noch kein Google-Konto besitzen, so können Sie diesen Punkt überspringen und das Smartphone auch noch später bequem im Google-Netzwerk anmelden. In der Zwischenzeit erstellen Sie per Browser am PC ein neues Konto, siehe Abschnitt 1.2.

5. Nach der optionalen Anmeldung erwartet Sie ein Dialog, mit dessen Hilfe Sie die automatische Wiederherstellung Ihres Smartphones einrichten können. Aktivieren Sie die beiden Haken vor den entsprechenden Optionen.

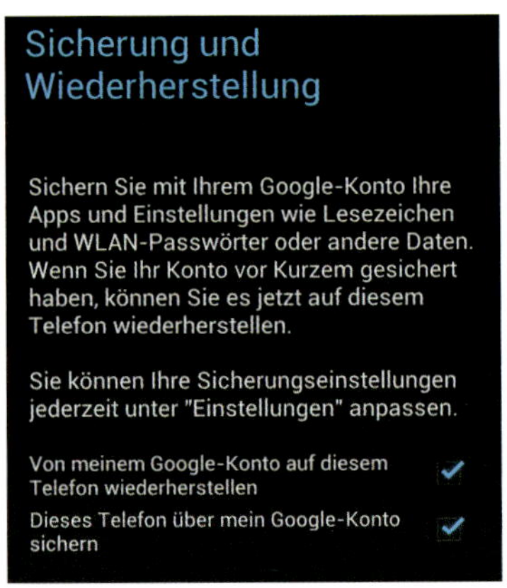

Abbildung 1.5: Sollten Sie bereits ein Android Smartphone mit entsprechendem Google-Konto besessen haben, so können Sie auf einem neuen Gerät sämtliche Apps und Einstellungen des alten Geräts übernehmen. In jedem Fall empfiehlt sich aber eine permanente Verknüpfung des neuen Geräts mit Ihrem Google-Konto (Haken bei der zweiten Option).

6. Im nächsten Dialog haben Sie die Möglichkeit, den Google-Standortdienst zu aktivieren. Misstrauische Naturen lassen hier die Finger davon: Schließlich können Sie so jederzeit über Ihr Smartphone lokalisiert werden.
7. Die Konfigurationsroutine schließt mit der Eingabe Ihres Namens zur Personalisierung des Geräts bzw. spezieller Apps.
8. Ein kleiner Rundgang durch die Oberfläche rundet bei den meisten Geräten die Ersteinrichtung ab (Abbildung 1.7).

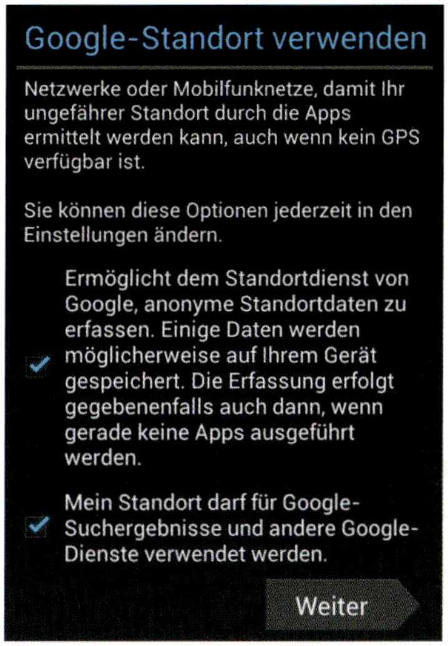

Abbildung 1.6: Aktivieren Sie bei Bedarf die Google-Standortdienste.

Abbildung 1.7: Das war's: Die Einrichtung ist abgeschlossen, und ein kleiner Rundgang durch das System beginnt. Im ersten Schritt erfahren Sie beispielsweise, wo Ihre Apps beheimatet sind.

Besitzer anderer Android Smartphones (z. B. HTC, Sony, LG oder Motorola) bzw. älterer Android-Versionen werden von ähnlich strukturierten Assistenten durch die Ersteinrichtung geführt. Man möge mir bitte nachsehen, dass ich für die obige Demonstration der Einrichtung ein Samsung-Gerät verwendet habe. Die nun folgenden Beschreibungen im Buch sind so gut es geht herstellerneutral gehalten – versprochen!

1.2 Das Google-Konto

Man kann ein Android Smartphone zwar auch ohne Google-Konto (engl.: *account*) nutzen, ob dies Sinn macht, bleibt allerdings dahingestellt: Die wesentlichen Funktionsmerkmale des Android-Betriebssystems erschließen sich nur dem Nutzer, der über einen Google-Account verfügt.

Sie besitzen noch kein Konto bei Google? Dann holen wir das schnell nach und richten ein solches ein. Das geht am bequemsten vom heimischen PC aus:

1.2.1 Das Basiskonto einrichten

1. Begeben Sie sich auf `www.google.de` Klicken Sie im linken oberen Fensterbereich den Link *Anmelden* an. Es öffnet sich der Login-Bereich (Abbildung 1.8).

Abbildung 1.8: Im Login-Bereich bei Google können Sie ein neues Konto anlegen.

2. Folgen Sie nun dem Link *erstellen Sie ein kostenloses Konto* und geben Sie im folgenden Dialog eine gültige E-Mail-Adresse (im Normalfall Ihre E-Mail-Adresse, unter der Sie ständig erreichbar sind) ein. Definieren Sie außerdem ein Passwort für das Login bei Google und bestätigen Sie es (Abbildung 1.9).

Die optionale Angabe einer Mobilfunknummer ist erforderlich, falls Sie einmal Ihr Passwort vergessen sollten: In diesem Fall erhalten Sie einen Rücksetzcode per SMS. Auch die (ebenfalls optionale) Eingabe einer alternativen E-Mail Adresse ist sinnvoll: An diese werden Nachrichten geschickt, falls im Zusammenhang mit Ihrem Konto ungewöhnliche Aktivitäten festgestellt werden, dieses also evtl. gehackt wurde.

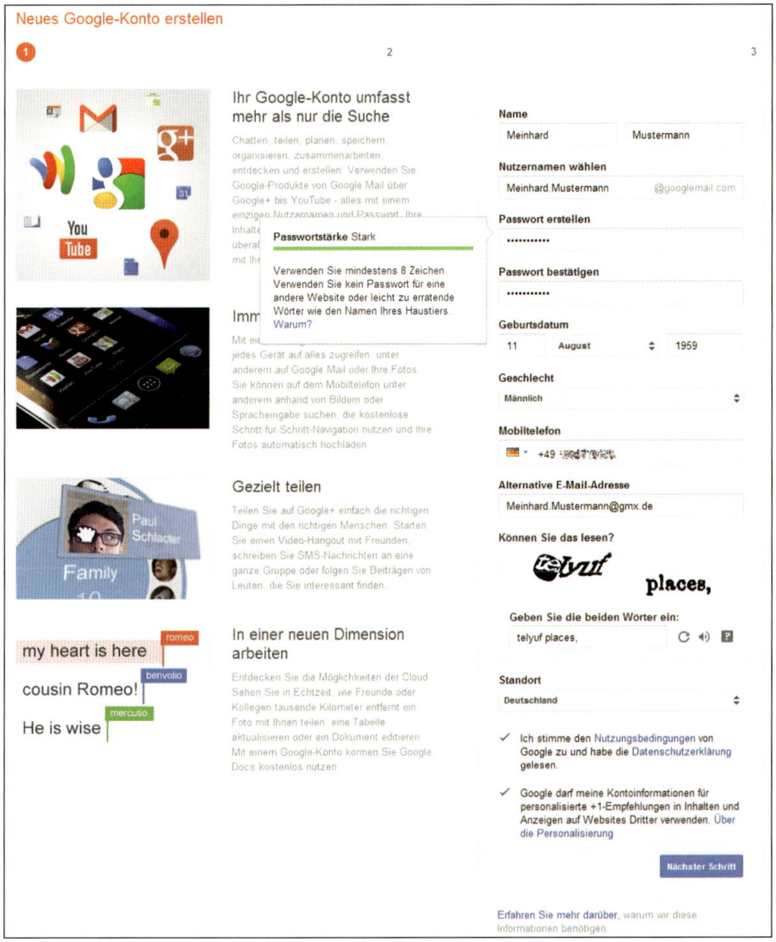

Abbildung 1.9: In wenigen Augenblicken ist ein Google-Konto eingerichtet.

3. Geben Sie nun noch die Zeichenfolge der Sicherheitsabfrage (des sogenannten *Captchas*) ein und bestätigen Sie die Nutzungsbedingungen am Ende der Seite.
4. Im nächsten Schritt haben Sie die Möglichkeit, Ihr neues Google-Profil unter anderem mit einem Profilfoto »aufzuhübschen«. Das können Sie allerdings später immer noch nachholen.
5. Fertig! Ihr neues Google-Konto wurde erstellt und kann nun genutzt werden.

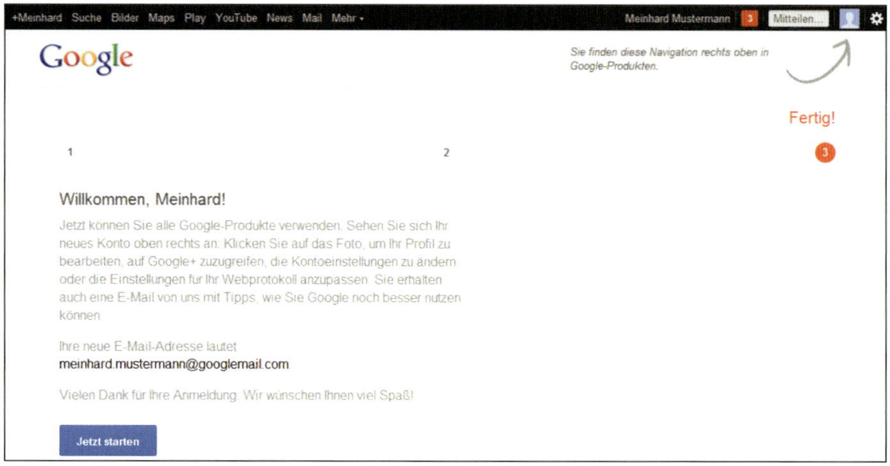

Abbildung 1.10: Das Google-Konto wurde erstellt. Sie erkennen an der Toolbar im oberen Fensterbereich, dass Sie bereits eingeloggt sind. Außerdem wurde eine neue E-Mail-Adresse für das neue Konto freigeschaltet.

1.2.2 Ihre Google Mail-Adresse

… wird automatisch mit Ihrem neuen Google-Konto eingerichtet. Sie erfahren diese auf der Anmeldebestätigung (Abbildung 1.10). In der Regel haben Sie auch schon einige Begrüßungsmails von Google erhalten. Um Google Mail aus dem PC-Browser heraus zu nutzen, gehen Sie folgendermaßen vor:

1. Folgen Sie dem Link *Mail* in Ihrer persönlichen Google-Statusleiste am oberen Fensterrand.
2. Lassen Sie sich anschließend per Tour durch Google Mail führen, um die wichtigsten Funktionen kennenzulernen.

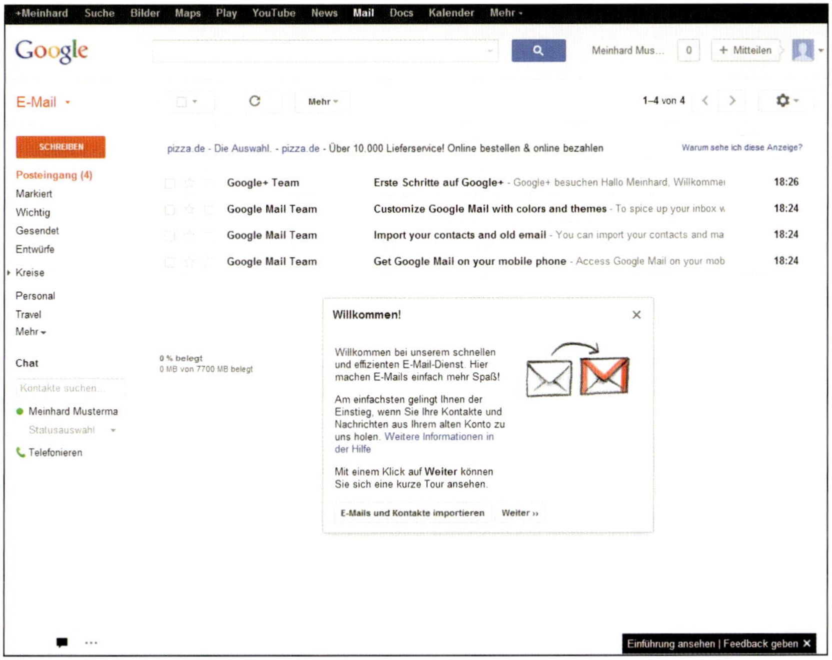

Abbildung 1.11: Die Google Mail-Adresse steht Ihnen unmittelbar nach Erstellung Ihres neuen Google-Kontos zur Verfügung.

Ihr Google-Konto sowie Ihre Google Mail-Adresse sind der Dreh- und Angelpunkt zur optimalen Nutzung Ihres Android Smartphones. Die Frage, die sich vielen Android-Newcomern stellt, ist die, ob Ihre Daten bei Google gut aufgehoben sind.

1.2.3 Ohne Moos nichts los: Google Checkout

Mit dem im vorangegangenen Abschnitt erstellten Google-Konto können Sie sich bereits mit Ihrem Smartphone im Google Android App Market (mittlerweile bekannt unter dem Namen *Google Play*) umsehen und kostenfreie Anwendungen installieren. Der Bereich der kostenpflichtigen Anwendungen bleibt Ihnen aber noch verschlossen, da Google nicht weiß, wo das Geld für Ihre Einkäufe abzubuchen ist.

Google und die Sicherheit

Sie haben es wohl bereits mitbekommen: Allen Unkenrufen zum Trotz wird Sicherheit bei Google großgeschrieben. Durch die Verbindung Ihres Google-Kontos mit Ihrem Smartphone ist die eindeutige Zuordnung zu Ihrer Person gewährleistet. Datenschützern graust es allerdings bei dem Gedanken, dass Google im Besitz Ihrer Telefonnummer und diversen anderen persönlichen Daten ist. Aber das sind Banken, Lebensversicherungen und andere Unternehmen auch ... Kurz gesagt: Wenn Sie ähnliche Bedenken teilen, dann sollten Sie noch einmal dringend in sich gehen und darüber nachdenken, ob ein Google-Smartphone das richtige Gerät für Sie ist. ;-)

Hinweis
Google Play ist Googles Antwort auf den iTunes Store: Hier können Sie Medien und Apps aller Couleur für Ihr Android-Gerät bequem einkaufen und obendrein auf allen Geräten, die mit Ihrem Google-Konto verknüpft sind, wiedergeben.

Um bei Google Play Einkäufe zu tätigen, müssen Sie sich bei *Google Checkout* anmelden.

1. Begeben Sie sich per Browser auf die Seite `checkout.google.com` und loggen Sie sich dort mit Ihrem soeben erstellten Konto ein. Sie können für das Login entweder die (bestätigte) Google Mail-Adresse oder die alternative Mailadresse, die mit Ihrem Google-Konto verknüpft ist, verwenden.

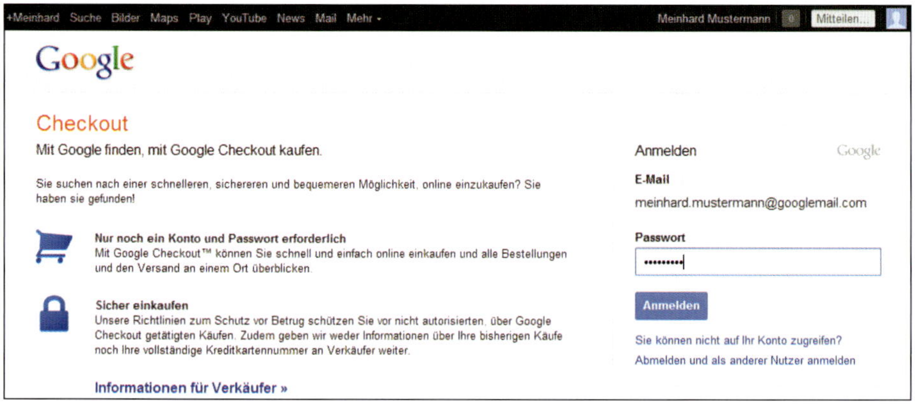

Abbildung 1.12: Melden Sie sich bei Google Checkout an, um kostenpflichtige Apps im Google Play Store zu kaufen.

War es bislang nur möglich, die Einkäufe bei Google per Kreditkarte zu begleichen, so können Sie die Einkäufe in Deutschland mittlerweile auch über Ihre Mobilfunkrechnung begleichen lassen. Ich verwende nachfolgend allerdings die Variante der Bezahlung per Kreditkarte.

2. Geben Sie bei Google Checkout Ihre Kreditkartendaten ein (Abbildung 1.13). Nach deren Überprüfung können Sie im Google Play Store nach Herzenslust mit Ihrem Smartphone stöbern und Apps einkaufen. Mehr dazu aber später.

Abbildung 1.13: Bei Google Checkout (auch Google Wallet genannt) bezahlt an am bequemsten, per Kreditkarte. Weitere Zahlungsmöglichkeiten (PayPal, Click and Buy) sind in Vorbereitung.

Alternative Bezahlungsmöglichkeiten

Wer seine ersten Apps per Kreditkarte oder Mobilfunkkonto im Google Market gekauft hat, wird teilweise schockiert sein über die saftigen Aufschläge für »im Ausland getätigte Geschäfte«. Bei mir wurde beispielsweise eine App, die 79 Cent gekostet hat, mit einem Auslandsaufschlag von 1,50 Euro versehen. Kundenfreundlichkeit geht anders ... Der Tipp an dieser Stelle: Es gibt durchaus alternative Bezahlmethoden jenseits des Google Markets: Deutsche Anwender können Apps via **PayPal** oder **Click and Buy** bei AndroidPIT oder pdassi erwerben, vorausgesetzt, sie haben eine spezielle App installiert. Spiele von Gameloft werden über (kostenpflichtige) SMS abgerechnet, und etliche Softwarevertreiber bieten ihre Apps auch jenseits des Google Play Store zum direkten Download an. Die Bezahlung erfolgt auch hier in der Regel über PayPal. Mehr zu alternativen Methoden zum Erwerb von Apps erfahren Sie in **Kapitel 9**.

1.2.4 Das Smartphone mit dem Google-Konto verknüpfen

Nachdem Sie nun über ein gültiges Google-Konto verfügen, sollten Sie dieses mit Ihrem Android Smartphone verknüpfen. Falls Sie bereits bei der Einrichtung ein Google-Konto besessen und dieses im Einrichtungsdialog angegeben haben, erübrigen sich die nachfolgend beschriebenen Schritte.

Zunächst verknüpfen Sie Ihr Smartphone generell mit Ihrem Google-Konto:

1. Stellen Sie sicher, dass Ihr Smartphone über eine Onlineverbindung (per Mobilfunknetz oder WLAN) verfügt. Mehr dazu erfahren Sie in *Kapitel 2*.
2. Begeben Sie sich in das App-Menü und tippen Sie die App *Einstellungen* an.
3. Wählen Sie im Untermenü *Nutzer* den Punkt *Konten und Synchronisierung*. Hier können Sie nun durch Antippen der Schaltfläche *Konto hinzufügen* Ihr Smartphone nachträglich mit Ihrem frisch eingerichteten Google-Konto verknüpfen.

Auch der Google Play Store muss vor der ersten Nutzung mit Ihren Kontodaten gefüttert werden:

4. Begeben Sie sich durch Antippen des Google Play Store-Symbols in den Play Store. Sollte sich das Google Play-Symbol nicht auf der Startseite befinden, so begeben Sie sich in den Apps-/Widgets-Bereich durch Antippen der mittleren Schaltfläche des Startbildschirms (vgl. Abbildung 1.7). Den direkten Link zu Google Play finden Sie im rechten oberen Bereich des Apps-/Widgets-Bereichs.

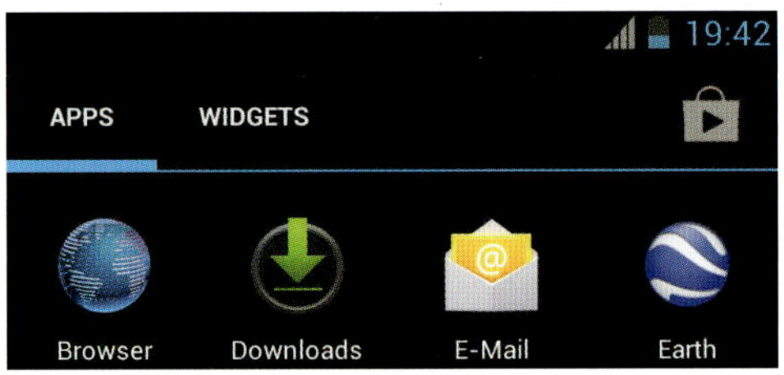

Abbildung 1.14: Vom Apps-Bereich aus gelangen Sie jederzeit über das Google Play Store-Symbol in der rechten oberen Ecke zum Apps-Market.

5. Wurde Ihr Smartphone noch nicht mit Ihrem Google-Konto verknüpft, so erscheint zunächst ein Dialog zur Einrichtung des Google Play Stores. Wählen

Sie den Punkt *Anmelden* im folgenden Dialog und geben Sie anschließend Ihre Google-Kontodaten ein. Tragen Sie in das Feld *Nutzername* Ihre E-Mail- bzw. Google Mail-Adresse sowie in das Feld *Passwort* Ihr Google-Passwort ein (Abbildung 1.15).

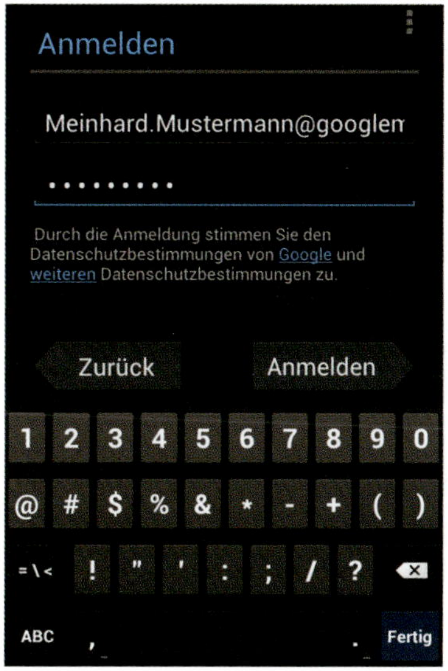

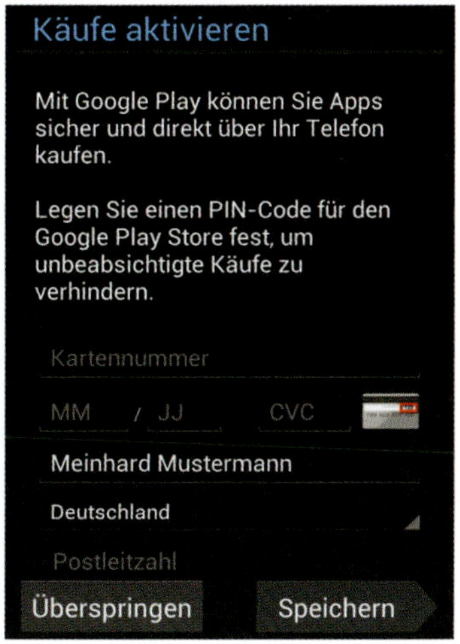

Abbildung 1.15: Der Einrichtungsassistent hilft Ihnen dabei, Ihr Android Smartphone mit Ihrem Google-Account zu verknüpfen. An dieser Stelle können Sie auch noch die Angabe Ihrer Abrechnungsdaten vornehmen, um Käufe im Google Play Store tätigen zu können.

6. Betätigen Sie schließlich den Knopf *Anmelden*.

Das Smartphone setzt sich daraufhin mit den Google-Servern in Verbindung. Dies bedingt, dass Sie über eine Onlineverbindung (entweder per WLAN oder mobilen Datenfunk) verfügen.

7. Bestätigen Sie im nächsten Dialog die Sicherung Ihrer Smartphone-Daten bei Google, falls Sie wünschen, dass Ihr Smartphone nach einem Reset vollständig wiederhergestellt werden kann.
8. Schließen Sie im letzten Dialog das Google Play-Setup ab, indem Sie die Nutzungsbedingungen bestätigen.

Damit hätten Sie Ihr Google Android Phone mit Ihrem Google-Konto verknüpft.

1.3 Die Oberfläche

Böse Zungen behaupten, mit Android wäre es erstmals gelungen, das Linux-Betriebssystem aus dem Keller der Geeks und Hacker herauszuholen und mit einer hübschen Oberfläche auszustatten, die von jedermann/jederfrau intuitiv zu bedienen ist. Das Problem dabei ist nur, dass die Oberfläche so unglaublich vielseitig konfigurierbar ist, dass ein Einsteiger sich oft verzettelt. Im folgenden Abschnitt erstellen wir daher aus pädagogischen Gründen zunächst eine nackte Oberfläche, die wir Schritt für Schritt mit nützlichen Funktionen ausstatten. Dabei lernen Sie rasch die Besonderheiten des Android-Betriebssystems kennen.

Abbildung 1.16: Tippt man ein Element (im vorliegenden Fall die Analoguhr des Startbildschirms) an und lässt den Finger darauf ruhen, so erscheint nach kurzer Zeit ein Papierkorb am oberen Displayrand. Schieben Sie das Element über den Papierkorb und lassen Sie es los: Es verschwindet sofort von der Oberfläche.

1.3.1 Grundreinigung

Jeder Hersteller kocht sein eigenes Süppchen und stattet seine speziellen Android Smartphones mit eigenen Oberflächen aus. Beispielsweise verwendet Samsung *TouchWiz*, während der Konkurrent HTC seine Geräte mit der *Sense*-Oberfläche versieht. Um einen größtmöglichen Konsens zwischen Nutzern unterschiedlicher Hardware in dem vorliegenden Buch zu erzielen, beginnen wir am besten mit einer komplett leeren Oberfläche. Diese erzeugen Sie folgendermaßen (Abbildung 1.16):

1. Tippen Sie nacheinander auf jedes Element auf der Startseite der Oberfläche und ziehen Sie es per Finger über den nun erscheinenden Papierkorb. Als Ergebnis sollte Ihr Arbeitsplatz (bis auf die Icons der Grundfunktionen in der unteren Zeile) bis auf die Google-Suchzeile frei von jeglichen Symbolen sein.

Natürlich können Sie auch die Icons in der unteren Hauptmenüzeile entfernen und nach Belieben durch neue ersetzen. Dies ist ab der Android-Version 4 (Icecream Sandwich) möglich. Lassen Sie uns nun den nackten Desktop neu bestücken. Fangen wir mit einem schönen Hintergrundbild an:

2. Halten Sie den Finger auf dem leeren Desktop (der Oberfläche) gedrückt und wählen Sie im erscheinenden Menü den Punkt *Hintergrundbild*. Wählen Sie aus der Hintergrundbildgalerie einen neutralen Hintergrund aus. Diesen können Sie natürlich später auch Ihren Vorlieben nach anpassen.

Damit hätten wir eine gemeinsame Basis für die künftigen Lektionen geschaffen. Natürlich kann die Optik der Oberflächen der Hersteller unterschiedlicher Smartphones leicht von den folgenden Screenshots abweichen, da jeder Hersteller andere Icons/Symbole verwendet. Auch die Art und die Anzahl der Symbole in der Funktionsleiste am unteren Displayrand mögen abweichen. Prinzipiell lassen sich aber die nachfolgenden Ausführungen leicht auf beliebige Android-Plattformen übertragen, wenn man nebenbei einen Blick in das Manual des eigenen Smartphones wirft.

Abbildung 1.17: Der nackte Desktop ist ein guter Ausgangspunkt für die ersten Experimente, die Oberfläche zu personalisieren. Die oben abgebildeten Elemente (von oben nach unten: Statusleiste, Google-Suchfeld, Apps-Menü, Funktionsschaltflächen) können nicht entfernt werden.

1.3.2 Der grundsätzliche Aufbau des Android-Desktops

Sehen wir uns den Android-*Desktop* (also die *Oberfläche*) einmal genauer an. Sie finden dort folgende wesentliche Elemente:

Die Homescreens
An die Stelle des Desktops, also der virtuellen Schreibtischoberfläche, die Sie vom heimischen PC kennen, treten bei Android die Homescreens, zwischen denen Sie per Wischgeste wechseln können. In der Grundkonfiguration finden Sie fünf Homescreens vor, zwischen denen Sie wechseln können. In älteren Android-Versionen funktionierte das bequem mithilfe einer Punktleiste am oberen Bildschirmrand, die jedoch ab Version 4 wegrationalisiert wurde.

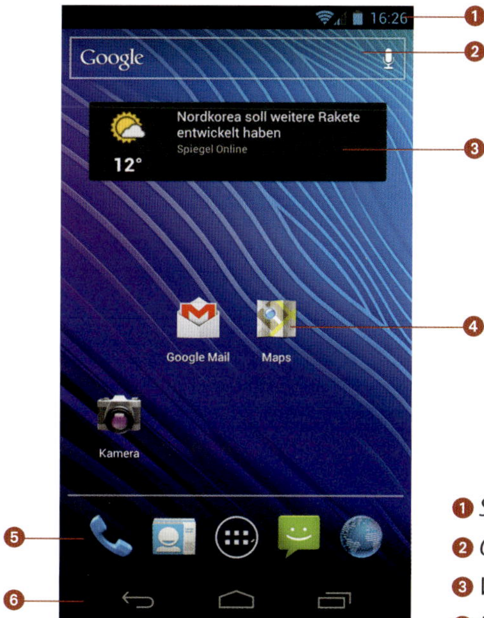

1. *Statusleiste*
2. *Google Suchleiste*
3. *Widget (hier: aktuelles Wetter und Schlagzeilen)*
4. *Icons (Symbole) für den schnellen Start von Programmen (Apps)*
5. *Schnellzugriffsleiste für wichtige Anwendungen*
6. *Ab Android Version 4: Software-Schaltflächen Zurück, Heimbereich, Häufig benutzte Anwendungen*

Die einzelnen Bereiche haben folgende Funktion:

- In der **Statusleiste** finden Sie die Statussymbole einiger Anwendungen. Im vorliegenden Bild sind das (von links nach rechts) das WLAN-Icon, die Mobilfunksignalanzeige, das Batteriestatus-Icon und die Uhrzeit.
- Das **Google-Suchfeld** ermöglicht eine blitzschnelle lokale und globale Suche direkt vom Startbildschirm heraus: Ob Sie eine bestimmte App auf dem Telefon starten möchten, einen Kontakt suchen oder eine Internetrecherche durchführen: Tippen Sie einen Begriff ein, und los geht's!
- Den zentralen Bereich des **Homescreens** können Sie frei nach Ihren Bedürfnissen gestalten: Hier lassen sich Icons, Widgets und Schnellzugriffe positionieren.
- Die **Standardanwendungen**, die sich in der Funktionsleiste am unteren Bildschirmrand befinden, erscheinen auch nach einem Desktopwechsel stets an derselben Stelle. Hier empfiehlt es sich, die Anwendungen zu platzieren, die Sie am häufigsten verwenden.

1.3.3 Hardware- bzw. Softwaretasten

Die Anzahl und Funktionalität der Hardwaretasten unterscheidet sich von Hersteller zu Hersteller. Ab der Android-Version 4 wurden bei aktuelleren Geräten viele Softwaretasten zugunsten virtueller Schaltknöpfe im unteren Bildschirmbereich wegrationalisiert. Im Folgenden werden ein älteres und ein neueres Gerät bezüglich der implementierten Tasten gegenübergestellt:

Geräte vor Android 4

Beim Bestseller Samsung Galaxy S1 finden Sie folgende zusätzliche Tasten am Gerät:

❶ *Lautstärkewippe*
❷ *An/Aus-Schalter*
❸ *Menü-Softtaste*
❹ *Zurück-Softtaste*
❺ *Home-Taste*

Die oben erwähnten Tasten haben folgende Bedeutung:

- Mit der **Lautstärkewippe** ändern Sie die aktuelle Lautstärke.
- Mit dem **An/Aus-Knopf** wird das Smartphone ein- bzw. ausgeschaltet.
- Über die **Menü**-Taste rufen Sie das aktuelle Kontextmenü einer App oder des aktuellen Bereichs auf, in dem Sie sich bewegen.

- Mit der **Zurück**-Taste springen Sie in einer Anwendung einen Schritt zurück.
- Mit der **Home**-Taste erreichen Sie den momentan aktuellen Home-Bildschirm. Sollten Sie sich zuvor in einer Anwendung befunden haben, so läuft diese ggf. im Hintergrund weiter.

Bei einigen älteren Geräten kommt zu den drei Android-Funktionsknöpfen *Menü*, *Zurück* und *Home* noch ein vierter Knopf hinzu: der *Suchknopf*: Dieser öffnet den Suchdialog des Android-Betriebssystems.

Geräte ab Android Version 4
Seit der Zusammenführung der Tablet- und Smartphone-Version von Android wurde ein Großteil der Knopffunktionalität direkt auf die Hauptfläche des Displays verlagert. Ein modernes Gerät kommt daher mit nur wenigen Knöpfen aus:

Die Verwendung von Softwareknöpfen hat den Vorteil, dass diese bei der Rotation des Bildschirms ihre Position verändern können, was der Ergonomie zuträglich ist. Konsultieren Sie die Bedienungsanleitung Ihres speziellen Smartphones, um die Bedeutung der Hardwareknöpfe an Ihrem Gerät zu erfahren. Prinzipiell sollten aber die oben beschriebenen Funktionen damit abgedeckt sein.

❶ *Lautstärkewippe*

❷ *Power On/Off*

❸ *Software-Knöpfe Zurück, Home, Häufig benutzte Anwendungen*

1.3.4 Bestückung der Oberfläche

Es ist an der Zeit, die karge Oberfläche mit Leben zu füllen. Dabei werden Sie die folgenden Elemente kennenlernen:

> **What's an App?**
> Auf den Begriff »App« werden Sie bei der Lektüre des Buches noch häufiger stoßen: Dabei handelt es sich um ein Anwenderprogramm mit bestimmter Funktionalität. Beispiele sind die Wetter-App zur Anzeige des Wetterberichts oder die Börsen-App zum Abruf der aktuellen Börsenkurse. Warum das Ganze nicht nach wie vor »Programm« heißt? Da fragen Sie mal besser die Marketing-Gurus. ;-)

- **Homescreens**: Das sind die verschiedenen Startbildschirme, durch welche Sie sich per Fingerzeig durchblättern können. In der Grundeinstellung finden Sie je nach Smartphone-Modell bis zu sieben Homescreens vor, Sie können aber nach Belieben weitere Startbildschirme hinzufügen.
- **Icons**: Hinter den kleinen Bildchen verbirgt sich eine App.
- **Widgets**: Die Luxusversion der Schnittstelle zu einer installierten App ist zuweilen bildschirmfüllend und bietet Echtzeitinformationen für den Homescreen an. Seit der Android-Version 4 lässt sich die Größe von Widgets auf dem Homescreen auch bequem durch Ziehen verändern.
- **Schnellzugriffe**: Per Schnellzugriff gelangen Sie ohne Umweg zu einer bestimmten Funktionalität einer App. Zum Beispiel können Sie sich per Schnellzugriff direkt in das WLAN-Konfigurationsmenü begeben.
- **Ordner**: Sie können die Icons auf Ihrem Homescreen bequem gruppieren und in Ordnern ablegen. Ziehen Sie dazu Icons von Apps mit ähnlichen Funktionalitäten einfach übereinander. Das erhöht die Übersichtlichkeit.

Ordnung halten mit Ordnern

Die Homescreens werden zu klein für die vielen Icons? Fassen Sie diese einfach mit Ordnern zusammen! Ab der Android-Version 4 genügt es, zwei Icons übereinanderzuschieben, um einen Ordner zu erzeugen. Benutzer älterer Android-Versionen erzeugen diesen manuell, indem Sie mit dem Finger länger auf eine freie Stelle auf dem Homescreen tippen und per Kontextmenü einen Ordner erstellen. Der Ordner selbst wird schließlich wieder durch Antippen geöffnet und entblättert sogleich die darin abgelegten Verweise auf die Apps.

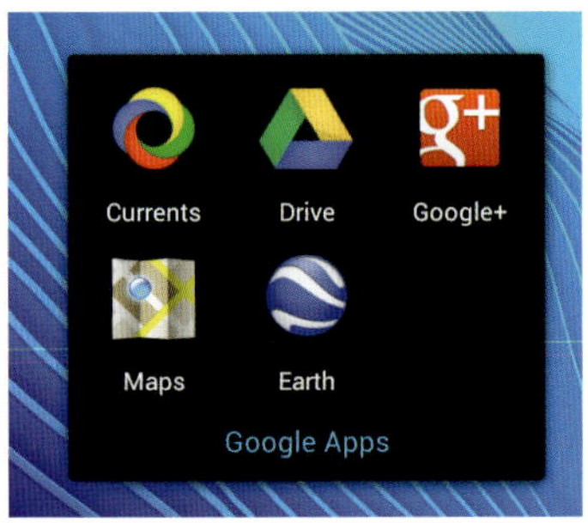

Genug der Theorie. Legen Sie zunächst einmal einige Icons auf Ihrem Startbildschirm ab.

1. Begeben Sie sich per Fingerwisch auf den Bildschirm (Homescreen), auf welchem Sie ein Icon ablegen wollen.
2. Wechseln Sie in das Anwendungsmenü. Dieses erkennen Sie an dem kreisförmigen Icon mit den eingelagerten quadratischen Kacheln.

3. Suchen Sie sich eine App aus, die Sie auf den Startbildschirm legen möchten, z. B. die Kamera-App.

4. Halten Sie den Finger über der App gedrückt. Nach kurzer Zeit können Sie die App an die gewünschte Stelle auf dem zuletzt verwendeten Homescreen platzieren (Abbildung 1.18).

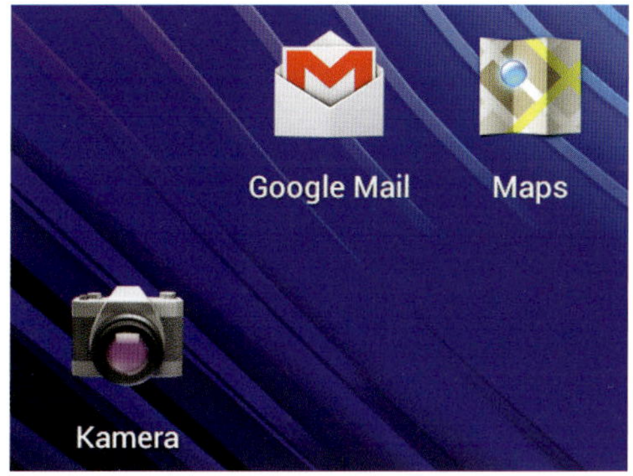

Abbildung 1.18: Der Homescreen wird nach und nach mit Apps bestückt.

Genauso leicht ist es, ein Widget auf einen Homescreen zu platzieren. Wir wählen zu diesem Zweck das Kalender-Widget für den Startbildschirm.

5. Begeben Sie sich erneut ins Apps-Menü. Wählen Sie nun aber den Bereich Widgets. Halten Sie Ausschau nach dem Kalender-Widget. Platzieren Sie erneut Ihren Finger über das Widget und lassen Sie es anschließend über eine freie Stelle des Homescreens fallen (Abbildung 1.19).

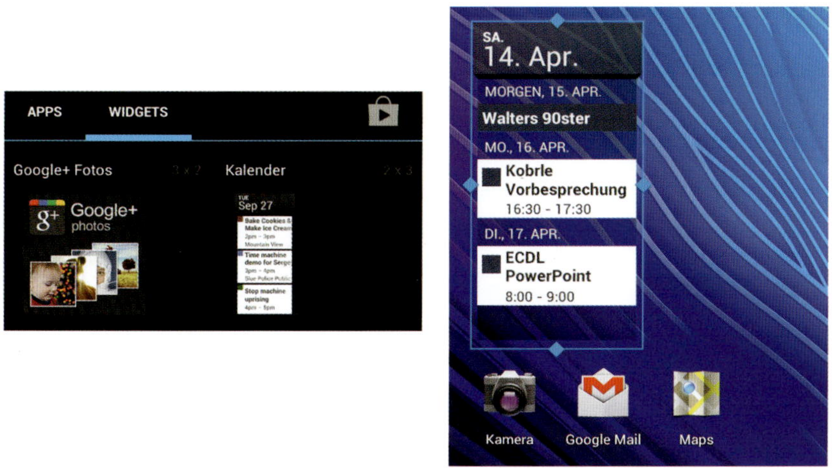

Abbildung 1.19: Fügen Sie Ihrem Homescreens ein Widget hinzu. Nachdem Sie es platziert haben, lässt sich nachträglich dessen Größe ändern: Halten Sie einen Finger über dem Widget gedrückt, bis die Anfasser erscheinen. Skalieren Sie nun das Widget.

6. Suchen Sie sich weitere Widgets und Apps aus und platzieren Sie diese auf den ersten und die folgenden Homescreens. Richten Sie sich Ihr neues digitales Heim gemütlich ein!

1.3.5 Bedienung der Oberfläche

Die Navigation in der Android-Oberfläche ist sehr intuitiv. Folgende Grundregeln sollten Sie sich merken:

- Apps, Widgets, Menüpunkte, einfach alles, was als Symbol auf dem Bildschirm liegt, wird durch **Antippen** gestartet.
- Sie gelangen mit der **Zurück-Taste** stets **eine Ebene zurück** oder verlassen damit ggf. auch eine gestartete App.
- Sollten Sie sich mal komplett »verfahren« haben: Ein kurzer Druck auf den **Home-Knopf** genügt, und Sie landen auf dem zuletzt verwendeten Homescreen. Im Übrigen werde ich nachfolgend nicht mehr zwischen Software- und Hardwareknöpfen unterscheiden.
- Besaßen die älteren Android Smartphones vor Version 4 noch eine **Menü-Taste**, so greifen Sie in aktuellen Apps über das **Menüsymbol** auf deren Einstellungsmöglichkeiten zu. Dieses finden Sie in Form von drei senkrechten Punkten stets im Randbereich einer geöffneten App (Abbildung 1.20).

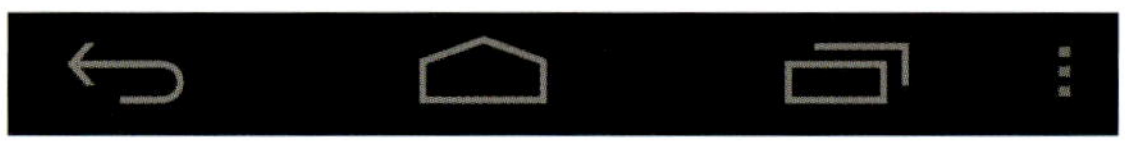

Abbildung 1.20: Das Kontextmenü einer gestarteten App wird durch drei senkrechte Punkte dargestellt und befindet sich in der Regel neben den Standard-Softbuttons, im vorliegenden Fall ganz rechts.

- Sie möchten schnell zu einer kürzlich gestarteten Anwendung zurückwechseln? Betätigen Sie dazu den Software-Button *Häufig benutzte Anwendungen* (Abbildung 1.21), zu finden ab der Android-Version 4.

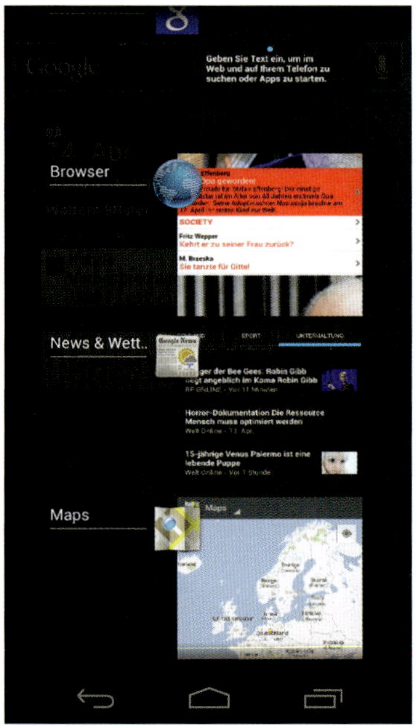

Abbildung 1.21: Über den Softwareknopf »Häufig benutzte Anwendungen« (unten rechts in der Abbildung) können Sie zwischen verschiedenen Anwendungen hin und her wechseln. Tippen Sie dazu einfach das Minibild der gewünschten Anwendung an.

1.3.6 À la carte: das Anwendungsmenü

Es ist der wichtigste Bereich auf Ihrem Android Smartphone: das Anwendungsmenü. Dahin gelangen Sie durch Antippen der Menü-Schaltfläche auf dem Display. Mit der Zeit werden unzählige Apps Ihr Smartphone bevölkern. Wischen Sie einfach durch die Oberfläche, um zur nächsten Seite der Apps bzw. Widgets zu gelangen (Abbildung 1.22).

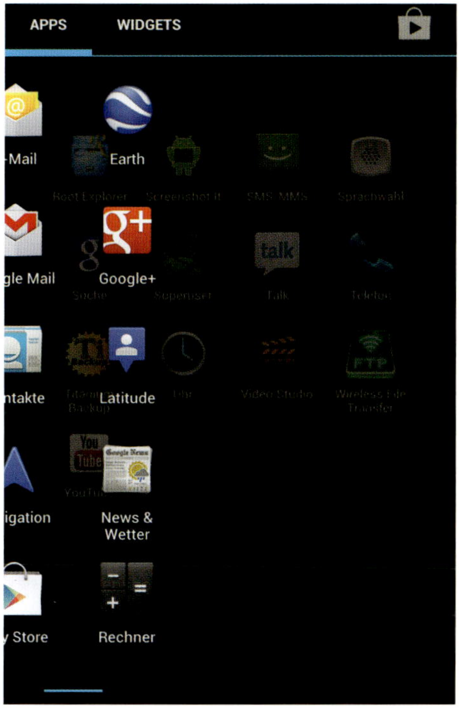

Abbildung 1.22: Im Bereich der Anwendungen (kurz: »Apps«) kann man das Feld durchscrollen, um sich einen Überblick zu verschaffen. Im Anschluss an die Apps werden die zur Verfügung stehenden Widgets aufgelistet.

1.4 Texte eingeben

Vorbei sind die Zeiten, in denen die Softwaretastaturen der Smartphones für Menschen ab Handschuhgröße 9 unbenutzbar waren. Android wartet mit pfiffigen Tricks auf, um die Erkennungsrate auf dem virtuellen »Mäuseklavier« zu perfektionieren.

1.4.1 Die eingebaute Softwaretastatur

Um die Standardtexteingabemethode auszuwählen, begeben Sie sich ins Anwendungsmenü und starten die App *Einstellungen*. Dort können Sie im Bereich *Sprache und Eingabe* einerseits die bevorzugte Tastatursprache und andererseits die Eingabemethode auswählen, sofern mehrere zur Verfügung stehen (Abbildung 1.23).

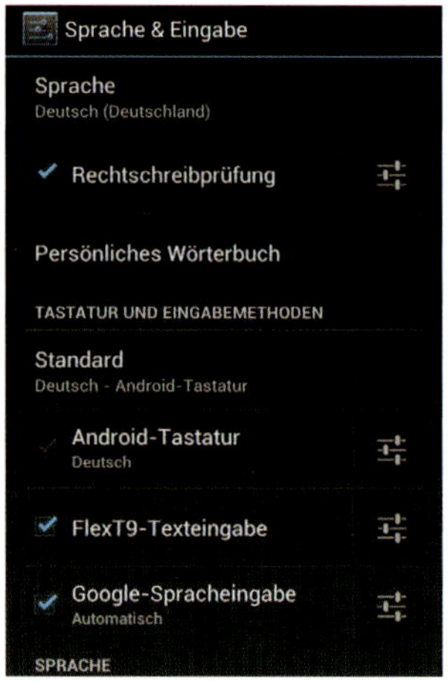

Abbildung 1.23: Im Bereich »Sprache & Eingabe« konfigurieren Sie die Standardtastatur sowie die Eingabesprache.

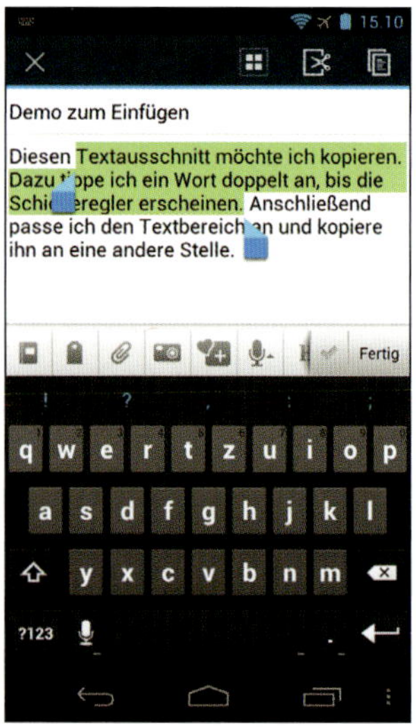

Abbildung 1.24: Copy&Paste ist unter Android ein Kinderspiel.

Die Softwaretastatur öffnet sich jedes Mal, wenn Sie ein Feld auf dem Display antippen, in das Text eingegeben werden kann. Zusätzlich können Sie in Texteingabefeldern Text markieren, ausschneiden oder kopieren. Dazu gehen Sie folgendermaßen vor:

1. Doppeltippen Sie auf eine Stelle im Text, sodass zwei kleine blaue Trapeze erscheinen (Abbildung 1.24). Diese können Sie sehr exakt am Anfang und am Ende des zu kopierenden Textes positionieren.
2. Tippen Sie auf die Schaltfläche *Kopieren*, die in der Funktionsleiste unterhalb der Statusleiste erschienen ist.
3. Wechseln Sie an die Stelle, an welche der zu kopierende Text eingefügt werden soll. Das kann durchaus auch eine andere Anwendung sein. Tippen Sie dazu einfach die gewünschte Stelle an.
4. Fügen Sie den Text mit der Schaltfläche *Einfügen* an den entsprechenden Ort ein.

Wo finde ich Umlaute, Zahlen und Sonderzeichen?
Wenn Sie den Finger etwas länger über einer Taste gedrückt halten, wird das Menü der Mehrfachbelegung aufgeklappt. Tippen Sie beispielsweise das »a« länger an, so können Sie anschließend den Umlaut »ä« auswählen. Zahlen und weitere Sonderzeichen finden Sie durch Antippen der Schaltfläche **?123**: Dadurch werden alternative Tastaturbelegungen gezeigt.

Abbildung 1.25: Links die alternative Zahlentastatur, rechts die Mehrfachtastenbelegung

1.4.2 Eingabehilfen

Nun ist die einfache Softwaretastatur noch nicht der Weisheit letzter Schluss. Pfiffige Programmierer haben sich einige Tricks überlegt, um das Schreiben auf dem Touchscreen weiter zu vereinfachen.

XT9

Wer seine Tippgeschwindigkeit deutlich steigern möchte, der findet bei einigen Smartphones den *XT9-Modus* zur Eingabe von getippten Texten. Sie aktivieren den XT9-Modus über das Einstellungsmenü Ihrer Softtastatur, im Fall der Abbildung 1.26 erreichen Sie dies durch Antippen des Zahnradsymbols. Beim Tippen im XT9-Modus werden Ihnen Wortvorschläge zur Vervollständigung einer Zeichenfolge gemacht. Durch Antippen des gewünschten Wortes bringen Sie es auf eine Tippfrequenz, die jede professionelle Sekretärin vor Neid erblassen lässt.

Abbildung 1.26: Das integrierte Wörterbuch einiger Smartphone-Tastaturen liefert im XT9-Modus Wortvorschläge.

Swype

Mit der neuartigen Eingabevariante *Swype* wurde kürzlich ein neuer Weltrekord im Simsen (d. h. dem Schreiben einer SMS) aufgestellt. Die Idee: Wörter werden nicht durch Antippen einer Folge von Buchstaben, sondern durch Verschieben des Fingers von einem Buchstaben zum nächsten geschrieben (Abbildung 1.27). Die App vergleicht dann die Zugfolge mit Wörtern aus einem integrierten Wörterbuch. Auch wenn man die Buchstaben nicht exakt erwischt, klappt das erstaunlich gut. Swype ist auf allen aktuellen Samsung Android Smartphones bereits vorinstalliert und in etlichen alternativen Softwaretastaturen (so z. B. dem FlexT9-Keyboard, vgl. Abschnitt 1.4.3) integriert. Ein beliebter Swype-Clon ist die App *SlideIT*, welche aus dem Android Play Store nachinstalliert werden kann.

Abbildung 1.27: Mit Swype werden Wörter per Strichzug eingegeben. Der nächste Wortteil heißt »methode«.

Alternativen

Es gibt eine Vielzahl von alternativen Eingabemethoden und -tastaturen, die Sie über Apps nachinstallieren können. Mein persönlicher Favorit ist dabei die **SwiftKey**-App, die über eine unübertroffen gute Wortprognosefunktion verfügt. Damit »errät« das Programm schon fast, welches Wort Sie als Nächstes tippen möchten.

Google Play: swiftkey

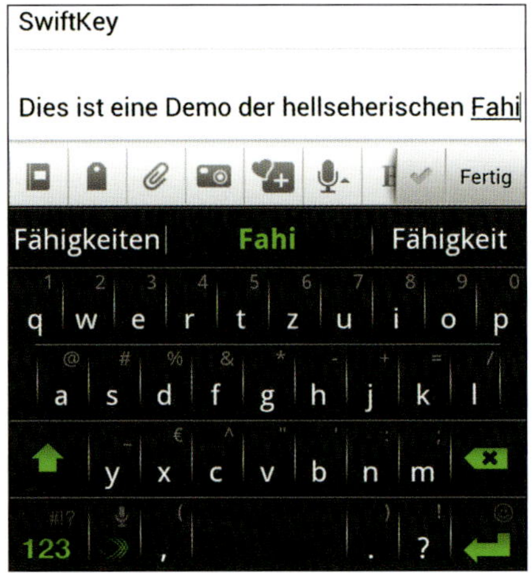

Abbildung 1.28: SwiftKey erkennt die Wörter bereits nach Eingabe weniger Zeichen und entwickelt dabei geradezu hellseherische Fähigkeiten. Das nächste mögliche Wort erscheint unmittelbar nach Eingabe einiger Buchstaben in der Wortvorschlagsliste.

Weitere Alternativen

Smart Keyboard Pro – frei konfigurierbare Tastatur

1.4.3 Speech to Text

Wer's sich richtig bequem machen möchte, der verwendet Googles *Speech to Text*, welches in Android bereits eingebaut ist. Tippen Sie dazu das Mikrofonsymbol auf Ihrer Standardsofttastatur oder im Google Suchfeld an und sprechen Sie einen Text in das Smartphone. Das aufgezeichnete Audiosignal wird anschließend an einen Google-Server geschickt und mit einer Spracherkennungssoftware analysiert. Das Ergebnis der Analyse wird schließlich an das Smartphone rückübermittelt – eine typische Cloud-Anwendung.

Achten Sie zunächst darauf, dass bei den Einstellungen im Bereich *Sprachein- und -ausgabe* die korrekte Sprache (in unserem Fall Deutsch) im Bereich *Spracherken-*

nungseinstellungen ausgewählt wurde. Danach kann's losgehen: Diktieren Sie probeweise einen Text in Ihr Smartphone. Nach jeder Sprechpause erfolgt die eigentliche Texterkennung (Abbildung 1.29).

Abbildung 1.29: Die integrierte Spracherkennung in Aktion. Während sich das Smartphone damit mittlerweile recht passabel steuern lässt, sollte man sich für längere Diktate besser nach Alternativen umsehen.

Spracherkennung – systemweit realisiert

Die Spracherkennung funktioniert systemweit: Sie können damit auch Suchabfragen durchführen oder in Google Maps Orte suchen und sich Routen berechnen lassen. Ein Klassiker, mit dem Sie Ihre Freunde beeindrucken können: Aktivieren Sie den GPS-Chip Ihres Smartphones (vgl. **Kapitel 7**), starten Sie Google Maps und sprechen Sie **Restaurants in der Nähe** in das Mikrofon Ihres Smartphones. Ihre Begleiter werden Ihnen Ihr Android Smartphone sofort aus den Händen reißen wollen ...

Alternative

Der Spracherkennungsprofi **Nuance** (bekannt durch die Nummer eins im Diktierprogrammgeschäft **Dragon Naturally Speaking**) bietet mit der App **FlexT9** (erhältlich für ca. 4 Euro im Google Play Store eine Spracherkennung an, die ihresgleichen sucht. Damit lassen sich komplette Texte diktieren, denn die App beherrscht unter anderem auch Satzzeichen. Voraussetzung ist eine Onlineverbindung zu den Nuance-Servern, welche die eigentliche Umsetzung des Diktats übernehmen.

Google Play: flext9

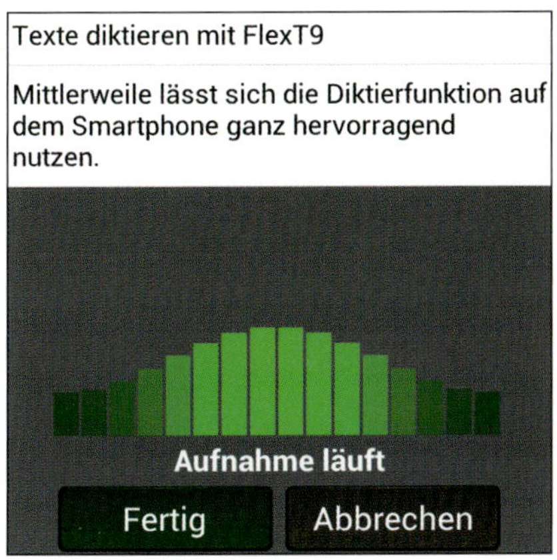

Abbildung 1.30: FlexT9 ist derzeit konkurrenzlos auf dem Gebiet der Spracherkennung. Selbst komplexe Texte werden von der App einwandfrei umgesetzt.

1.4.4 Das Smartphone per Sprache steuern mit AIVC

Google Play: aivc lite

Ein Raunen ging durch die IT-Welt, als Apple im Oktober 2011 das iPhone 4S mit integrierter Sprachsteuerung Siri vorstellte. Sprachsteuerung à la Star Trek – das war das, was der Normalanwender schon immer wollte. Mittlerweile gibt es aber auch für Android eine perfekte Alternative: *AIVC* (Artificial Intelligent Voice Control), früher auch bekannt unter dem Namen *Alice*. Das Programm gibt's zum Testen auch in einer kostenlosen Lite-Version.

Die meisten Features bietet die Pro-Version. Damit lassen sich unter anderen folgende Sprachsteuerungseingaben vornehmen:

- Eintragen eines Termins in den Terminkalender
- Abfrage des Wetters für eine spezielle Region
- Navigation durch Spracheingabe
- Durchführen einer semantischen Webabfrage

Eine ausführliche Übersicht über alle Möglichkeiten finden Sie auf `http://www.yourapp24.com`

Die nebenstehende Abbildung zeigt einige Anwendungsbeispiele.

Abbildung 1.31: Frag Alice: Die intelligente App weiß auf (fast) alles eine Antwort und kann obendrein Ihr Android Smartphone steuern.

Alternativen

Steuern Sie das Smartphone per Gesten – mit **Gesture Search**.

Google Play: gesture search

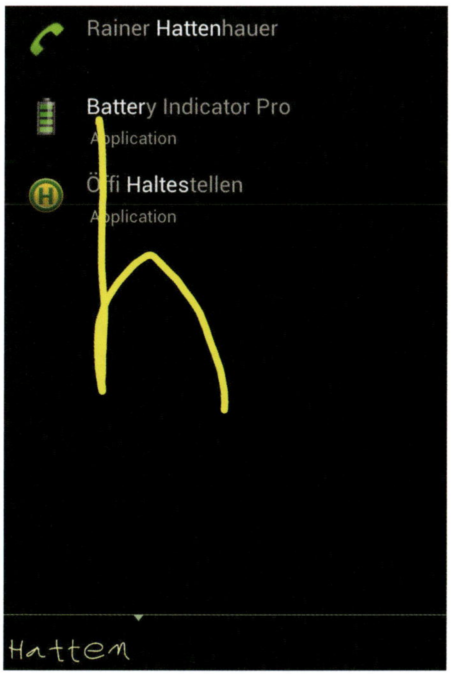

Abbildung 1.32: Durchsuchen Sie Ihr Smartphone per Fingerwisch mit Gesture Search.

1.5 Telefonie

Wer hätte das gedacht: Sie können mit Ihrem Android Smartphone sogar telefonieren. Man verzeihe mir an dieser Stelle den ironischen Unterton – Fakt ist, dass ein Smartphone mittlerweile wohl nur einen Bruchteil der Zeit für die klassische Aufgabe eines Handys genutzt wird. Nichtsdestotrotz lohnt es sich, zu wissen, wie man das integrierte Telefon bedient.

1.5.1 Die Telefonfunktion

Der Weg zum eingebauten Telefon führt über das entsprechende Symbol in der Leiste der Hauptanwendungen bzw. aus dem Apps-Menü.

Abbildung 1.33: Die Leiste der Hauptanwendungen befindet sich am unteren Displayrand. In der Standardkonfiguration finden Sie hier (von links nach rechts) die Telefon-App, das Adressbuch, das Apps-Menü, die App zum Verfassen von (Kurz-)Nachrichten und den Webbrowser.

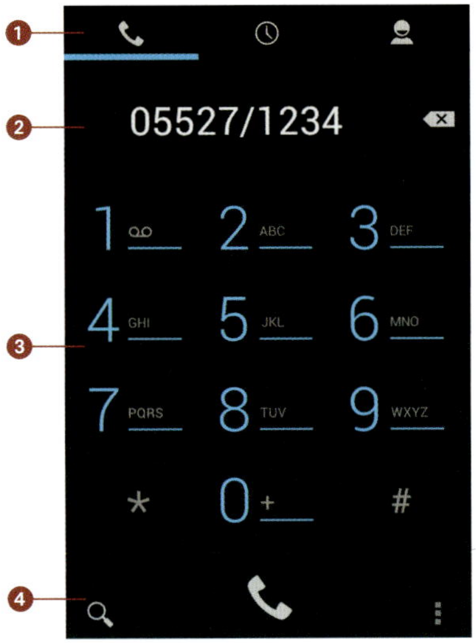

❶ *Wahlbereich Tastatur, Protokolle/Anrufliste, Adressbuch*

❷ *Aktuell gewählte Nummer*

❸ *Zahlenblock*

❹ *Suchfunktion, Hörer abnehmen, Einstellungen*

Nach dem Antippen des Telefon-Icons öffnet sich das Telefonmenü, das in die folgenden Bereiche unterteilt ist:

Auch hier kann es bei Anordnung und Optik der Funktionsbereiche von Hersteller zu Hersteller Unterschiede geben.

Die Verwendung des Telefonmenüs ist selbsterklärend, jeder, der schon einmal mit einem Handy telefoniert hat, wird auf Anhieb mit der App klarkommen.

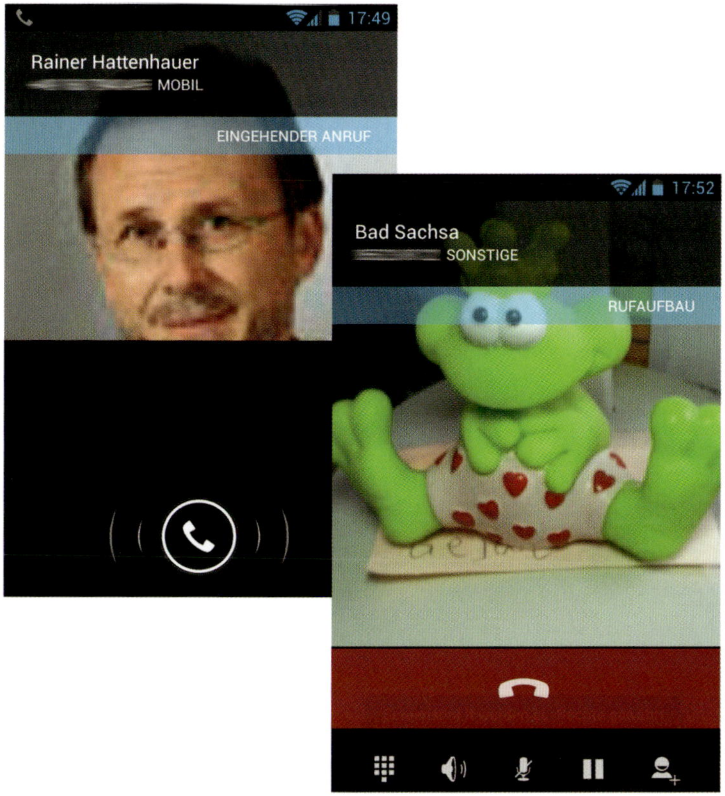

Abbildung 1.34: Klassische Telefonie: Rechts: Vom Android Smartphone aus wird angerufen. Links: Ein Anruf kommt rein. Die Porträtbilder werden aus der Kontaktanwendung entnommen. Wie man diese mit Inhalt bestückt, erfahren Sie in Kapitel 5.

Zielnetz – der Kostenkiller
Genervt von hohen Kosten, die durch Anrufe in fremde Mobilfunknetze entstehen? Installieren Sie **Zielnetz** aus dem Google Play Store, und Ihnen wird sofort angezeigt, welches Mobilfunknetz sich hinter einer bestimmten Nummer verbirgt. Mehr zur Installation von Apps finden Sie in Abschnitt 1.6.

1.5.2 Anruflisten

Möchten Sie die letzten getätigten oder empfangenen Anrufe zurückverfolgen, so können Sie dies im Bereich *Anrufliste/Protokolle* tun.

Anrufer blocken
Sie möchten von gewissen Personen nicht belästigt werden? Suchen Sie im Play Store nach dem Anruf- und SMS-Blocker **Call Guard**!

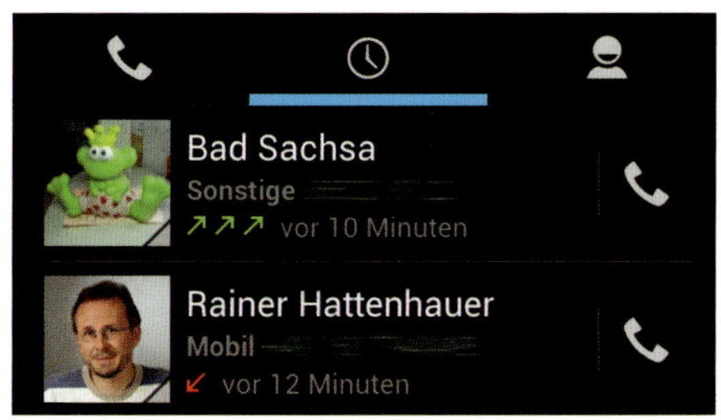

Abbildung 1.35: Das Protokoll der letzten Anrufe

1.6 Apps selbst installieren

Sie sind die Bausteine, mit deren Hilfe Sie aus Ihrem »gewöhnlichen« Handy die sprichwörtliche »eierlegende Wollmilchsau« machen können: Kleine Programme oder Applikationen, kurz *Apps* genannt, erweitern die Möglichkeiten Ihres Minicomputers in nie gekannter Weise. Der folgende Abschnitt gibt Ihnen einige Handreichungen, wie Sie die kleinen digitalen Freunde im Handumdrehen auf Ihr Android Smartphone befördern.

1.6.1 Der Google Play Store

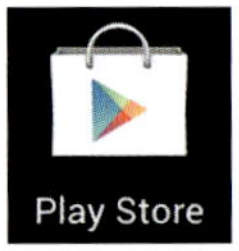

Die zentrale Anlaufstelle für Apps ist der *Google Play Store* (vormals *Android Market* genannt). Sie gelangen via Smartphone in den Play Store, indem Sie das *Play Store*-Icon im Bereich der Anwendungen antippen. Zuvor ist sicherzustellen, dass Sie online, also mit dem Internet verbunden sind.

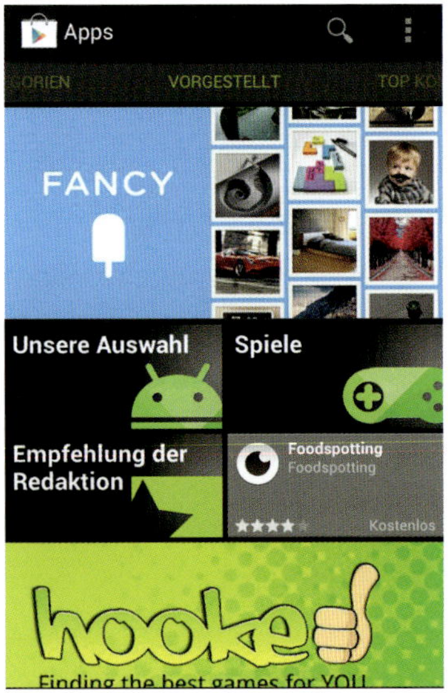

Abbildung 1.36: Der Play Store ist Dreh- und Angelpunkt aller Software, die für Ihr Smartphone erhältlich ist.

Sehen Sie sich zunächst einmal in Ruhe im Play Store um. Es gibt dort viel zu entdecken (Abbildung 1.36).

Wir werden uns später in *Kapitel 9* noch sehr ausführlich dem Play Store widmen. An dieser Stelle genügt es, zu wissen, wie man eine App sucht und installiert.

1.6.2 Eine App suchen und installieren

Sie haben sich schon ein wenig im Buch umgesehen, es durchgeblättert und sind auf diese merkwürdigen zerfransten schwarz-weißen Quadrate gestoßen? Dabei handelt es sich um sogenannte *QR-Codes* (oder Tags). Unsere erste Aufgabe besteht darin, eine App auf Ihrem Smartphone zu installieren, die in der Lage ist, die QR-Codes in lesbare Informationen umzuwandeln. Diese Aufgabe erfüllt ein Barcode-Scanner.

1. Suchen Sie im Play Store durch Antippen der Lupe (vgl. Abbildung 1.36 oben) nach den Begriffen *barcode scanner*. Im weiteren Verlauf des Buches werden derartige Suchverweise folgendermaßen dargestellt:

Play Store: barcode scanner

2. Sie werden eine ganze Reihe von Scannern finden. Wählen Sie die erste App durch Antippen aus.
3. Beginnen Sie die Installation der App durch Antippen der entsprechenden Schaltfläche *Installieren*.
4. Bestätigen Sie die Rechte, die die App benötigt, über die Schaltfläche *Akzeptieren/Herunterladen*. Danach beginnt die eigentliche Installation. Bei Erfolg erhalten Sie eine Benachrichtigung in der Statuszeile Ihres Smartphones. Das war's auch schon.

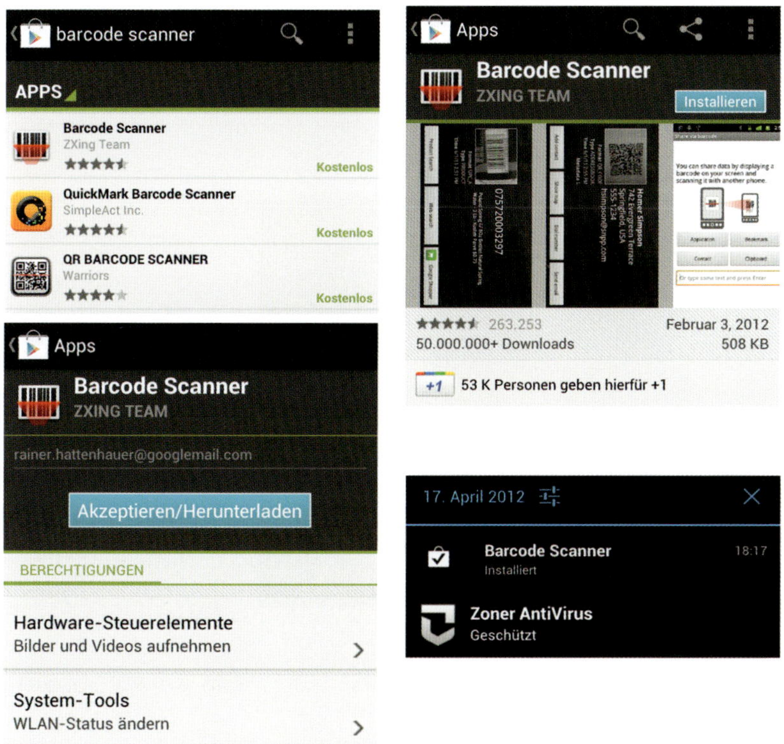

Abbildung 1.37: Die vier Stationen zur Installation einer App. Es empfiehlt sich, bei der Installation einen Virenscanner im Hintergrund laufen zu lassen, mehr dazu erfahren Sie in Kapitel 6.

Abbildung 1.38: Können Sie die »geheime« Botschaft lesen?

Nachdem Sie den Barcode-Scanner erfolgreich installiert haben, können Sie die App testen. Starten Sie diese durch Antippen des Icons im Anwendungsmenü und bestätigen Sie den Einstiegsdialog. Schauen Sie per Display durch Ihre Smartphone-Kamera und scannen Sie den folgenden QR-Code:

1.6.3 Installation von Apps mit QR-Codes

Mit dem Barcode-Scanner sind Sie bestens ausgerüstet, um die im Buch vorgestellten Apps per Knopfdruck zu installieren. Hinter den abgedruckten QR-Codes verbergen sich Links zur entsprechenden App Google Play Store Ein Beispiel gefällig? Installieren Sie einen weiteren beliebten Scanner, *Google Goggles*, mithilfe des folgenden QR-Codes:

Market: google goggles

1. Scannen Sie den obigen QR-Code mit der Barcode-Scanner-App ein (Abbildung 1.39).

Abbildung 1.39: Verwenden Sie zur Installation per QR-Code die Scanner-App.

2. Tippen Sie anschließend auf die Schaltfläche *Browser öffnen*. Sie werden nun per Play Store Browser zur entsprechenden App im Market geleitet.

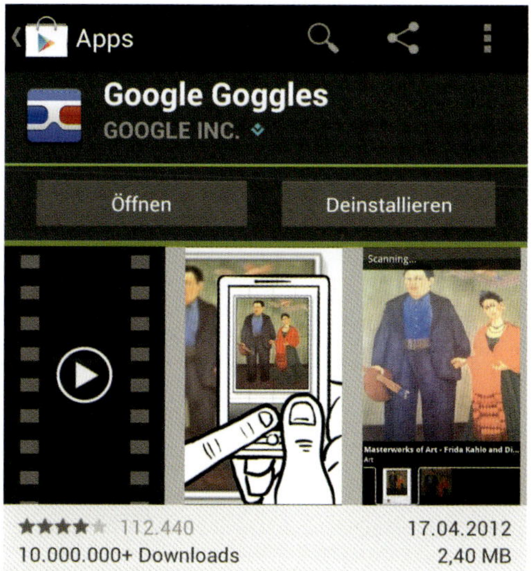

Abbildung 1.40: Sie werden anschließend direkt zur App im Play Store weitergeleitet.

3. Installieren Sie die App wie in Abschnitt 1.6.2 beschrieben.

Übrigens: Der Text unter dem QR-Code dient zur manuellen Suche der App im Market, falls der Hersteller den Link kurzfristig geändert haben sollte und der Scanner-Link ins Leere läuft.

1.7 Suchen und Finden auf dem Android Smartphone

Im letzten Abschnitt des Einstiegs in Android beschäftigen wir uns mit der Möglichkeit, Inhalte auf dem Smartphone, aber auch im Internet zu finden. Dazu verwenden Sie am einfachsten das vorinstallierte *Google Suchwidget* am oberen Displayrand.

1.7.1 Lokale vs. globale Suche

Standardmäßig ist die Suchfunktion so voreingestellt, dass sowohl lokale (d. h. auf dem Smartphone befindliche) als auch globale (d. h. im Internet befindliche) Inhalte gesucht werden. Möchten Sie z. B. auf die Schnelle eine App suchen, die sich in den Tiefen des Anwendungsmenüs verbirgt, so geben Sie einige Anfangsbuchstaben der App an, und schon wird diese in einer Auswahlliste angezeigt (Abbildung 1.41).

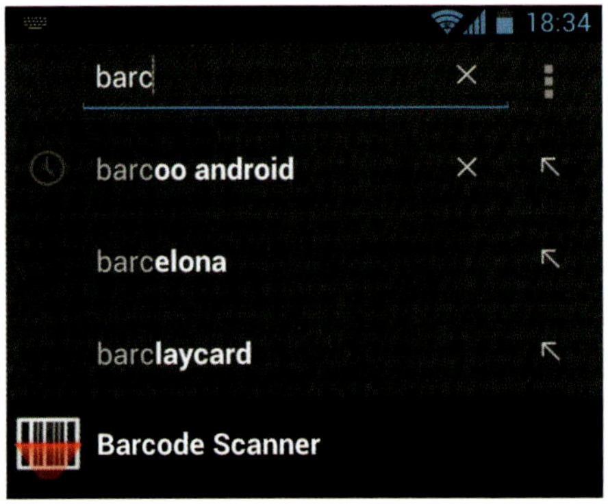

Abbildung 1.41: Per Google-Suche können Sie sowohl den Inhalt Ihres Smartphones als auch die Weiten des Web durchsuchen.

Das Ganze funktioniert ebenso gut mit Kontakten aus Ihrer Kontaktsammlung.

Benutzen Sie auf Ihrem heimischen PC ebenfalls Google und sind Sie dort auch mit Ihrem Google-Account unterwegs, so werden Ihnen auf dem Android Smartphone die dort getätigten Suchabfragen angeboten (Abbildung 1.42).

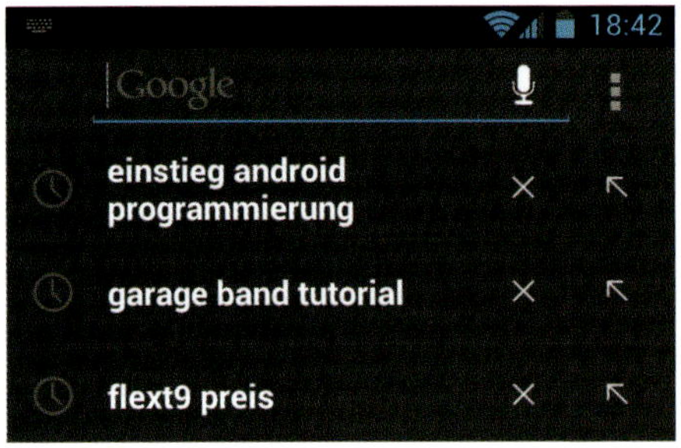

Abbildung 1.42: Android übernimmt Suchabfragen, die von Ihrem Google-Konto aus am PC getätigt wurden.

1.7.2 Suche durch Spracheingabe

Praktisch: Durch Antippen des Mikrofonsymbols neben dem Suchfeld können Sie auch gesprochene Suchabfragen durchführen. Ein Beispiel: Wenn Sie Bilder eines bestimmten Malers suchen, so sprechen Sie einfach in das Mikrofon: *Bilder von <Name des Malers>*.

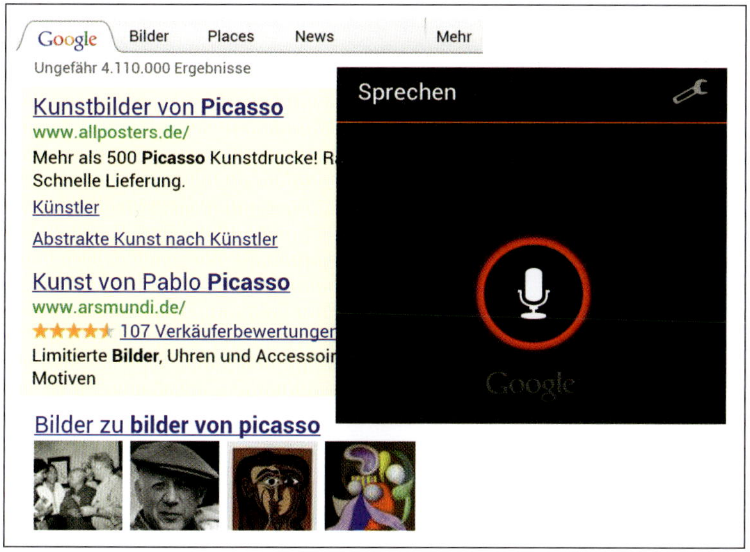

Abbildung 1.43: Die Sprachsuche erspart Ihnen ermüdende Tipperei. Im vorliegenden Fall wurde nach »Bilder von Picasso« gesucht.

Die Suche einschränken
Sie können die Suche auch auf einzelne Bereiche einschränken, indem Sie im Menü des Such-Widgets im Bereich **Einstellungen/Durchsuchbare Elemente** die Vorauswahl entsprechend anpassen.

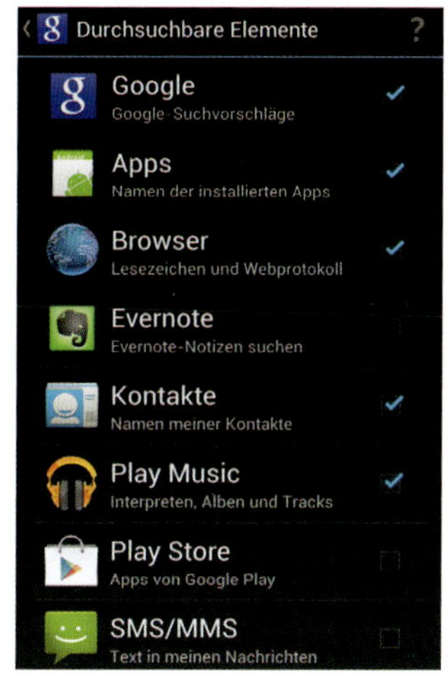

Das Internet? Gibt's den Blödsinn immer noch?

Homer Simpson

Kapitel 2

Online mit Android

Der Siegeszug der Smartphones begann mit der (mittlerweile bezahlbaren) Möglichkeit, an jedem beliebigen Ort online zu gehen. Die Einrichtung des Internetzugangs auf Ihrem Android Phone ist keine Hexerei und auch von Laien in kürzester Zeit zu bewältigen.

Wenn es geht: WLAN verwenden!
Die meisten aktuellen Mobilfunkverträge bieten Zugang zum Internet per UMTS/3G an. Bei Prepaid-Verträgen wird in der Regel volumenbasiert abgerechnet – ein Megabyte Transfervolumen ohne explizite Flatrate kostet derzeit um die 50 Cent. Bei den viel beworbenen günstigen Mobilflatrates ab ca. 10 Euro/Monat wird nach einer gewissen übertragenen Datenmenge (diese liegt je nach Provider zwischen 200 MByte und 1 GByte) die Geschwindigkeit der Verbindung drastisch reduziert. Grund genug, das Onlinebudget zu schonen, wo es nur geht. Nutzen Sie in diesem Fall die Möglichkeit, per WLAN ins Internet zu gehen.

2.1 WLAN – günstig und schnell ins Internet

Bevor Sie Ihr Onlinebudget unnötig strapazieren, sollten Sie den einfachsten und günstigsten Weg erlernen, mit dem Smartphone ins Internet zu gelangen: per WLAN, dem drahtlosen Netz, das Ihnen in der Regel im heimischen Bereich und im Büro ohne weitere Kosten zur Verfügung steht.

2.1.1 WLAN aktivieren und einrichten

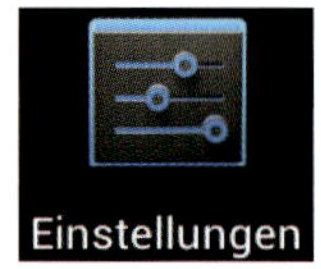

Bevor Sie sich in ein WLAN einklinken, müssen Sie zunächst den WLAN-Empfang am Smartphone aktivieren. Bei Android Smartphones geschieht die erste Einrichtung folgendermaßen:

1. Starten Sie die App *Einstellungen* und stellen Sie sicher, dass der WLAN-Schalter im Menübereich *Drahtlos und Netzwerk* aktiviert ist.
2. Tippen Sie anschließend den Punkt *WLAN* an. Es erscheint eine Übersicht über die in der Nähe befindlichen drahtlosen Netzwerke (Abbildung 2.1).

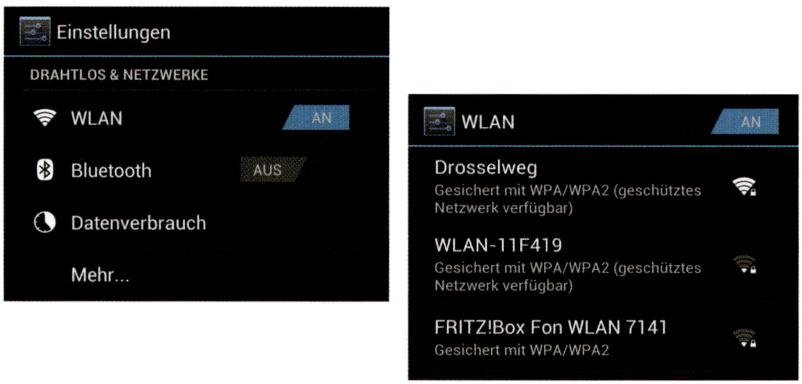

Abbildung 2.1: Aktivieren des WLAN-Empfangs in den WLAN-Einstellungen. Im rechten Bereich des Screenshots sind einige Netzwerke zu sehen, die beim Scannen erkannt wurden. Die Namen der Netze werden als SSID bezeichnet.

Nun gilt es, sich in ein vorhandenes WLAN einzuloggen.

3. Wählen Sie aus der Liste das Netz durch Antippen aus, dessen Zugangsdaten Sie besitzen. Im obigen Fall ist es das Netz mit dem Namen *Drosselweg*, dieser wird auch als SSID (Service Set Identifier) bezeichnet.
4. Geben Sie das Kennwort für das Netz ein (Abbildung 2.2).

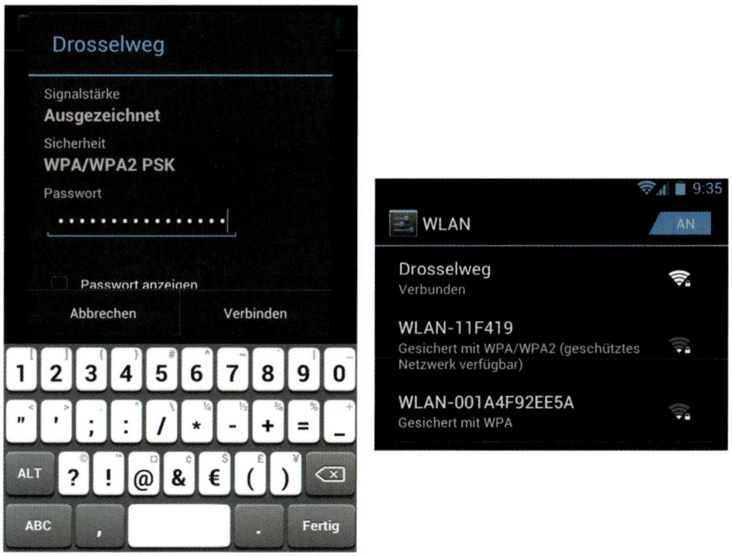

Abbildung 2.2: Im vorliegenden Fall ist das WLAN per WPA2 verschlüsselt und erfordert die Eingabe eines Passworts, des sogenannten Pre-shared Keys (PSK). Wird der Haken bei »Passwort anzeigen« aktiviert, so erscheint das Passwort im Klartext. Das schützt zwar vor Tippfehlern, bietet aber neugierigen Menschen in Ihrer Umgebung auch die Chance, das Passwort zu erspähen.

Kurze Zeit später sollten Sie die Meldung erhalten, dass Ihr Smartphone mit dem WLAN verbunden wurde. Außerdem wird dies durch ein entsprechendes Signal in der Statusleiste angezeigt (Abbildung 2.2).

Verbindungstest

Nachdem Sie nun mit dem Internet verbunden sind, rufen Sie eine beliebige Seite im Browser des Smartphones auf, um sich zu überzeugen, dass die Verbindung steht. Das geschieht mit einem Android Smartphone natürlich am einfachsten durch den Aufruf der Seite `www.google.de`. Um einen Eindruck über die Verbindungsgeschwindigkeit zu erhalten, googeln Sie am besten nach der Seite *dsl speedtest* (`http://www.wieistmeineip.de/speedtest/`, Abbildung 2.3).

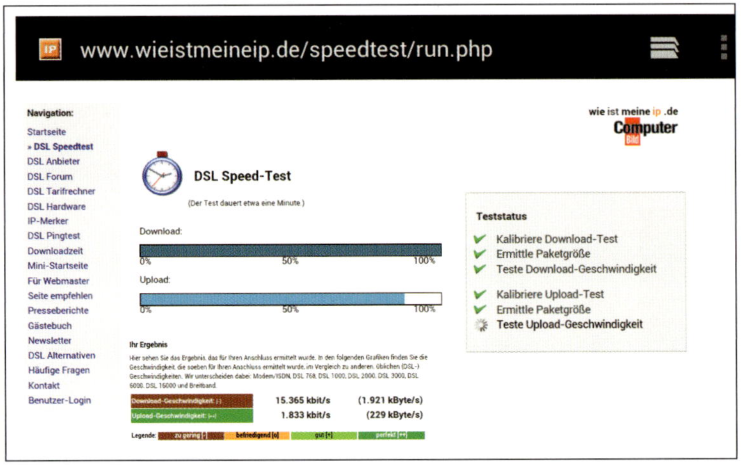

Abbildung 2.3: Test des Internetzugangs und der Verbindungsgeschwindigkeit

2.1.2 Troubleshooting und Besonderheiten

Im Normalfall wird sich Ihr Smartphone ohne Probleme mit dem heimischen Router verbinden. Sollte trotz aller Bemühungen keine Verbindung zustande kommen, so prüfen Sie, ob auf Ihrem Router ein sogenannter DHCP-Server läuft. Dieser weist den angeschlossenen Endgeräten, im vorliegenden Fall also Ihrem Smartphone, automatisch eine eindeutige Netzwerkadresse zu (Abbildung 2.4).

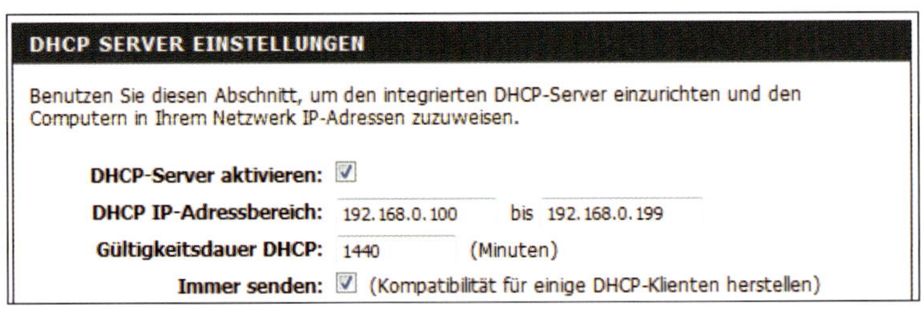

Abbildung 2.4: Die meisten Router werden über ein Browserinterface konfiguriert. Damit können Sie überprüfen, ob ein DHCP-Server aktiviert wurde. Näheres entnehmen Sie bitte dem Handbuch Ihres Routers.

Umgekehrt erfordert es das Login in einige Firmen-WLANs, dass Ihr Smartphone mit einer festen IP versehen wird. Diese definieren Sie ebenfalls in den WLAN-Einstellungen, und zwar im erweiterten Menü. Tippen Sie dazu länger auf den zu bearbeitenden WLAN-Eintrag und wählen Sie den Punkt *Netzwerk ändern*. Hier können Sie nun die bestehenden Einstellungen ändern. Achtung: Viele Optionen, so auch die Konfiguration einer statischen IP-Adresse, werden erst sichtbar, wenn Sie den Haken bei *Erweiterte Optionen einblenden* setzen (Abbildung 2.5).

Abbildung 2.5: Im erweiterten Menübereich können Sie das Feintuning der Netzwerkeinstellungen vornehmen, so z. B. auch eine statische IP für Ihr Gerät definieren.

Das erweiterte Menü der WLAN-Konfigurations-App (aufzurufen über die Menü-Schaltfläche) enthält Informationen zur MAC-Adresse Ihres Smartphones. Dabei handelt es sich um eine eindeutige Hardwareadresse, anhand der das Gerät in besonders abgesicherten Netzwerken identifiziert werden kann.

2.1.3 Das WLAN im Handumdrehen ein- und ausschalten

Zum Deaktivieren des WLAN verwenden Sie das Energiesteuerungs-Widget: Dieses ermöglicht das blitzschnelle Aktivieren bzw. Deaktivieren der Stromfresser WLAN und GPS durch einfaches Antippen der entsprechenden Symbole (Abbildung 2.6).

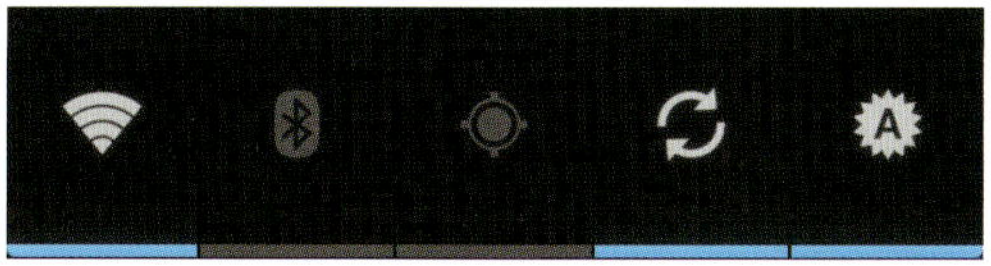

Abbildung 2.6: Das Energiesteuerungs-Widget ermöglicht die schnelle Aktivierung bzw. Deaktivierung des WLAN-Empfängers. Dies sollte immer dann vorgenommen werden, wenn die Netzwerkverbindung längere Zeit nicht benötigt wird. Ihr Smartphone dankt es Ihnen mit einer längeren Laufzeit.

WLAN-Analyse per Wifi Analyzer
Geschwindigkeitsanalyse
Mithilfe der App Traffic Monitor können Sie feststellen, wie schnell Sie im Internet unterwegs sind.

Google Play: traffic monitor

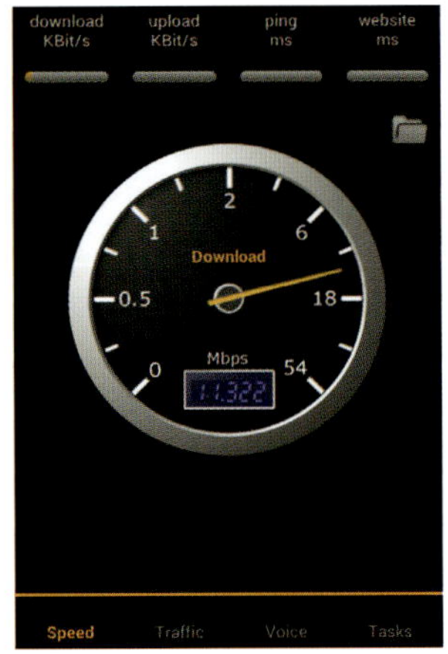

Abbildung 2.7: Mit dem Traffic Monitor können Sie jederzeit die Geschwindigkeit Ihres Internetanschlusses prüfen.

2.2 Überall online mit UMTS & Co.

Nachdem Sie nun per WLAN den ersten Kontakt Ihres Smartphones zum Internet hergestellt haben, wünschen Sie sich, per Mobilfunknetz überall online gehen zu können.

2.2.1 Einrichtung des mobilen Datenzugangs

Abbildung 2.8: Gut zu wissen: Per Knopfdruck wird dem Android Smartphone jegliche kostenpflichtige Kontaktaufnahme zum Mobilfunknetz abgewöhnt. Aktivieren Sie dazu den Flugmodus.

In den Pionierzeiten des mobilen Internets hätte an dieser Stelle eine mehrseitige Anleitung gestanden. Heute heißt es: SIM-Karte ins Smartphone stecken, einschalten, fertig! Die Provider bieten mittlerweile selbstkonfigurierende Zugänge zum mobilen Internet an. Sobald eine Internetverbindung erforderlich ist, stellt das Smartphone diese automatisch über die auf der SIM-Karte abgelegten Providerdaten her. Der Test der Verbindung erfolgt dann wieder wie in Abschnitt 2.1.1 beschrieben über den Aufruf einer Seite im Android-Webbrowser.

Viel schwieriger ist es, dem Smartphone abzugewöhnen, automatische eine Internetverbindung herzustellen. An einfachsten geschieht dies durch die Auswahl des Flugmodus, den man bei vielen Modellen durch längeren Druck auf den Einschaltknopf per Menü aktivieren kann (Abbildung 2.8). Dabei werden sämtliche Netzwerkverbindungen gekappt.

Freilich ist die Aktivierung des Flugmodus eine Holzhammermethode. Eleganter ist es, lediglich die Datenübertragung per Mobilfunknetz zu unterbinden. Dies geschieht über den Menüpunkt *Drahtlos & Netzwerke/Mehr.../Mobilfunknetze* in den Einstellungen. Hier lassen sich die Bedingungen für den Datentransfer feinjustieren (Abbildung 2.9).

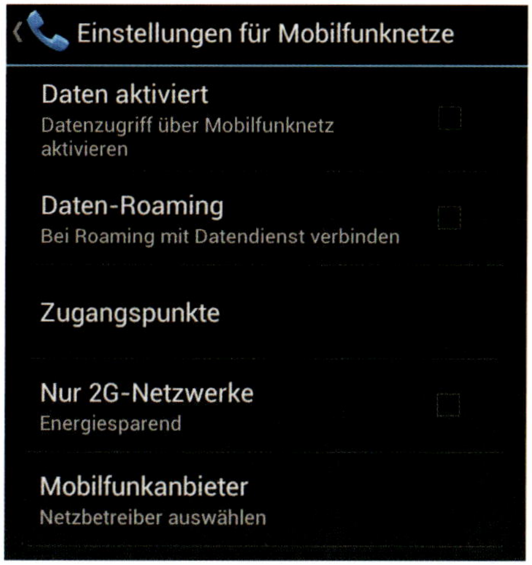

Abbildung 2.9: Im vorliegenden Fall wird dem Smartphone sowohl der allgemeine Datentransfer, als auch das Daten-Roaming im Ausland untersagt: Letzteres hat schon so manchen Reisenden in den Ruin getrieben.

Manuelle Einrichtung/Kontrolle des Mobilzugangs

Einige Provider erfordern manuelle Nacharbeit, wenn es darum geht, den mobilen Zugang zum Internet herzustellen. Das ist insbesondere bei Prepaid-Anbietern dann der Fall, wenn Sie nicht von vornherein eine Flatrate für den Datenzugang mitgebucht haben. Gehen Sie in einem solchem Fall folgendermaßen vor:

1. Stellen Sie zunächst sicher, dass der Flugmodus nicht aktiviert ist.
2. Begeben Sie sich in der App *Einstellungen* zum Menü *Drahtlos und Netzwerke* und rufen Sie dort den Unterpunkt *Mehr* auf. Wählen Sie im folgenden Menü den Punkt *Mobilfunknetze*.
3. Zur Einrichtung eines Zugangs zum mobilen Internet wählen Sie hier den Punkt *Zugangspunkte* und wählen im Kontextmenü des folgenden Fensters (zu erreichen über die Menü-Schaltfläche) den Punkt *Neuer APN*. APN steht hierbei für *Access Point Name*, also Zugangspunktname.
4. Tragen Sie hier die von Ihrem Provider vorgegebenen Daten ein. Näheres dazu entnehmen Sie der Website des Providers. Die benötigten Daten für die Einrichtung des Zugangs zum T-Mobile-Netz zeigt folgende Tabelle 2.1:

Tabelle 2.1: Manuelle Konfiguration des mobilen Internetzugangs bei T-Mobile. Benutzername und Passwort sind zwar im Prinzip beliebig, dürfen aber nicht leer gelassen werden.

Menüpunkt	Einstellung
Name	z. B. *T-Mobile Internet*
APN	internet.t-mobile
Benutzername	t-mobile
Passwort	d1
Authentifizierungstyp	PAP

… und so sieht die Einrichtung auf Ihrem Android Smartphone aus:

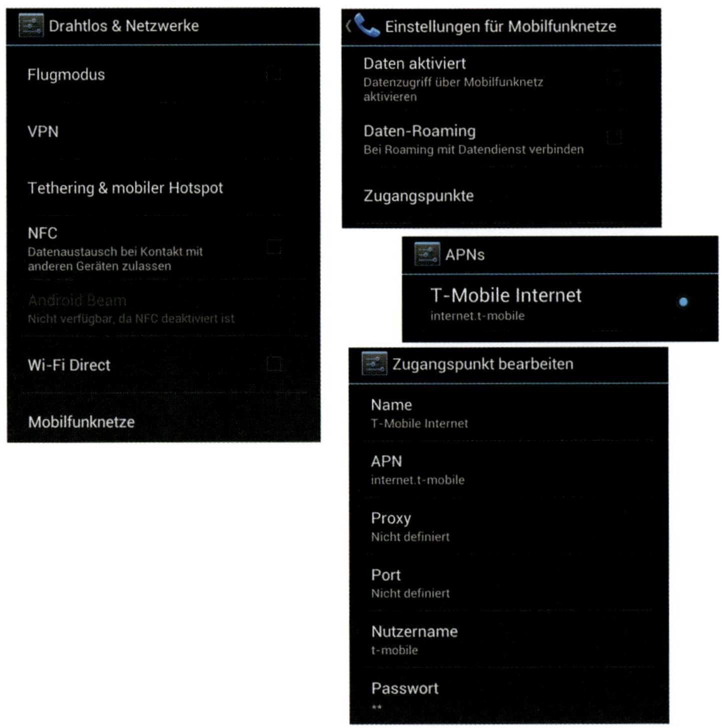

Abbildung 2.10: Manuelle Einrichtung eines mobilen Internetzugangs (APN)

Wechsel zwischen verschiedenen Datenverbindungsarten
Ihr Android Smartphone kann sich mit unterschiedlichen Datenraten mit dem Internet verbinden. In der Praxis ist es ratsam, den schnellsten Übertragungsmodus UMTS/3G bzw. HSDPA nur dann zu wählen, wenn Sie dies wirklich nutzen können und wollen, z. B. bei grafik- oder multimedialastigen Internetseiten oder im Bedarfsfall bei Downloads.

Sie schalten zwischen dem normalen GSM-Modus und dem schnellen UMTS(3G)-Modus im Einstellungsmenü *Drahtlos und Netzwerke/Mehr/Einstellungen für Mobilfunknetze* um. Achten Sie darauf, dass der Haken bei *Nur 2G-Netzwerke* entfernt ist, da Sie sonst mit »angezogener Handbremse« surfen.

Während der Datenübertragung erkennen Sie an dem entsprechenden Symbol in der Statuszeile, ob Sie sich im schnellen Übertragungsmodus befinden.

Abbildung 2.11: In der Statusleiste finden Sie Informationen darüber, wie schnell Sie aktuell mit dem Internet verbunden sind. Die Symbole bedeuten (von links nach rechts): Edge-Modus, UMTS(3G)-Modus, HSDPA-Modus.

2.3 Erste Schritte im Internet

Nachdem Sie die Verbindung zum Internet hergestellt haben, wollen wir uns ein wenig mit den Standardwerkzeugen vertraut machen. Die wichtigste App ist dabei wohl der integrierte Webbrowser, der im Fokus des folgenden Abschnitts steht.

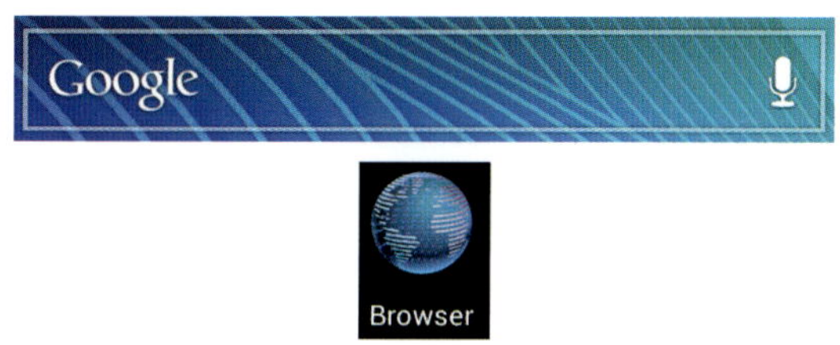

Abbildung 2.12: Ins Internet geht's per Suchapplet auf dem Homescreen, durch Antippen des Internet-Icons oder direkt per Sprachsuche. Tippen Sie zu diesem Zweck einfach das Mikrofonsymbol an und sprechen Sie Ihre Suchabfrage ins Mikrofon des Smartphones.

2.3.1 Der integrierte Browser

Android ist von Haus aus mit einem leistungsfähigen Browser ausgestattet. Sie starten den Browser durch die App *Internet* oder durch Eingabe einer Suchabfrage in die Google Toolbar auf der ersten Seite Ihres Homescreens (Abbildung 2.12).

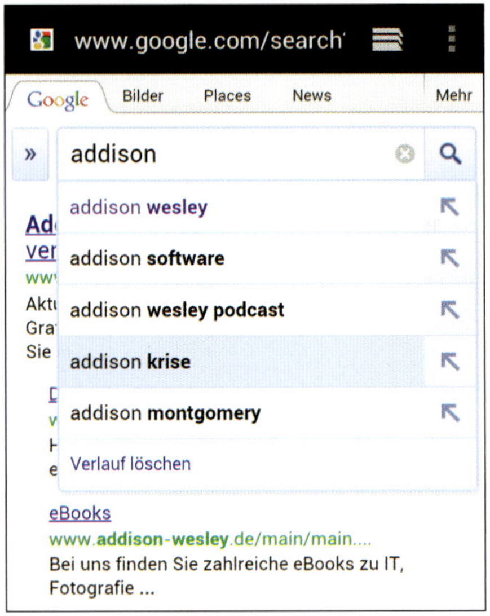

Abbildung 2.13: Die Google-Suche im Smartphone-Browser beherrscht die Wortergänzung – überaus praktisch, da man auf dem Touchscreen nicht wirklich schnell tippen kann.

Nach dem Start des Browsers über das Internet-Icon öffnet sich in der Regel die Google-Startseite. In die Adresszeile können Sie nun ähnlich dem Browser auf Ihrem PC URLs eingeben oder aber direkt eine Suchanfrage bei Google starten. Sogar *Google Instant Search*, die schnelle Suche per Wortergänzung, steht Ihnen im Browser zur Verfügung – vorausgesetzt, Sie haben sich über Ihr Google-Konto mit dem Smartphone angemeldet.

Muss man überhaupt seine Suchabfrage mühsam in das Smartphone tippen? Klare Antwort: Nein! Schließlich können Sie auch die Google-Sprachsuche nutzen. Tippen Sie einfach das Mikrofonsymbol in der Suchmaske auf der Startseite an und sprechen Sie die Suchabfrage ins Mikrofon. Ihr Android Smartphone leitet die gesprochene Abfrage an einen Server in der Cloud weiter, der das Ergebnis der Suche schließlich rückübermittelt (Abbildung 2.14).

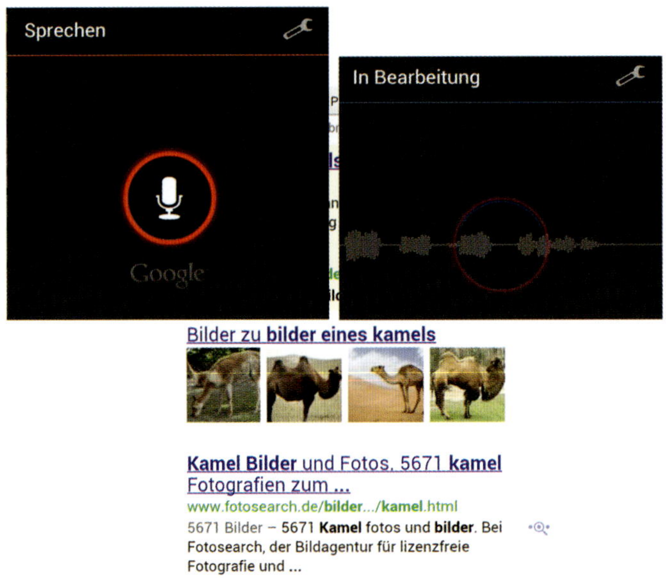

Abbildung 2.14: Nach Analyse und Rückübermittlung der gesprochenen Suchabfrage wird das Ergebnis der Suchabfrage dargestellt – im vorliegenden Fall wurde nach Bildern eines Kamels gesucht. Konnte der gesprochene Text nicht eindeutig identifiziert werden, so präsentiert die App eine Auswahl der ähnlichsten Phrasen – die richtige ist dann durch Antippen auszuwählen.

2.3.2 Smartphone-optimierte Seiten

Nicht immer steht Ihnen ein schneller HSDPA-Zugang zur Verfügung. In diesem Fall ist es wichtig, den Datentransfer beim Surfen zu reduzieren, um das Surfen nicht zum Geduldsspiel werden zu lassen. Viele Anbieter erkennen, dass der Seitenaufruf von einem mobilen Gerät aus erfolgt, und leiten den Browser auf spezielle Mobilseiten um (Abbildung 2.15). Die Adressen der meisten dieser Seiten beginnen mit *m*.

Abbildung 2.15: Mobile und »vollwertige« Version der »Spiegel Online«-Seite im Android-Browser. Zu Letzterer gelangen Sie per Menü, indem Sie die Browseroption »Desktop-Version« auswählen. Die mobile Version ist augenschonender und hat den Vorteil, dass man von Flash-basierter Werbung verschont bleibt.

2.3.3 Zugriff auf den Google Play Store

Im Einstiegskapitel haben Sie bereits Bekanntschaft mit dem Google Play Store (kurz: *Google Play*) gemacht und auch evtl. die eine oder andere App installiert. Nun können Sie sowohl unterwegs als auch vom heimischen WLAN aus jederzeit auf Google Play zugreifen. Grund genug, an dieser Stelle noch einmal etwas genauer auf den zentralen Markt der Apps einzugehen.

1. Starten Sie den Play Store durch Antippen des Icons im Programmmenü.
2. Nach dem Start des Programms präsentiert sich das Einstiegsfenster der App.
3. Wenn Sie Apps in bestimmten Kategorien suchen, sollten Sie die Kategorienansicht verwenden (Abbildung 2.16).

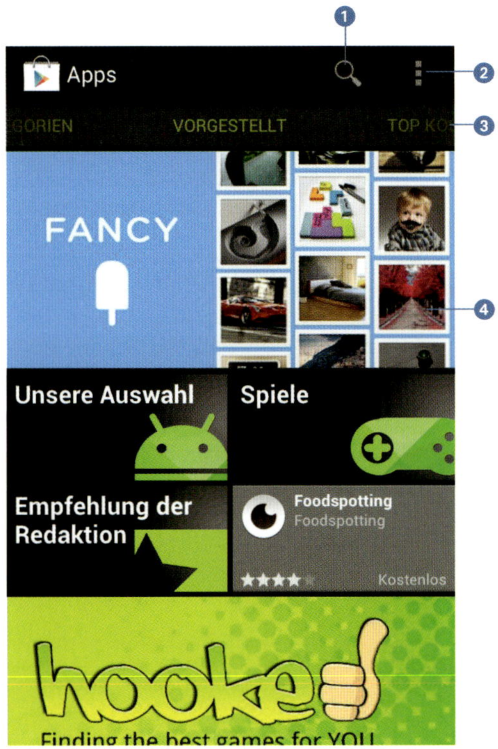

❶ *Icon zur Suche von Programmen*

❷ *Hauptmenü der App*

❸ *Kategorienauswahl (Kategorien, Vorgestellt, Top Kostenlos, ...)*

❹ *Aktuell beworbene Apps*

Abbildung 2.16: Die Kategorienansicht des Play Store

Bei der Installation einer App ist Folgendes zu beachten: Die Apps, die Sie in Google Play erwerben, unterliegen einer rasanten Entwicklung. Updates werden regelmäßig herausgebracht, und das System benachrichtigt Sie, wenn eine App aktualisiert werden kann. Sie sollten darauf achten, dass dies nicht automatisch geschieht, denn bei einer schmalbandigen Internetverbindung, z. B. über GPRS/EDGE, kann ein solches Update rasch zur Geduldsprobe ausarten. Ich persönlich aktualisiere immer dann manuell, wenn ich per WLAN ans Internet angebunden bin. Das lässt sich im Hauptmenü der Google Play App konfigurieren (Abbildung 2.17).

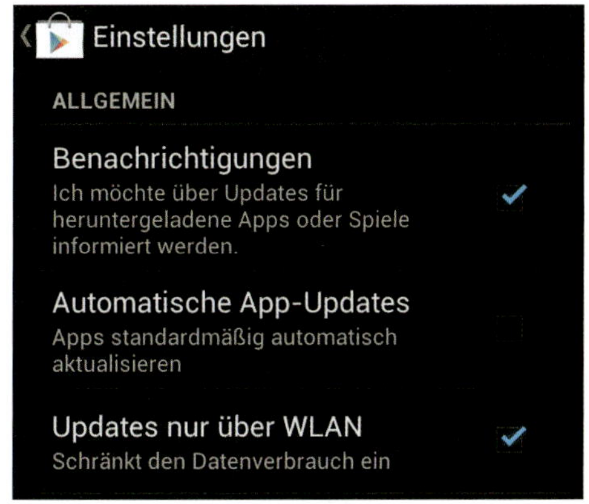

Abbildung 2.17: Updates sollten tunlichst nur via WLAN-Verbindung erfolgen, um das Onlinebudget zu schonen.

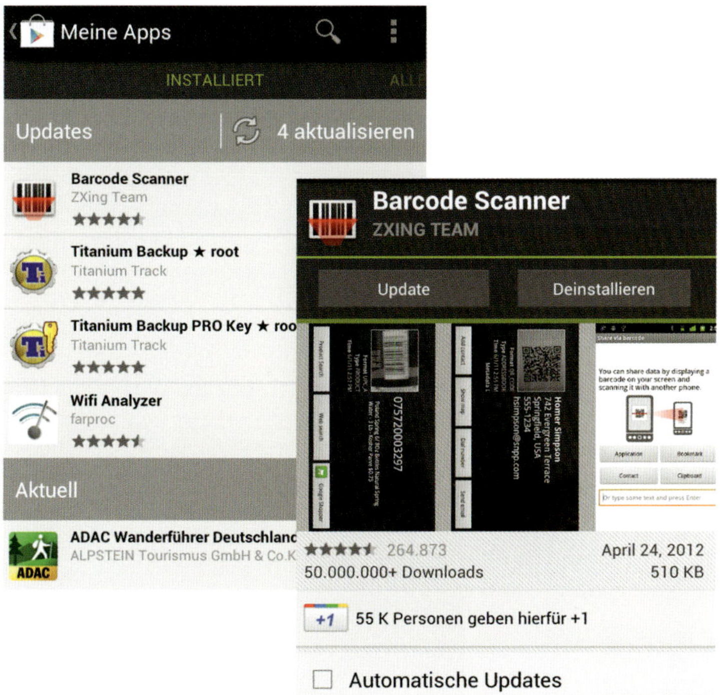

Abbildung 2.18: Android macht Sie mit einer Meldung in der Statusleiste darauf aufmerksam, wenn Updates für Apps vorliegen. Achten Sie bei der Installation einer App darauf, dass das automatische Update deaktiviert ist – das schont die Nerven für den Fall, dass Sie über eine schmalbandige Verbindung an das Internet angeschlossen sind.

2.4 Die Kosten im Blick

Eigentlich ist es ziemlich riskant, ein Android Smartphone ohne mobile Datenflatrate zu betreiben: Zu groß ist die Gefahr, durch unbeabsichtigten Verbindungsaufbau bei einem unlimitierten Tarif in die Kostenfalle zu geraten. Aber auch Flatrate-Inhaber sollten sich darüber im Klaren sein, dass ihr Freivolumen nicht unbegrenzt ist und sie nach dessen Verbrauch im Schneckentempo im Internet unterwegs sind. Grund genug, einige Tools vorzustellen, mit denen es leichtfällt, den Datenverbrauch im Blick zu behalten.

2.4.1 Den Datentransfer überwachen

Seit der Android-Version 4 können Sie Ihren Datenverbrauch direkt in den Systemeinstellungen überprüfen. Begeben Sie sich dazu in den Bereich *Einstellungen/Datenverbrauch*. Hier können Sie sowohl den Datenverbrauch einsehen als auch Limits festlegen. Nach dem Überschreiten eines solchen Limits wird die Onlineverbindung gekappt, sodass keine weiteren Kosten anfallen können – sozusagen Ihr Kostenairbag.

Für Besitzer älterer Android-Systeme bietet sich die App *DroidStats* an, die im Hintergrund läuft und den Datentransfer sowohl im Mobilfunknetz als auch im WLAN überwacht.

Google Play: droidstats

Abbildung 2.19: Android besitzt ab Version 4.0 ein Werkzeug zur Kontrolle des Datenflusses. Im vorliegenden Menü können Limits für den mobilen Datentransfer festgelegt werden.

Das Programm bietet nach dem Start der App einen Überblick über den bislang erfolgten Datentransfer. Bei längerem Antippen des WLAN- bzw. GSM-Symbols kann der Zähler zurückgesetzt oder auch eine grafische Aufbereitung der Daten angezeigt werden.

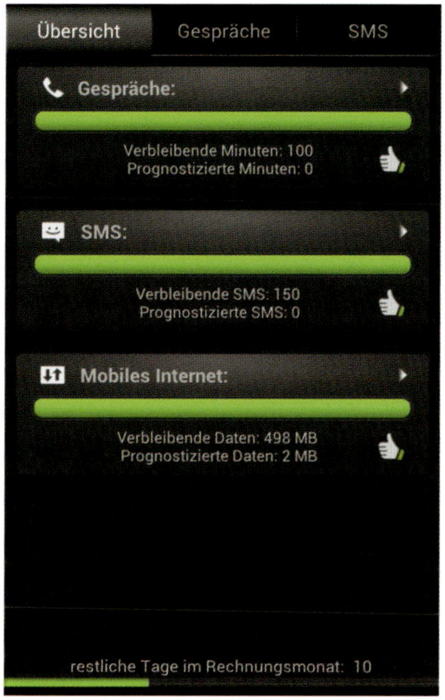

Abbildung 2.20: DroidStats hilft Ihnen dabei, Ihre Onlinekosten im Blick zu behalten. Nebenbei können Sie mit der App auch Limits für SMS und Telefonie setzen und einhalten.

2.4.2 Selektiv offline gehen

Zur Steuerung des Onlineverhaltens bietet sich das Widget *APN-Switch* an. Damit können Sie den Datenverkehr gezielt einschränken.

Google Play: apnswitch

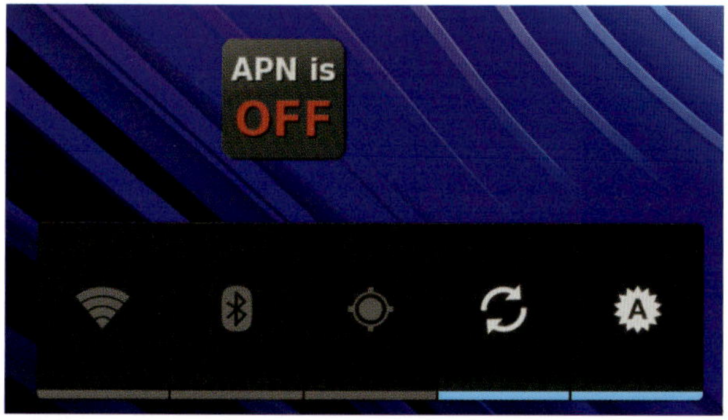

Abbildung 2.21: Das APN-Switch (hier über dem Energiesteuerungs-Widget) deaktiviert den Datenverkehr bei Bedarf. Das ist insbesondere im Ausland recht nützlich, wenn Sie Roamingkosten umgehen möchten.

… und wer ganz sichergehen will, dass sich sein Smartphone nicht unfreiwillig mit dem Netz verbindet, der schaltet einfach den Flugmodus ein. Diesen aktivieren Sie über *Einstellungen/Mehr*. Der Name »Flugmodus« rührt daher, dass die meisten Airlines darauf bestehen, dass die Funkmodule der Handys während der Start- und Landephase ausgeschaltet sind. Bei einigen Smartphones wie dem Samsung Galaxy Nexus lässt sich der Flugmodus auch über das Kontextmenü, das bei langem Drücken der Einschalttaste erscheint, aktivieren.

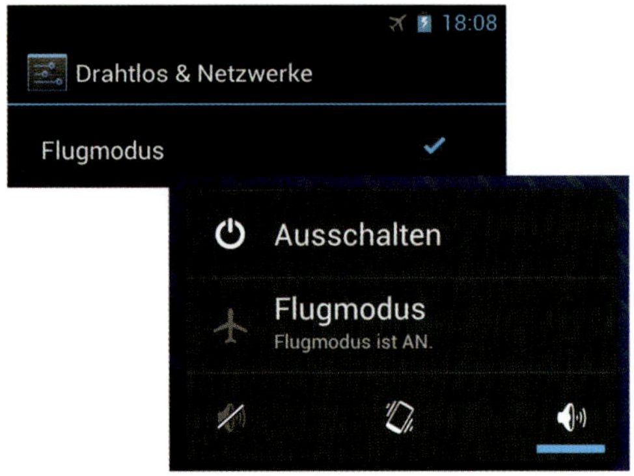

Abbildung 2.22: Der Flugmodus (oft auch Offline-Modus genannt) bietet eine hundertprozentige Möglichkeit, den Datentransfer zu unterbinden. Die Aktivierung ist am Flugzeugsymbol in der Statusleiste zu erkennen.

2.5 Die Internetverbindung teilen (Tethering)

Das Android Smartphone für Laptop & Co. als Brücke zum Internet nutzen? Nichts leichter als das! Das Zauberwort heißt *Tethering*: Das Smartphone stellt seine Internetverbindung (EDGE oder UMTS/3G) weiteren Endgeräten per USB oder WLAN zur Verfügung. Sie richten eine derartige Verbindung per USB folgendermaßen ein:

2.5.1 Tethering per USB

1. Stellen Sie mit Ihrem Smartphone wie beschrieben eine Datenverbindung zum Mobilfunknetz her.

2. Verbinden Sie Ihr mobiles Endgerät, z. B. Ihren Laptop, per USB-Kabel mit dem Smartphone.

3. Wählen Sie im Bereich *Einstellungen/Drahtlos und Netzwerk/Mehr …* den Punkt *Tethering & mobiler Hotspot* und aktivieren Sie im folgenden Menü das *USB-Tethering*. Eventuell wird nun auf dem PC noch ein Modemtreiber installiert.

Abbildung 2.23: Verwendung von USB-Tethering

Fertig! Die neue Verbindung finden Sie in Ihrem Betriebssystem als Netzwerk- bzw. Modemadapter, der dann entsprechend zu konfigurieren ist. Die Konfiguration des so eingerichteten Modems ist für Laien allerdings alles andere als einfach. Günstiger ist es, die Internetverbindung per WLAN als Hotspot zur Verfügung zu stellen.

2.5.2 Einen WLAN-Hotspot einrichten

1. Begeben Sie sich in den Bereich *Einstellungen/Drahtlos und Netzwerk/Mehr …/ Tethering & mobiler Hotspot* und wählen Sie hier den Punkt *WLAN-Hotspot konfigurieren*.
2. Definieren Sie hier den Namen, das Passwort und den Sicherheitsmodus Ihres Hotspots. Für Letzteren empfiehlt sich WPA2 PSK.
3. Aktivieren Sie nach der Konfiguration den WLAN-Hotspot über den Schalter *Mobiler WLAN-Hotspot*.

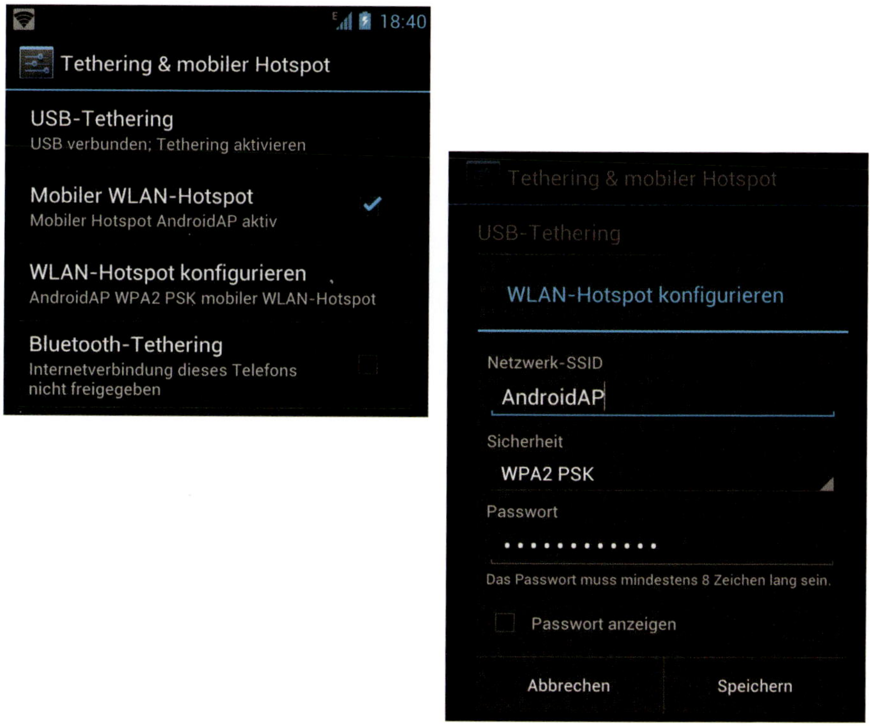

Abbildung 2.24: Ein mobiler Zugangspunkt ist auf Ihrem Android Smartphone im Handumdrehen eingerichtet …

Abbildung 2.25: … und lässt sich auch mit Produkten der Konkurrenz hervorragend nutzen!

Dass wir miteinander reden können, macht uns zu Menschen.

Karl Jaspers

Kapitel 3

Kommunikation

Telefonieren war gestern – wer heute etwas mitzuteilen hat, simst, mailt, twittert oder videofoniert. Wie das alles mit Ihrem Android Smartphone funktioniert, erfahren Sie im folgenden Kapitel.

3.1 SMS und MMS

3.1.1 SMS

Beginnen wir mit dem Klassiker: der guten, alten SMS, dem *Short Message Service*. Eines sei vorab gesagt: Es gibt heute sicher günstigere Methoden, Informationen per Text auszutauschen. So findet man in der beliebten Wikipedia einen Artikel, der die Kosten für die Übertragung einer Datenmenge von einem Megabyte bei einem Tarif von 9 Cent/SMS auf 674 Euro beziffert. Im Vergleich dazu übertragen Sie die gleiche Datenmenge per E-Mail für günstige 50 Cent. Der große Vorteil der SMS: Sie funktioniert auch im hintersten Winkel von Tadschikistan.

Der Weg zur ersten SMS ist nicht schwierig:

Abbildung 3.1: Die SMS- bzw. Nachrichten-App finden Sie in der Regel direkt auf dem Startbildschirm Ihres Android Smartphones, im vorliegenden Fall ist es die grüne Sprechblase.

1. Suchen Sie auf Ihrem Homescreen am unteren Ende das Icon *Nachrichten* (Abbildung 3.1) und tippen Sie dieses an. Alternativ suchen Sie nach einer entsprechenden App im Apps-Bereich Ihres Smartphones.
2. Wählen Sie den Punkt *Neue Nachricht*. Dieser befindet sich bei aktuellen Android-Versionen im unteren Bereich der App. Geben Sie in das Feld *An* die Nummer Ihres Gegenübers an oder wählen Sie einfach einen Kontakt aus Ihrem Adressbuch über die Schaltfläche *Kontakte*.
3. Geben Sie einen Text in das Nachrichtenfeld ein (Abbildung 3.2).
4. Nach der Fertigstellung des Textes tippen Sie auf die Schaltfläche *Senden*, welche neben dem Nachrichtentext in Form eines Papierfliegers dargestellt wurde (Abbildung 3.2).

Abbildung 3.2: Verfassen einer SMS unter Android. Mit modernen Tastaturen (hier: die FlexT9-App) können Sie die kurzen Texte sogar diktieren – vorausgesetzt, Sie sind online.

Fertig! Die SMS tritt nun ihren Weg zum Empfänger an. Die Antwort erscheint direkt unter der verschickten SMS als Sprechblase. Android-typisch werden Kommunikationen als Threads gespeichert (Abbildung 3.3). Die Antwort erfolgt dann direkt im Thread.

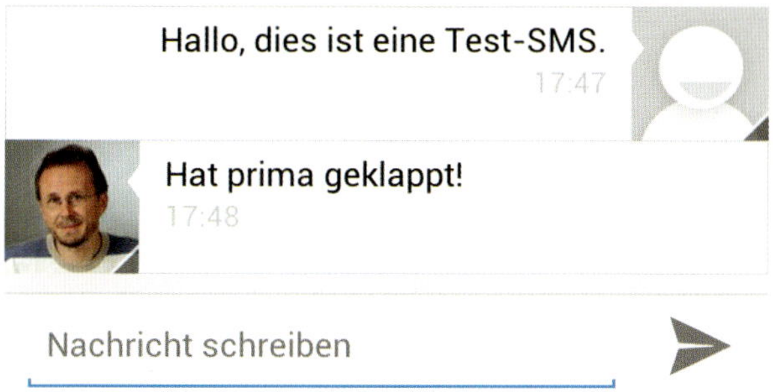

Abbildung 3.3: Nachrichten werden Android-typisch in Form von »Kommunikationen« abgespeichert.

Abbildung 3.4: Im Einstellungsmenü können Sie unter anderem Zustellberichte aktivieren, um sicherzustellen, dass die SMS bei Ihrem Gegenüber angekommen ist. Die restlichen Einstellungen, insbesondere die Nummer der Nachrichtenzentrale, sollten Einsteiger besser in der Voreinstellung belassen.

Das Menü der Nachrichten-App bietet diverse Optionen. Betätigen Sie dazu die Menü-Schaltfläche direkt in der App und wählen Sie den Punkt *Einstellungen* (Abbildung 3.4).

Verwalten der Konversationen

Möchten Sie eine Konversation löschen, so tippen Sie mit dem Finger auf den Eintrag. Es erscheint ein Papierkorb, mit dessen Hilfe Sie die Nachricht löschen können (Abbildung 3.5).

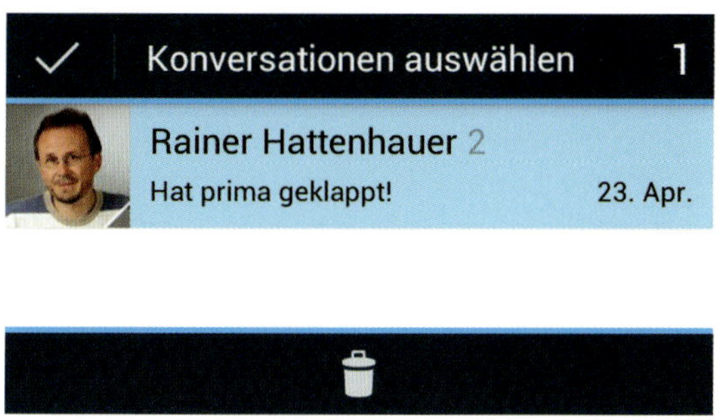

Abbildung 3.5: Konversationen werden nach dem Markieren durch Antippen des Papierkorbsymbols gelöscht.

3.1.2 MMS

War schon die SMS für die Mobilfunkprovider eine willkommene Geldquelle, so stellt die *MMS* (Multi Messaging Service) einen wahren Goldesel dar: Das Verschicken von multimedialen Inhalten wie Fotos, Textdokumenten oder kleinen Videos kostet richtig Geld – meist das 4- bis 5-Fache einer »normalen« SMS.

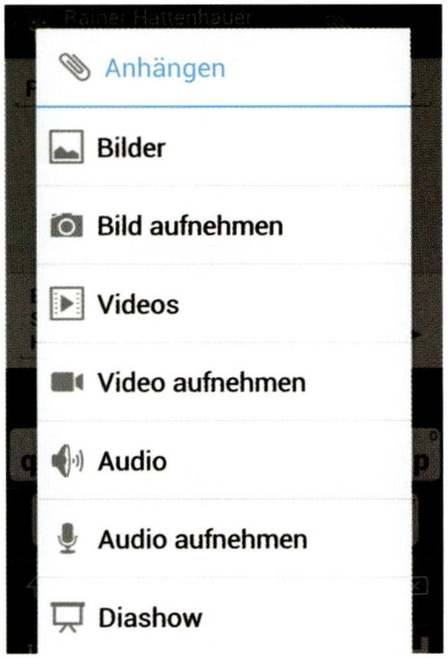

Abbildung 3.6: Über die Option »Anhängen« fügt man Bilder oder andere Multimediaelemente an die Nachricht.

Der Versand einer MMS erfolgt prinzipiell über den gleichen Gateway, der den mobilen Datendienst anbietet. Somit fahren Sie wesentlich günstiger, wenn Sie Ihr tolles Urlaubsfoto gleich per E-Mail-Attachment verschicken. Wer dennoch auf MMS angewiesen ist, hier die Anleitung zum Verschicken der Multimediabotschaft (Achtung, Sie erleben nun eine Premiere! Ich selbst bin aus kostentechnischen Überlegungen noch nie auf die Idee gekommen, den MMS-Dienst zu nutzen):

1. Stellen Sie sicher, dass Sie mit dem Smartphone online sind, d. h. dass sich das Gerät im Datenübertragungsmodus befindet.
2. Erstellen Sie einen normalen SMS-Text.
3. Wählen Sie durch Antippen des Büroklammersymbols die Option *Anhängen*.
4. Wählen Sie aus dem sich öffnenden Menü die Option *Bilder* und begeben Sie sich in die Galerie. Wählen Sie dort ein Bild aus.

Eine MMS darf in der Regel 300 KByte nicht überschreiten. Android übernimmt die Kompression in eine MMS-verträgliche Größe.

Abbildung 3.7: Das Bild aus der Galerie wird komprimiert und an die MMS geheftet.

5. Betätigen Sie nach der Übernahme des Fotos die Schaltfläche *Senden*.

Fertig! Wichtig ist dabei nur, dass Ihr Gegenüber den Empfang von MMS ebenfalls aktiviert und konfiguriert hat.

MMS-Einrichtung leicht gemacht
Oft ist es schwierig, das Smartphone und dessen Gegenstelle korrekt auf den Empfang von MMS einzustellen. Dabei hilft aber in der Regel der Provider. T-Online beispielsweise bietet einen Service an, mit dessen Hilfe der MMS-Dienst per SMS automatisch auf Ihrem Smartphone konfiguriert wird. Diesen finden Sie unter **https://www.csp.t-mobile.net/rdm/?pt=TMDEUP**.

Alternative SMS-Programme
Wenn Sie mit der Android-internen Lösung zum SMS-/MMS-Versand nicht zufrieden sind, bieten sich folgende Alternativen an:

- **chompSMS**
- **Handcent SMS**
- **GO SMS Pro**

3.2 E-Mail

Sie ist zwar mittlerweile infolge des hohen Spamaufkommens ein wenig in Verruf geraten, gehört aber dennoch zum Standardkommunikationsmittel des Webbürgers: die E-Mail. Auf Android Smartphones haben Sie dabei zwei Alternativen, per E-Mail zu kommunizieren:

- Durch die Registrierung bei Google steht Ihnen Ihr Google Mail-Konto zur Verfügung. Hierzu verwenden Sie die **Google Mail-App**.
- Mailkonten anderer Provider werden mit der »normalen« **E-Mail-App** behandelt. Deren Konfiguration erfordert in der Regel Handarbeit.

Aufgrund der hervorragenden Integration in das Android-Betriebssystem soll nachfolgend die Google-eigene Lösung im Vordergrund stehen.

3.2.1 Google Mail nutzen

Das Google Mail-Konto steht Ihnen sofort nach der Aktivierung Ihres Smartphones bei Google zur Verfügung. Zur Anmeldung verwenden Sie entweder eine E-Mail der Form <IhrName>@googlemail.com oder <IhrName>@<IhrProvider>.de.

Testen Sie zunächst einmal die Funktionsfähigkeit Ihres Google Mail-Accounts.

1. Schicken Sie sich eine E-Mail an Ihr Google Mail-Konto. Die Mailadresse hat typischerweise die Form `<IhrName>@googlemail.com`.

Abbildung 3.8: Der Eingang einer Mail wird links in der Statuszeile angezeigt.

2. Sie erhalten unmittelbar nach Versenden der Mail eine Nachricht in der Statuszeile: Die Mail wird im Push-Verfahren an Ihr Smartphone weitergeleitet. Voraussetzung dafür ist natürlich, dass sich Ihr Handy im Onlinemodus befindet.

Lesen Sie die Mail, indem Sie entweder die Statuszeile herunterziehen und die Benachrichtigung antippen oder das Google Mail-Programm aus dem Anwendungsmenü starten.

3. Nach Start des Google Mail-Programms gelangen Sie zunächst in den Posteingang. Durch Antippen der Betreffzeile wird die Mail geöffnet und kann gelesen werden (Abbildung 3.9).

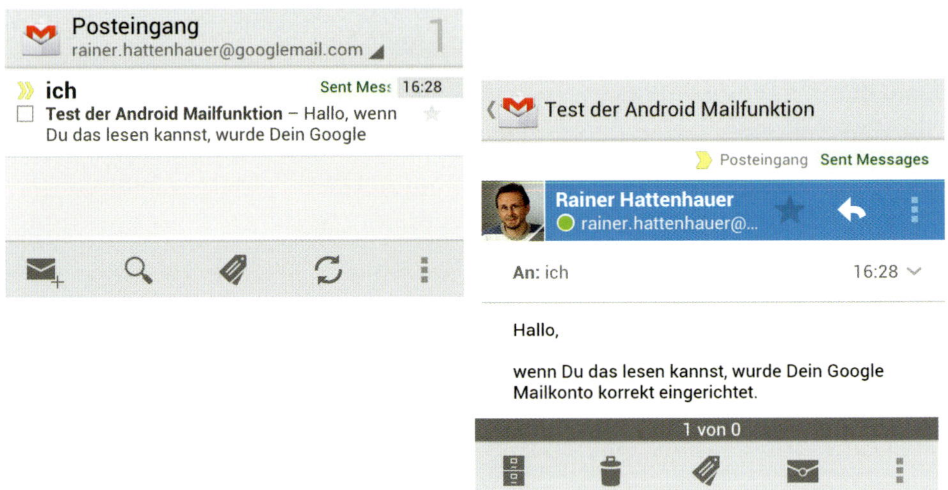

Abbildung 3.9: Die Mail wird durch Antippen der Betreffzeile im Posteingang geöffnet. Über die Schaltfläche »Archiv« (versehen mit dem Aktenschranksymbol) verschieben Sie die Mail vom Posteingang ins Archiv des Google Mail-Programms. Durch Betätigen von »Löschen« (das Papierkorbsymbol) wird die Mail in den Papierkorb verschoben.

Beantworten Sie die Mail durch Antippen des Pfeils am oberen rechten Fensterrand (Abbildung 3.9) und versenden Sie sie durch Betätigen des Knopfes *Senden*.

Abbildung 3.10: Die Mail wird beantwortet. Standardmäßig wird die Originalmail als Zitat eingefügt. Das können Sie verhindern, indem Sie den blauen Haken durch Antippen entfernen.

Konversationen

Auf den ersten Blick gewöhnungsbedürftig ist die Art und Weise, in welcher Google Mail die E-Mails abspeichert: Diese werden in sogenannten *Konversationen* angeordnet. Jeder Mailaustausch wird dabei in einem Thread, der Konversation, gesammelt. Die einzelnen Mails lassen sich dann durch Antippen der Statuszeile separat lesen (Abbildung 3.11).

Abbildung 3.11: Mails eines Threads werden als Konversation gespeichert. Das Etikettensymbol (drittes von links) sorgt für die passende Einordnung der Mail.

Labels

Wie bekomme ich Ordnung in die scheinbar willkürliche Folge von Konversationen? Die Lösung lautet: Labeln Sie die Mails! Das Ganze kann man sich in etwa so vorstellen, als würde man in klassischen Mailprogrammen Unterordner zum Einsortieren der Mails anlegen, wobei Labels aber ungleich intelligenter agieren …

Um eine Mail einem Label zuzuordnen, tippen Sie auf das Etikettensymbol in der unteren Menüleiste des Mailprogramms (Abbildung 3.11) und rufen die Funktion *Labels* auf. Es öffnet sich ein weiteres Fenster, in dem Sie ein oder mehrere vordefinierte Label auswählen können. Die Verwendung mehrerer Label für die gleiche Mail hat den Vorteil, dass Sie Ihre Mails so in verschiedene Kategorien gleichzeitig einordnen können. Die Labels definiert man am einfachsten im Webfrontend von Google Mail unter dem Punkt *Labels verwalten*, mehr dazu später.

Ich habe beispielsweise sämtliche Rechnungen über Apps aus dem Google Play Store mit dem Label »Market Rechnungen« versehen (Abbildung 3.12). Sie greifen auf die verschiedenen Labels in der Mail-App über den Menü-Punkt *Zu den Labels* zu. Auch Posteingang und Postausgang erscheinen dort als Label.

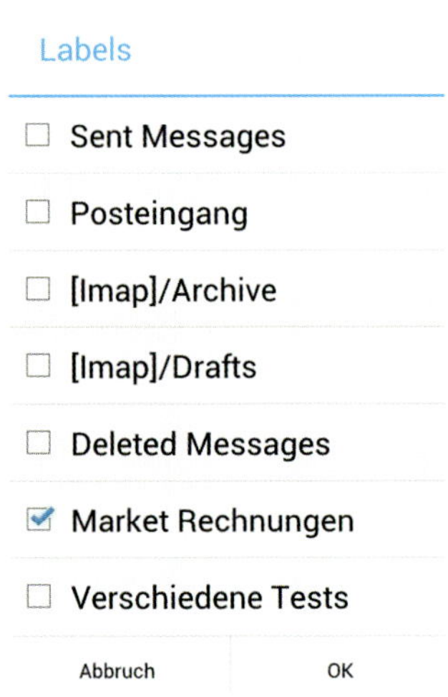

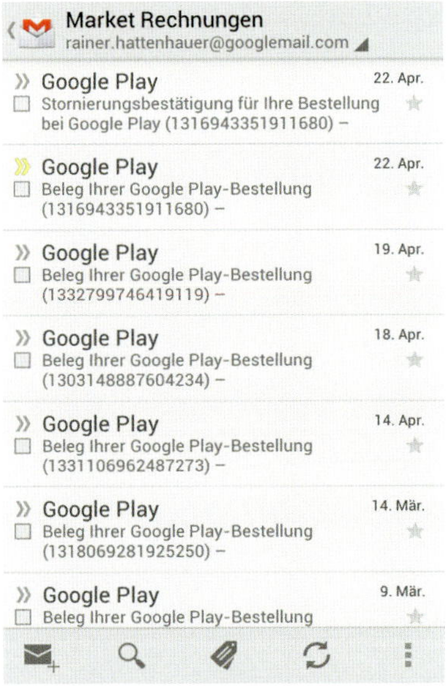

Abbildung 3.12: Mithilfe von Labels ordnen Sie Ihre Konversationen. Im vorliegenden Fall wurden die Google Play-Rechnungen mit dem Label »Market Rechnungen« versehen und geordnet abgelegt.

Das Webfrontend

Das Schöne an Google Mail ist die Möglichkeit, am heimischen PC bequem per Browser auf die Konversationen zugreifen zu können.

1. Starten Sie Ihren Lieblingsbrowser und loggen Sie sich mit Ihrem Google-Account bei `www.google.de` ein.
2. Klicken Sie den Link *E-Mail* im Google-Menü an. Sie können nun Ihre E-Mails im Browser betrachten, bearbeiten, einordnen und mit neuen Labels versehen.

Abbildung 3.13: Die Mails lassen sich bequem mit dem Google Mail-Webfrontend verwalten. Hier können über den Menüpunkt »Label verwalten« auch neue Labels angelegt werden.

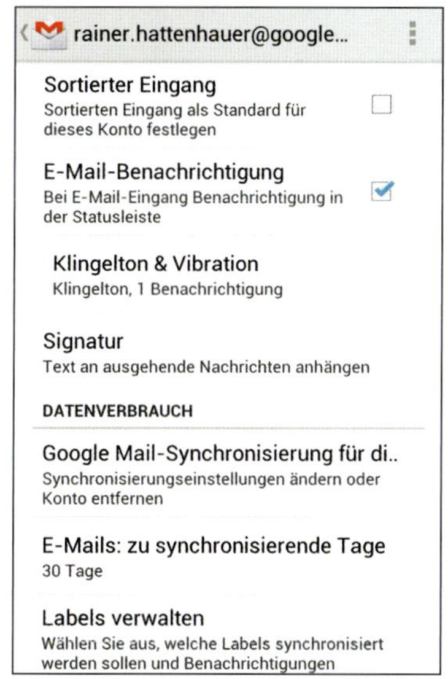

Abbildung 3.14: Konfiguration des Google Mail-Programms. In das vorliegende erweiterte Konfigurationsmenü gelangen Sie durch Antippen des Kontonamens (im oberen Bereich der Abbildung ersichtlich).

Optionen des Google Mail-Programms

Durch Betätigen der Menü-Schaltfläche innerhalb von Google Mail gelangen Sie in das Optionsmenü der App. Dort stehen Ihnen die üblichen Möglichkeiten zur Konfiguration einer Mailanwendung zur Verfügung. Insbesondere können Sie dort eine individuelle Signatur definieren, die an jede Mail angehängt wird (Abbildung 3.14).

Attachments

Anhänge fügen Sie in einfacher Weise wie bereits in Abschnitt 3.1.2 beschrieben an Ihre Mail an – mit dem kleinen, aber feinen Unterschied, dass diese Art des Dateitransfers wesentlich günstiger als der Versand einer MMS ist. Wählen Sie dazu einfach nach dem Erstellen der Mail den Menüpunkt *Anhang* (erkennbar am Büroklammersymbol) und anschließend den Anhang aus der Galerie oder per Browser aus.

3.2.2 Beliebige E-Mail-Provider nutzen

Möchten Sie Ihren gewohnten E-Mail-Provider auf dem Android Smartphone nutzen, so bietet sich die klassische E-Mail-App an.

Vor der Verwendung muss diese App allerdings konfiguriert werden. Dabei hilft ein Assistent.

1. Starten Sie die E-Mail-App aus dem Hauptmenü der Anwendungen.
2. Beim ersten Start werden Ihre E-Mail-Adresse sowie das Passwort Ihres Mailkontos abgefragt. Geben Sie diese in das jeweilige Eingabefeld ein (Abbildung 3.15).

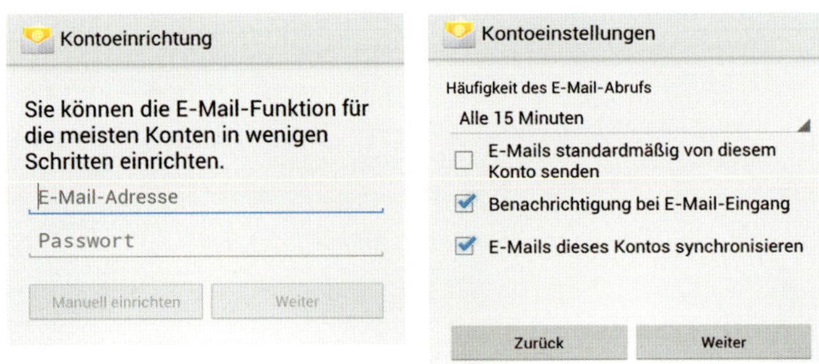

Abbildung 3.15: Der Einrichtungsassistent führt Sie in wenigen Schritten durch die Konfiguration Ihres Mailkontos. Experten finden im ersten Dialog die Möglichkeit vor, das Konto manuell einzurichten.

3. Das Programm prüft im nächsten Schritt die Servereinstellungen. Waren die Zugangsdaten korrekt, so müssen Sie nun lediglich einige wenige Informationen ergänzen, z. B. die Häufigkeit des E-Mail-Abrufs.

4. Das neu erstellte Konto muss abschließend benannt werden, und es ist der Name anzugeben, der im E-Mail-Header beim Nachrichtenversand erscheinen soll. Bestätigen Sie die Eingaben mit *Weiter*.

Das war's: Ihr Konto ist eingerichtet. Einfacher geht's nun wirklich nicht.

Manuelle Einrichtung eines Mailkontos am Beispiel IMAP

Die oben beschriebene Kontoeinrichtung per Assistent birgt einen Nachteil: Standardmäßig erfolgt der E-Mail-Abruf mit dem POP-Verfahren. Dabei werden (sofern nicht anders konfiguriert) sämtliche Mails beim Mailabruf komplett vom Server heruntergeladen und gelöscht. Schlecht, wenn Ihr Chef auf die Idee gekommen ist, ein 20 MByte großes PDF-Dokument per Mail an Sie zu verschicken.

Günstiger ist in jedem Fall der Abruf der E-Mail im IMAP-Verfahren. Dabei greift das Smartphone auf eine zuvor auf dem Mailserver erstellte Ordnerstruktur zu, und die abgerufenen Mails verbleiben so lange auf dem Server, bis sie explizit gelöscht werden.

Das IMAP-Verfahren hat einen weiteren Vorteil: In Form der IMAP-Idle-Funktion lässt sich das Push-Mail-Verfahren auch mit gewöhnlichen Mailservern jenseits von Google Mail nutzen: Mails, die eintreffen, werden unverzüglich an das Smartphone weitergeleitet.

Um Ihr Mailkonto auf IMAP umzustellen, müssen Sie lediglich den Namen des IMAP-Servers herausfinden, den Ihr Mailprovider anbietet. Das geschieht am schnellsten durch eine Google-Recherche (*imap <Name des Providers>*). Im Falle von GMX lautet der Name des IMAP-Servers beispielsweise `imap.gmx.net`, T-Online verwendet `imap.t-online.de`. Der Mailtransfer per IMAP muss manuell eingerichtet werden. Sollten Sie das Konto für den Provider bereits per Assistent eingerichtet haben, so löschen Sie dieses zunächst (Menü-Taste/*Konten*/Konto angetippt halten/*Konto entfernen*).

1. Starten Sie die Mail-App und geben Sie wie oben beschrieben Mailadresse und Passwort ein.

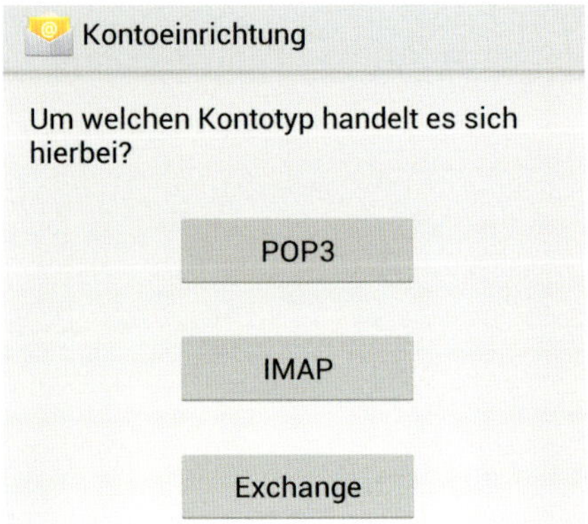

Abbildung 3.16: Die manuelle Einrichtung des Mailaccounts umfasst IMAP- und Exchange-Konten.

2. Wählen Sie nun aber die Schaltfläche *Manuelles Einrichten*. Das Programm bietet im folgenden Dialog eine Auswahl verschiedener Kontotypen an, unter anderem auch IMAP. Wählen Sie die Option *IMAP* aus (Abbildung 3.16).
3. Geben Sie im folgenden Dialog Ihr Login (typischerweise die Mailadresse), das Passwort und die URL des IMAP-Servers an. Bestätigen Sie Ihre Eingabe mit der *Weiter*-Taste.
4. Geben Sie nun die URL des Postausgangsservers an.
5. Im nächsten Schritt definieren Sie das Abrufintervall der Mails.
6. Nun muss lediglich noch ein Kontoname sowie der Absendername vergeben werden – fertig ist die manuelle Einrichtung desÜber Ihr IMAP-Konto haben Sie nun Zugriff auf die zuvor auf dem Server per Webmail bequem im Browser eingerichtete Ordnerstruktur. Befinde ich mich im Urlaub, so verschiebe ich wichtige Mails nach deren Kenntnisnahme in meinen selbst erstellten Ordner *Sicherung*, um sie dann zu Hause in aller Ruhe zu lesen.

Abbildung 3.17: Definition des IMAP-Zugangs

Abbildung 3.18: Eintragen der Einstellungen für den Postausgangsserver

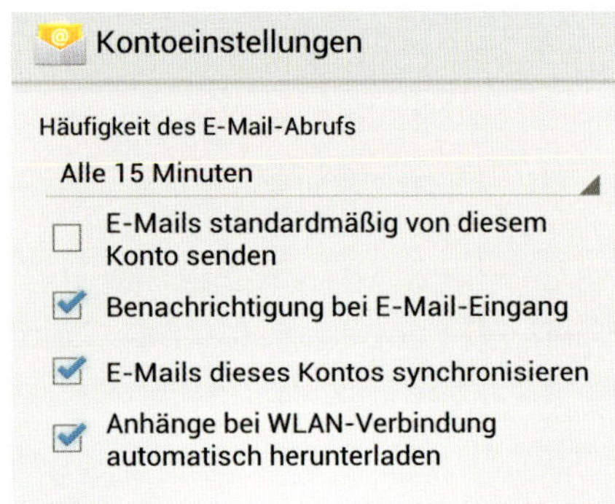

Abbildung 3.19: Das Abrufintervall der Mails sollte etwas großzügiger definiert werden.

Empfehlenswert ist es, Ausschau nach einer speziellen Mail-App Ihres Providers in Google Play Ausschau zu halten. Ich verwende beispielsweise die GMX Mail App, die optimal auf die Infrastruktur meines Providers angepasst ist (Abbildung 3.20).

Synchronisationseinstellungen

Das Aktualisierungsintervall Ihrer Mailprogramme lässt sich entweder in der Mail-App oder im Menü *Einstellungen/Konten & Synchronisierung* einsehen und umstellen (Abbildung 3.21).

Abbildung 3.21: Ich persönlich bevorzuge den manuellen Abgleich meines Mailkontos und habe die Synchronisierung daher deaktiviert.

Alternative E-Mail-Programme

Profis schätzen **K9-Mail**. Das Programm bietet viele Optionen, die über den Funktionsumfang der Standardmailanwendung hinausgehen. Einige Provider wie z. B. GMX bieten auf ihr Angebot angepasste Apps.

Google Play: k-9 mail

Abbildung 3.20: Per IMAP lässt sich eine zuvor auf dem Server erstellte Ordnerstruktur nutzen. Im vorliegenden Fall der GMX Mail App wurde auf dem Server ein zusätzliches Sicherungsverzeichnis erstellt. Über das Kontextmenü lassen sich aus der App heraus weitere IMAP-Ordner anlegen.

3.3 Chat und Instant Messaging

Wenn's mal flott gehen soll mit der zwischenmenschlichen Kommunikation, bietet sich die schnelle Form der asynchronen Kommunikation an: *Chat* oder *Instant Messaging*. Beide Varianten sind den Mobilfunkprovidern ein Dorn im Auge, stehen sie doch in direkter Konkurrenz zur Gelddruckmaschine SMS. Folgerichtig findet man im Kleingedruckten der Verträge dann in der Regel den Passus, das Chat und Messaging per Provider-Datenverbindung tunlichst zu unterbleiben haben.

Die Lösung: Wenn Sie per WLAN mit dem Internet verbunden sind, bewegen Sie sich beim Chat auf legalem Boden. Nachfolgend werden die Grundlagen der Nutzung von Sofortnachrichtendiensten erläutert.

3.3.1 Google Talk

Die Mutter der Sofortnachrichten auf Android Smartphones ist der Google-eigene Dienst *Talk*. Zur Nutzung von Google Talk benötigen Sie und Ihr Gegenüber ein Google-Konto, was in jedem Fall dann gegeben ist, wenn beide Kommunikationspartner ein aktiviertes Android Smartphone verwenden. Aber auch die Verbindung zwischen Smartphone und Browser, der auf einem beliebigen PC mit beliebigem Betriebssystem läuft, gestaltet sich problemlos.

Im nachfolgenden Beispiel verbindet sich ein Android Smartphone per Google Talk mit einem Nutzer, der auf einem Windows-PC per Browser bei seinem Google-Konto eingeloggt ist. Zur Kommunikation per Google Talk begibt man sich im Browser in den Bereich *Mail* des Google-Kontos.

1. Starten Sie Google Talk auf dem Smartphone durch Antippen des Icons *Talk*.
2. Tippen Sie auf das Lupensymbol und suchen Sie nach dem gewünschten Kommunikationspartner. In der Regel genügt es, dafür die ersten Buchstaben der Google Mail-Adresse Ihres Gegenübers einzugeben (Abbildung 3.22).

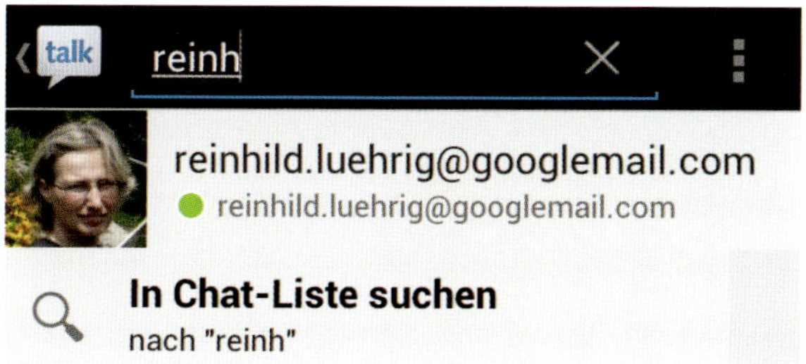

Abbildung 3.22: Suchen Sie zunächst nach Ihrem Gesprächspartner. Dieser muss genau wie Sie über ein Google-Konto verfügen.

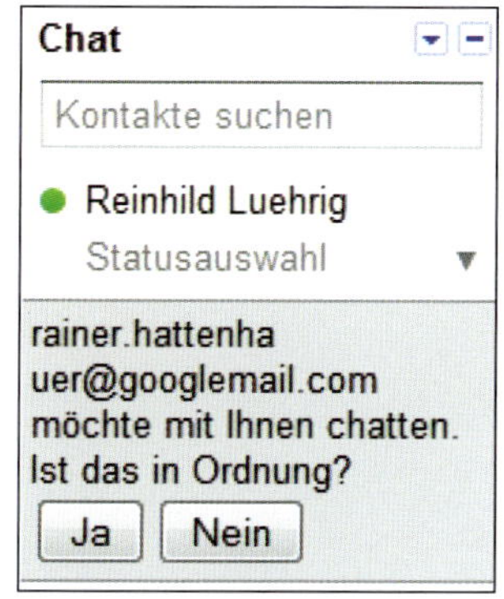

Abbildung 3.23: Im Browser-Frontend von Google Talk erscheint die Einladung zum Chat.

3. Sollten Sie noch nie mit dem Partner über Google Talk kommuniziert haben, so wird diesem nun eine Einladung zum Chat per Google Talk ins Browser-Frontend geschickt, die explizit zu bestätigen ist. Danach kann's losgehen.

Dadurch übermitteln Sie Ihrem Partner eine Einladung zum Chat (Abbildung 3.23).

4. Bestätigt Ihr Partner die Einladung, kann der Chat losgehen. Geben Sie etwas Geistreiches von sich (Abbildung 3.24).

Abbildung 3.24: Google-Chat in der Praxis: rechts unten das kompakte Browser-Interface, links die Ausgabe auf dem Smartphone

Das Schöne: Der Chat per Google Talk funktioniert plattformübergreifend. Für Windows, Mac OS und Linux benötigen Sie lediglich einen aktuellen Browser, und schon kann's losgehen.

Verwenden beide Kommunikationspartner ein Android Smartphone, so müssen diese für einen schnellen Chat noch nicht einmal die Talk-App starten: Die Symbolleiste informiert Sie über Chatanfragen.

Abbildung 3.25: Benachrichtigung über eine Chatanfrage per Statuszeile

Fragen Sie den Google Guru

Wenn Sie der englischen Sprache mächtig sind, können Sie direkt aus Google Talk heraus auch Fragen an den Google Guru stellen. Schicken Sie dazu aus Talk eine Gesprächseinladung an **guru@googlelabs.com** und stellen Sie eine Frage auf Englisch – der Guru antwortet bereitwillig (Abbildung 3.26).

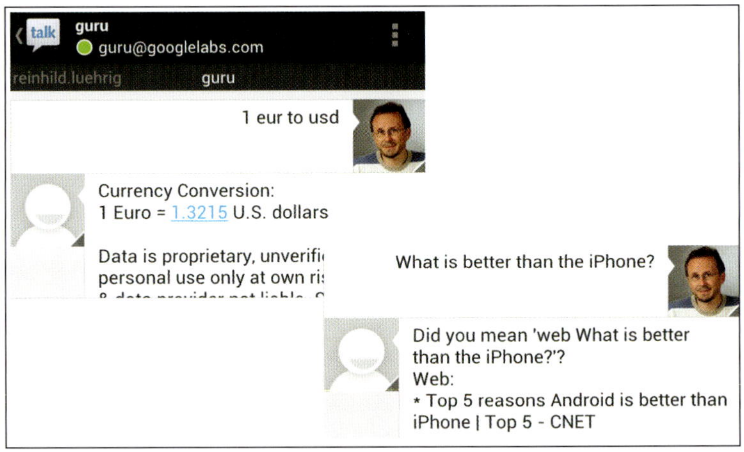

Abbildung 3.26: Die Google Guru-Software beantwortet Fragen direkt aus dem Chat heraus. Das ist nützlich, wenn Sie sich in einem regulären Chat mit einem Kommunikationspartner befinden und auf die Schnelle etwas recherchieren wollen.

3.3.2 Alternative Messenger

»Aber was ist mit ICQ, AIM und MSN?«, werden Sie sich fragen. Keine Sorge: Auch hier stellen spezielle Apps die Verbindung zur Außenwelt im speziellen Mikrokosmos her. ICQ bietet etwa die folgende Anwendung:

Google Play: icq

Den AOL Instant Messenger finden Sie hier:

Google Play: aim

Weitere Messenger für Android

Im Google Play Store finden Sie mit der Suchfunktion schnell weitere Alternativen:

- **MSN Messenger** – für die Kommunikation mit Microsoft-affinen Freunden
- **Yahoo! Messenger**
- **WhatsApp** – ein universeller Messenger, der auch in einer iPhone-Variante erhältlich ist
- **Viber**

3.4 Kommunikation per Bild und Ton

Mit dem Voice over IP-Protokoll (kurz: VOIP) steht Ihnen ein Übertragungsstandard zur Verfügung, der Ihre Telefonkosten auf einen Bruchteil schrumpfen lässt. Die Übertragung von Sprache per digitalem Datenstrom gehört heute zum Pflichtprogramm jedes Android Smartphones. Mehr noch: Eine geeignete App vorausgesetzt, können Sie sogar Videotelefonie durchführen.

Leider haben die Mobilfunkprovider aber auch hier einen Riegel vorgeschoben. Wenn Sie vorhaben, die beschriebenen Verfahren über das Mobilfunknetz auszuprobieren, sollten Sie in das Kleingedruckte des Mobilfunkvertrags schauen: VOIP ist bei den meisten Providern untersagt. Nebenbei gesagt macht das Ganze, insbesondere die Videotelefonie, auch dann erst richtig Spaß, wenn man sich um sein Datenkontingent keine Gedanken machen muss – und das ist insbesondere der Fall, wenn Sie per WLAN ans Internet angebunden sind.

Beginnen wir unseren Rundgang erneut mit der Google-eigenen Lösung Google Talk.

3.4.1 Google Talk

Die meisten aktuellen Android Smartphones verfügen zusätzlich zur rückwärtigen Hauptkamera über eine Frontkamera. Verwenden beide Kommunikationspartner Google Talk, so ist ein Videochat schnell eingerichtet:

1. Möchten Sie per Browserinterface einen Sprach- bzw. Videochat mit einem Smartphone-Besitzer durchführen, so ist dieser in Form eines zusätzlichen Programms zunächst zu installieren. Begeben Sie sich dazu per Browser in den Bereich *Google Mail* und klicken Sie die Kamera über Ihrem Kontakt an. Daraufhin wird Ihnen die Installation des entsprechenden Tools angeboten. Folgen Sie dem Assistenten.
2. Starten Sie auf beiden Geräten Google Talk und stellen Sie den Kontakt zu einem Gesprächspartner her, der online ist. Tippen Sie dazu auf das Videokamerasymbol neben dem Kontakt (Abbildung 3.27).
3. Führen Sie den Videochat durch, nachdem Ihr Kommunikationspartner diesen angenommen hat.

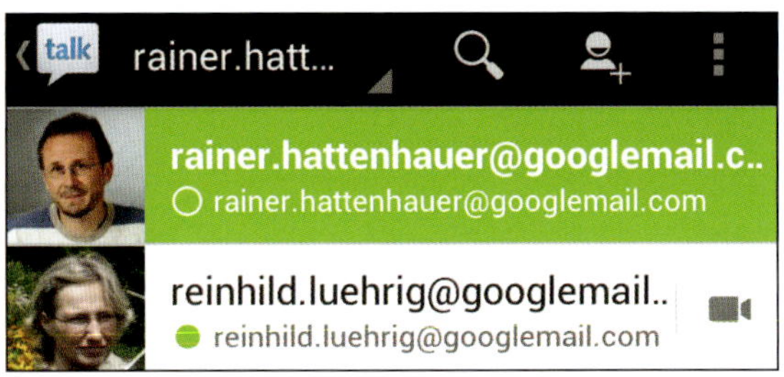

Abbildung 3.27: Das Kamerasymbol neben dem Kontakt signalisiert, dass der Gesprächspartner ebenfalls über Videochat-fähige Hardware verfügt.

Abbildung 3.28: Selbstversuch in Ermangelung eines Kommunikationspartners: links der Smartphone-Client, rechts der Browser-Client von Google Talk

In gleicher Weise können Sie natürlich auch normale Telefonate durchführen, falls Ihr Gegenüber keine eingebaute Kamera für den Chat besitzt. Nun ist die IT-Welt aber keineswegs ausschließlich auf Google beschränkt. Was, wenn Ihr Gegenüber lieber mit einem iPhone arbeitet? Der nächste Abschnitt zeigt Lösungen auf.

3.4.2 (Video-)Telefonieren mit Skype

Skype ist der Quasistandard, wenn es um das Thema VOIP geht. Insbesondere im heterogenen Umfeld hat sich Skype bewährt, da es Clients für alle erdenklichen Plattformen bietet. Die Kommunikation über Skype ist kinderleicht, ein Account schnell eingerichtet:

Google Play: skype

1. Besorgen Sie sich zunächst (falls noch nicht vorhanden) einen Account auf `http://www.skype.com/intl/de/home/`.
2. Laden Sie die Skype-App vom Google Play Store auf Ihr Handy und installieren Sie diese.
3. Starten Sie die Skype-App auf Ihrem Smartphone. Ein Einrichtungsassistent führt Sie durch die Konfiguration der App. Dabei sind lediglich Ihr Skype-Name sowie Ihr Skype-Kennwort einzugeben (Abbildung 3.29).
4. Akzeptieren Sie bei der ersten Anmeldung die Geschäftsbedingungen von Skype. Wer mag, kann sich anschließend in Form einer kleinen Tour über die Möglichkeiten von Skype informieren.

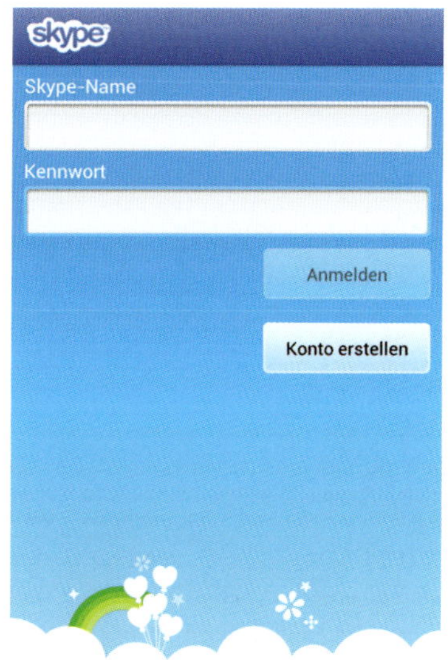

Abbildung 3.29: Anmeldung bei Skype mit dem Android-Client. Wer noch kein Skype-Konto hat, kann an dieser Stelle ein solches einrichten.

Nach dem Start läuft die App im Hintergrund und kann sofort auf eingehende Anrufe reagieren.

… und schon kann's losgehen: Halten Sie Ausschau nach einem Partner, der ebenfalls ins Skype-Netz eingeloggt ist, und rufen Sie diesen an. Sie können auch Teilnehmer im Festnetz anrufen. Dazu müssen Sie aber zunächst Ihr Onlineguthaben per Überweisung oder Kreditkarte aufladen. Ein Anruf ins Festnetz kostet ca. 2 Cent pro Minute.

Abbildung 3.30: Kommunikation zwischen den Smartphone-Welten: links die iPhone/iPod-App, rechts die Android-App für Skype

Skype lässt sich ebenfalls auf beliebigen Computerdesktops nutzen. `www.skype.com` bietet Programme für die gängigsten Betriebssysteme an (Abbildung 3.31).

Abbildung 3.31: Skype-Desktopclient für MacOS X

Alternativen

Eine weitere universelle Lösung zur VOIP-Telefonie bietet Sipgate (**www.sipgate.de**): Der VOIP-Provider bietet ebenfalls eine Vielzahl von Clients für alle erdenklichen Plattformen an.

Die **Sipdroid**-App lässt sich mit fast allen VOIP-Providern und Diensten im Internet nutzen, so auch mit Skype. Das Problem: Die Konfiguration ist gelinge gesagt nicht anfängerfreundlich und übersteigt das Niveau eines Einsteigerbuches, sodass ich an dieser Stelle nur auf den Google Play Store Link zur App verweisen möchte.

Ebenfalls beliebt ist die **Tango**-App für Videotelefonate. Diese existiert ebenfalls für die beliebtesten mobilen Plattformen.

Google Play: sipgate

Google Play: sipdroid

Google Play: tango video calls

3.4.3 Desktops steuern mit dem TeamViewer

Abschließend möchte ich Ihnen noch eine äußerst interessante Anwendung vorstellen, die indirekt mit dem Thema »Kommunikation« zusammenhängt. Das Szenario: Ein guter Bekannter hat mal wieder Probleme mit dem PC (frei nach dem Motto »PEBCAK – *problem exists between keyboard and chair*«). Bevor Sie nun langatmige Erklärungen ins Telefon sprechen, wäre es wohl besser, Sie könnten direkt vor dem PC sitzen und sich des Problems annehmen. Nichts einfacher als das: Die Lösung heißt *TeamViewer*. Sie finden das Programm auf `www.teamviewer.com`. Die Anwendung ist für Privatnutzer kostenlos.

Google Play: teamviewer

1. Bitten Sie Ihren Bekannten, das Programm *TeamViewer* von `www.teamviewer.com` herunterzuladen und auf seinem PC zu installieren.
2. Installieren Sie die Android-App aus Google Play.
3. Der Bekannte muss nun den TeamViewer starten (Abbildung 3.32).

Abbildung 3.32: Der TeamViewer wird auf dem zu wartenden PC gestartet. Die im linken Fensterteil ersichtliche ID und das Kennwort müssen dem Helfer mitgeteilt werden.

4. Starten Sie Ihrerseits die Android TeamViewer-Software und geben Sie die ID und das Kennwort Ihres Gegenübers ein.
5. Steuern Sie nun den Desktop Ihres Partners mithilfe Ihres Android Smartphones.

Sie können nun auf den Desktop Ihres Bekannten per Smartphone zugreifen. Das erspart Ihnen langatmige Erklärungen (»Klick mal mit der Maus das *Startmenü/Systemsteuerung* an. Wo sich das Startmenü befindet??!!? …«).

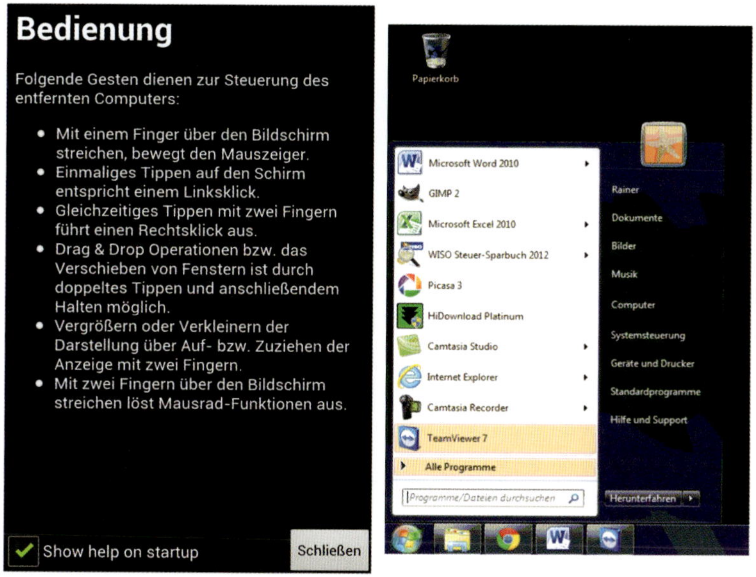

Abbildung 3.33: Zugriff auf einen Windows 7-Desktop per TeamViewer. Die links ersichtliche Kurzanleitung gibt einen Überblick über die wichtigsten Steuerbefehle.

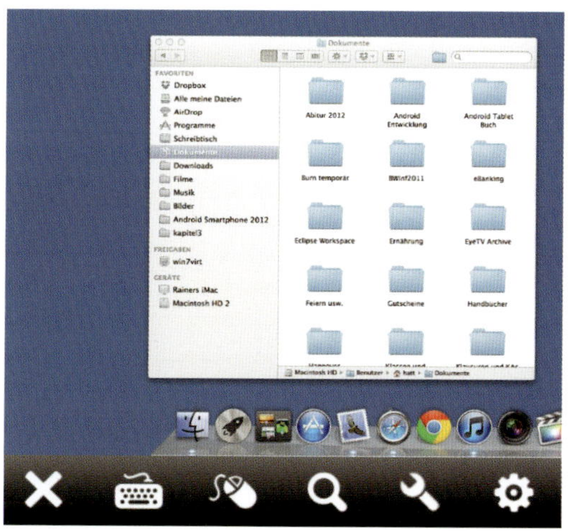

Abbildung 3.34: Sogar ein Mac OS X-Desktop lässt sich per TeamViewer steuern.

Bildung ist das, was übrig
bleibt, wenn wir vergessen,
was wir gelernt haben.

Lord Halifax

Kapitel 4

Aktiv im Web

Information at your fingertips – das gesamte Wissen der Welt für jeden zugänglich machen; die Vision von Bill Gates aus dem Jahr 1994 ist längst Realität geworden. Mehr noch: Das Web ist mit Angeboten wie Facebook, Twitter und Co. Dreh- und Angelpunkt des sozialen Miteinanders geworden. Lernen Sie im folgenden Kapitel, wie man die neuen Möglichkeiten des Web vom Android Smartphone aus nutzt.

4.1 Browsen für Fortgeschrittene

Nachdem Sie in *Kapitel 2* schon erste Schritte mit dem integrierten Browser unternommen haben, wollen wir nun dessen verborgene Fähigkeiten ans Tageslicht bringen.

4.1.1 Optionen des integrierten Browsers

1. Starten Sie den integrierten Browser des Android-Systems durch Antippen des Browser-Icons aus dem Hauptmenü oder auf dem Homescreen.
2. In der Regel startet der Browser mit der Google-Homepage. Betätigen Sie die Menü-Schaltfläche und sehen Sie sich zunächst einmal im Stamm-Menü des Browsers um (Abbildung 4.1).

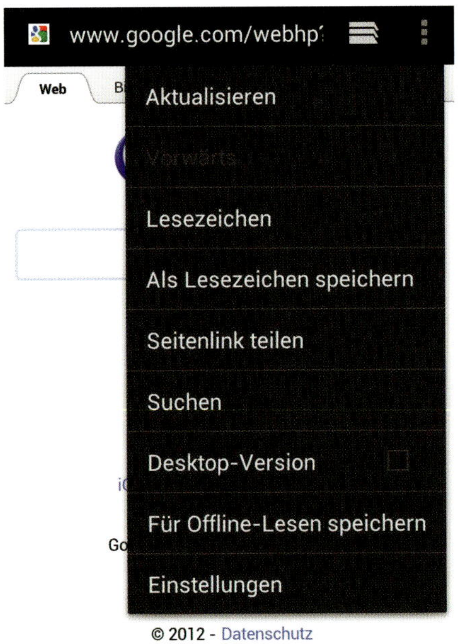

Abbildung 4.1: Das Stamm-Menü des integrierten Browsers erreichen Sie über die Menü-Schaltfläche. Diese befindet sich im vorliegenden Fall im oberen rechten Fensterbereich.

Das Stamm-Menü ist in folgende Unterpunkte aufgeteilt:

- **Aktualisieren**: Damit laden Sie die geöffnete Seite neu.
- **Vorwärts**: Vorwärts-Navigation zu einer bereits besuchten Seite
- **Lesezeichen**: Hiermit rufen Sie das Lesezeichen-Menü auf.
- **Seitenlink teilen**: Der Link der aktuellen Seite kann per Mail oder einem anderen Kommunikationsweg geteilt werden.
- **Suchen**: Damit suchen Sie nach Wörtern oder Textfragmenten auf der aktuell geöffneten Seite.
- **Desktop-Version**: Der Browser gibt sich als vollwertiger Desktopbrowser aus, falls diese Option markiert wurde.
- **Für Offline-Lesen speichern**: Die Seite wird für die spätere Verwendung gespeichert. Das bietet sich beispielsweise an, wenn Sie später nicht mehr online gehen können.

Der Menüpunkt *Einstellungen* bietet schließlich folgende Unterpunkte (Abbildung 4.2):

- **Allgemein**: Hier legen Sie unter anderem die Browserstartseite fest.
- **Datenschutz und Sicherheit**: Hier können Sie den Browsercache löschen oder Einstellungen betreffs des Umgangs mit Cookies vornehmen. Ebenfalls lassen sich hier ggf. gespeicherte Passwörter wieder löschen.
- **Bedienungshilfen**: Gehandicapte Personen können in diesem Menü unter anderem die Schriftgröße oder das Kontrastverhalten des Displays festlegen.
- **Erweitert**: Im erweiterten Bereich können JavaScript und Plug-ins aktiviert bzw. deaktiviert werden.
- **Bandbreitenverwaltung**: Hier können Sie das automatische Laden von Bildern unterbinden, um Bandbreite zu sparen.
- **Labs**: Google Labs bietet an dieser Stelle neue Features für den Browser zur Nachinstallation an.

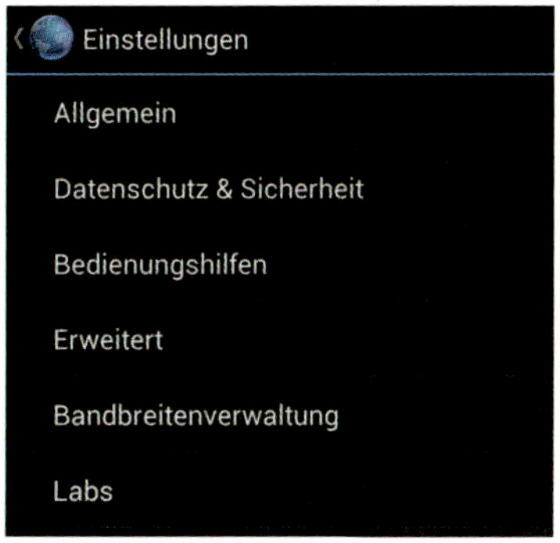

Abbildung 4.2: In den »Einstellungen« kann der Browser konfiguriert werden. Insbesondere wird hier auch der Browsercache gelöscht und die Startseite festgelegt.

4.1.2 Aktiv browsen

Wie arbeitet man nun konkret mit dem Browser? Rufen Sie dazu einfach einmal eine beliebige Internetseite, z. B. `www.golem.de`, auf. In der Standarddarstellung finden Sie folgende Elemente.

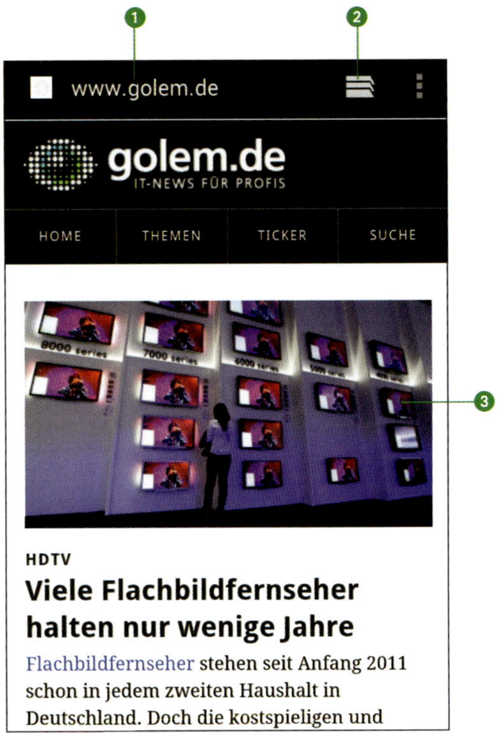

❶ *Adresszeile*

❷ *Tab- bzw. Lesezeichen-Menü-Schaltfläche*

❸ *Aktuelle Seite, dargestellt im Mobilbrowser-Modus*

Aktivieren Sie nun einmal die Option *Desktop-Version* aus dem Hauptmenü und begeben Sie sich auf eine grafisch überladene Seite wie z. B. `www.spiegel.de`, um den Unterschied zwischen Mobilbrowser und klassischer Browseransicht deutlich zu machen (Abbildung 4.3).

Abbildung 4.3: Über die klassische Browseransicht freut sich jeder Optiker: Kurzsichtigkeit ist hier vorprogrammiert.

Völlig klar, dass die obige Darstellung zum entspannten Lesen ungeeignet ist. Zoomen Sie in die Darstellung hinein, indem Sie zwei Finger auf das Display legen und diese spreizen: Diese Verfahrensweise heißt »Pinch-to-Zoom« (Abbildung 4.4).

Auf der nun vergrößerten Seite bewegen Sie sich mit gedrücktem Finger durch Hin- und Herschieben desselben auf dem Display (Abbildung 4.5).

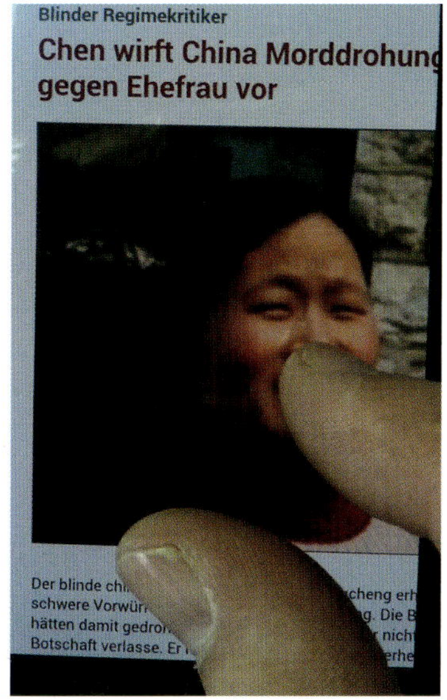

Abbildung 4.4: Ziehen Sie zum Vergrößern der Webseite das Bild mit gespreizten Fingern auseinander (Pinch-to-Zoom).

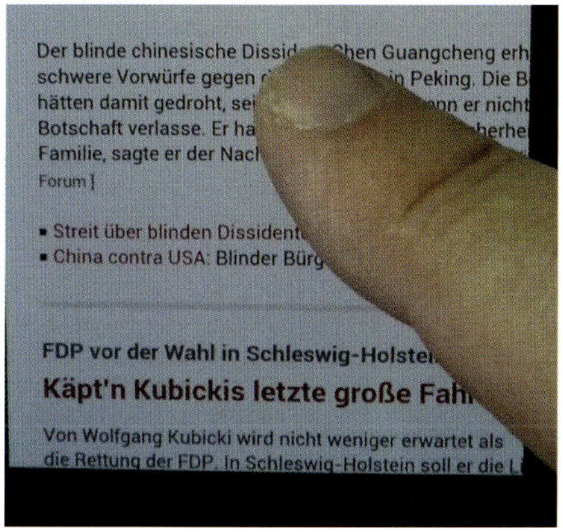

Abbildung 4.5: Der Ausschnitt der Webseite lässt sich nach der Vergrößerung mit dem Finger verschieben.

Folgende goldene Regeln gelten beim Surfen mit dem mobilen Browser:

- Sie folgen einem Link durch Antippen.
- Sie gelangen wieder zurück zur vorher betrachteten Seite durch Antippen der *Zurück*-Schaltfläche Ihres Smartphones.
- Eine Vorwärtstaste gibt es nicht, wohl aber den Menüpunkt *Vorwärts* im Kontextmenü des Browsers (erreichbar durch die Smartphone-Menü-Schaltfläche, s. o.).
- Sie erhalten eine optimal vergrößerte Ansicht eines Seitenteils durch doppeltes Antippen des gewünschten Textbereichs.

Das wären erst einmal die Basics zum mobilen Surfen, schauen wir uns nun die erweiterten Möglichkeiten an.

4.1.3 Browsen mit Tabs

Tabs im eigentlichen Sinn, wie Sie es von Ihrem Desktopbrowser gewohnt sind, gibt's wegen des kleinen Displays nicht. Aber: Sie können mehrere Browserinstanzen als Fenster öffnen, zwischen denen dann hin- und hergewechselt werden kann. Das geht folgendermaßen:

1. Starten Sie den Browser und öffnen Sie eine beliebige Webseite durch Eingabe einer URL in die Adresszeile.
2. Tippen Sie die Tab- bzw. Lesezeichen-Schaltfläche an (vgl. Abschnitt 4.1.2).
3. Es öffnet sich ein neues Browserfenster. Geben Sie dort eine neue URL ein und surfen Sie zu einer anderen Seite.
4. Sie können auf diese Weise mehrere Fenster öffnen.
5. Wechseln Sie zwischen den Fenstern, indem Sie die Menü-Schaltfläche *Tabs* antippen, durch die geöffneten Fenster scrollen und das gewünschte antippen (Abbildung 4.6).

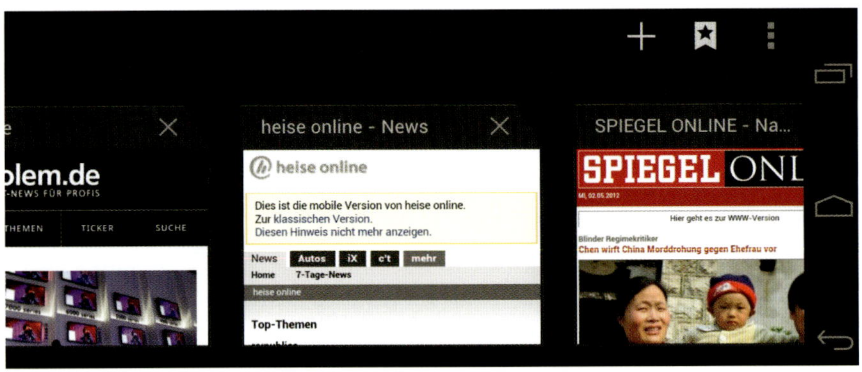

Abbildung 4.6: Durchscrollen verschiedener geöffneter Fenster nach Aktivierung des »Fenster«-Menüs. Durch Antippen des Kreuzes wird das aktuell gewählte Fenster geschlossen.

4.1.4 Lesezeichen verwalten

Äußerst einfach gestaltet sich die Verwaltung der Lesezeichen. Diese werden während des Surfens auf dem Smartphone über das Hauptmenü im Browser mit dem Menüpunkt *Als Lesezeichen speichern* gesetzt. Durch Anklicken des Fähnchensymbols (vgl. Abbildung 4.6) im Tab-/Lesezeichen-Menü erhalten Sie Einblick in die bereits gesetzten Bookmarks (Lesezeichen) (Abbildung 4.7).

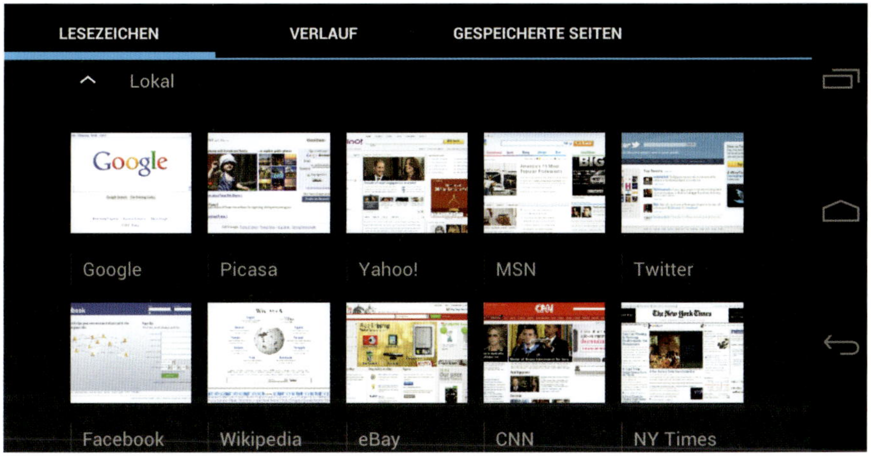

Abbildung 4.7: Die im Browser integrierte Lesezeichenverwaltung. In der Abbildung sichtbar sind die lokal gesetzten Lesezeichen, per Scrolling kommt man zu den globalen Lesezeichen, die mit dem eigenen Google-Konto verknüpft sind.

Eine weitere Möglichkeit, auf beliebte Seiten schnell zugreifen zu können, bietet der Schnellzugriff. Der funktioniert folgendermaßen:

1. Begeben Sie sich auf einen Homescreen, der noch genügend freien Platz bietet.
2. Starten Sie den Internetbrowser.
3. Surfen Sie eine Seite an, die Sie als Schnellzugriff verfügbar machen möchten.
4. Legen Sie wie bereits beschrieben ein Lesezeichen an, wählen Sie aber als Speicherort den Punkt *Startbildschirm* (Abbildung 4.8).

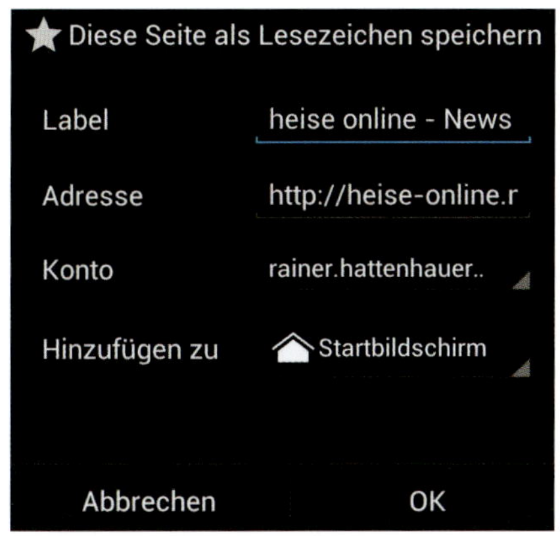

Abbildung 4.8: Erstellen Sie ein Lesezeichen für den Startbildschirm.

Die so erstellten Lesezeichen landen auf einer freien Stelle des zuvor ausgewählten Homescreens (Abbildung 4.9).

Abbildung 4.9: Die Schnellzugriffs-Lesezeichen werden auf einer freien Stelle des Desktops abgelegt.

4.1.5 Flash-Inhalte im Browser darstellen

Adobe hat bereits angekündigt, das Flash Plug-in für mobile Geräte einzustellen, und Google wirft ab Android 4.1 Jelly Bean die Flash-Unterstützung ebenfalls komplett aus dem System. Besitzer älterer Geräte können aber die Anwendung bei Bedarf noch einmal auf Ihrem Smartphone testen.

Google Play: flash player

1. Prüfen Sie zunächst, ob Sie das aktuelle Flash-Plug-in auf Ihrem System installiert haben. Dazu begeben Sie sich in Google Play und suchen nach der App *Flash Player*.

Hier erfahren Sie, ob das Plug-in bereits auf Ihrem System installiert wurde und ob es ggf. ein Update gibt. Es mag aber auch sein, dass das Plug-in für Ihr System nicht mehr zur Verfügung steht.

2. Holen Sie ggf. die Installation nach.
3. Testen Sie das Plug-in direkt auf der Homepage des Herausgebers, `http://www.adobe.com/de/software/flash/about/`, bzw. durch Eingabe von *test adobe flash* in das Google-Suchfeld.

Achtung: Bei älteren Geräten/Browsern erscheinen die Flash-Elemente der Seite als kleine grüne Pfeile. Klicken Sie diese zum Abspielen der zugehörigen Flash-Animation an.

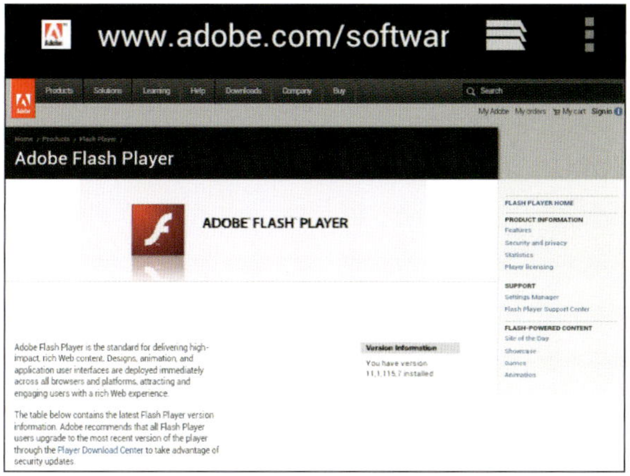

Abbildung 4.10: Das Flash-Plug-in wurde erfolgreich installiert.

Für das Betrachten von YouTube-Videos, die auf dem Desktop-PC ebenfalls ein installiertes Flash-Plug-in benötigen, sollten Sie aus Performance-Gründen allerdings auf die spezialisierte YouTube-App zurückgreifen. Diese ist in der Regel vorinstalliert. Sie finden die App im Anwendungsmenü.

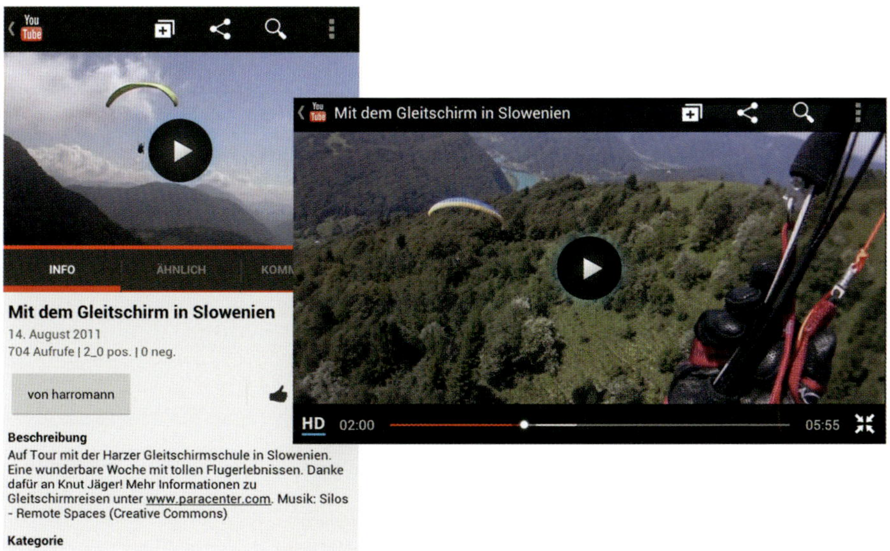

Abbildung 4.11: YouTube-Inhalte werden am besten mit der zugehörigen App betrachtet.

4.1.6 RSS-Feeds abonnieren mit Google Reader

Zur Nutzung von RSS-Feeds auf Ihrem Smartphone verwenden Sie die Google Reader App.

Google Play: google reader

1. Installieren Sie die Google Reader App und starten Sie diese.
2. Betätigen Sie das Plussymbol, um einen neuen Feed zu abonnieren (Abbildung 4.12).
3. Geben Sie die URL einer Seite ein, die einen RSS-Feed anbietet, und betätigen Sie die Schaltfläche *Search*.
4. Wechseln Sie im Hauptbereich des Readers schließlich durch Antippen auf den neu abonnierten Feed.

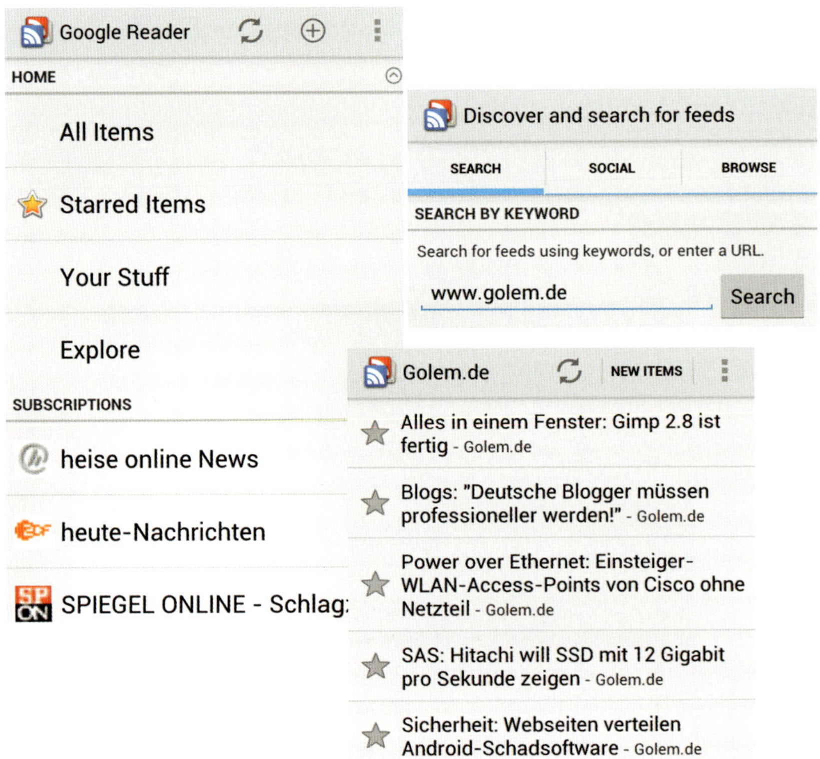

Abbildung 4.12: Der Google Reader ist schnell konfiguriert. Leider ist die App noch nicht in deutscher Sprache lokalisiert.

Möchten Sie die neuesten Schlagzeilen stets im Blick haben, so empfiehlt sich die Platzierung des zugehörigen Widgets auf den Startbildschirm (Abbildung 4.13).

Google Chrome für Android

Mittlerweile steht Googles schneller Desktopbrowser Chrome auch als Android-Version (zum Zeitpunkt der Drucklegung des Buches noch im Beta-Stadium) zur Verfügung. Es ist eine Frage der Zeit, wann Chrome den standardmäßigen Android-Browser ersetzen wird. Der Chrome-Browser erfordert mindestens die Android-Version 4.

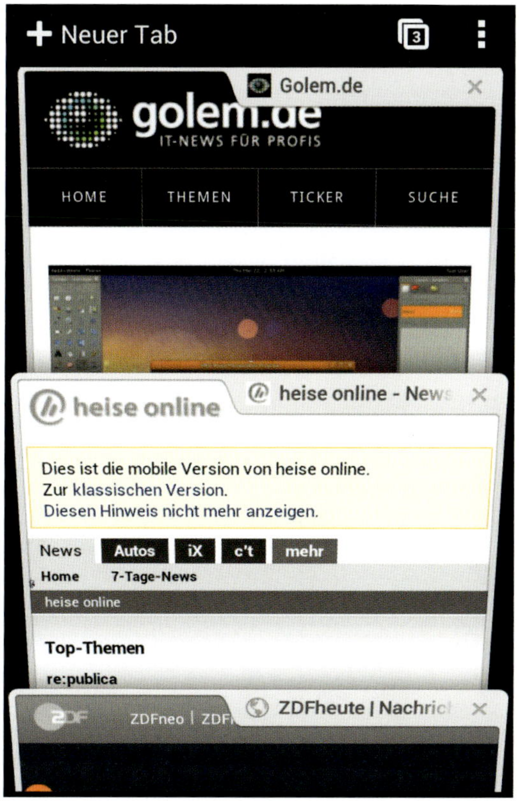

Abbildung 4.14: Desktop-Feeling pur: Googles neuer Chrome-Browser für Android beherrscht die dreidimensionale Darstellung von Tabs, beansprucht aber mit knapp 20 MByte auch ein beträchtliches Stück vom Speicherkuchen.

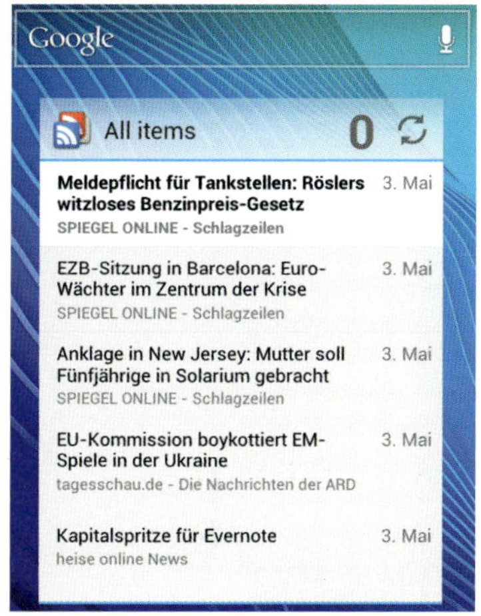

Abbildung 4.13: Per Widget verfolgen Sie bequem Ihre Nachrichtenkanäle auf dem Startbildschirm. Durch Antippen eines Feeds gelangen Sie direkt zum vollständigen Artikel.

Alternative Reader

- **Feedly RSS Reader**
- **gReader**

Alternative Browser

Die beiden folgenden Browser sind in der Android-Community sehr beliebt:

- **Dolphin**
- **Opera**

4.2 Soziale Netze nutzen

Spätestens seit sich Hollywood mit dem Blockbuster *The Social Network* der Thematik angenommen hat, sind sie in aller Munde: die sozialen Geflechte des Web 2.0, allen voran *Facebook*. Ein Smartphone ist ideal, um am bewegten Leben der virtuellen Community teilzuhaben, gestattet es doch das permanente Absondern von mehr oder minder interessanten Statusmeldungen von jedem beliebigen Ort aus. Im Folgenden möchte ich Ihnen die populärsten Apps im Bereich des sozialen Netzwerkens vorstellen.

4.2.1 Facebook

Google Play: facebook

Kaum einer kommt an diesem sozialen Netz vorbei: Facebook ist in aller Munde und ersetzt den Kaffeeklatsch unserer Großeltern. Man tauscht sich untereinander mit Statusmeldungen, Bildern, Videos und Links zu interessanten Materialien aus dem Internet aus.

Nach der Installation des Programms fragt die App beim ersten Start Ihre Zugangsdaten ab. Geben Sie diese ein, und schon können Sie am bewegten Treiben teilnehmen.

Abbildung 4.15: Nachrichtenüberblick und Hauptmenü der Facebook-App. In das Menü gelangen Sie durch Betätigen der Listen-Schaltfläche am oberen linken Bildrand.

4.2.2 Google+

Googles Antwort auf Facebook erfreut sich bei Weitem nicht der Beliebtheit seines großen Vorbilds. Daher wird Googles natives Netzwerk in diesem Buch auch erst an zweiter Stelle beschrieben. Da Sie Ihr Android Smartphone bereits mit Ihrem Google-Konto verknüpft haben, steht Ihnen Google+ automatisch zur Verfügung.

1. Starten Sie die Google+-App aus dem Anwendungsmenü. Kurze Zeit später werden Sie mit Ihren Daten auf Ihrem Google-Konto eingeloggt.
2. Es empfiehlt sich in jedem Fall, den nachfolgend angebotenen Sofort-Upload von Bildern, die Sie mit Ihrer Smartphone-Kamera schießen, zu deaktivieren (Abbildung 4.16).

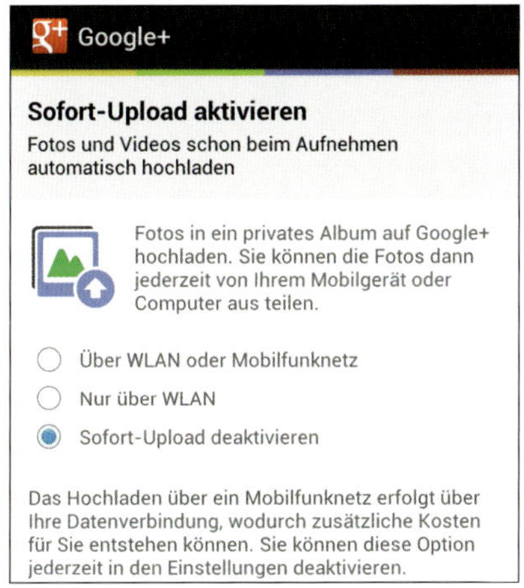

Abbildung 4.16: Schützen Sie Ihre Privatsphäre und deaktivieren Sie den Sofort-Upload.

Ein Vorteil gegenüber Facebook besteht darin, dass Sie in Google+ sogenannte Circles (Kreise) definieren und damit den Empfängerkreis einer Statusmeldung begrenzen können. Dadurch verhindern Sie beispielsweise, dass das unüberlegt geschossene exzessive Partyfoto bei Ihrem Chef via Google+ auf dem Smartphone landet.

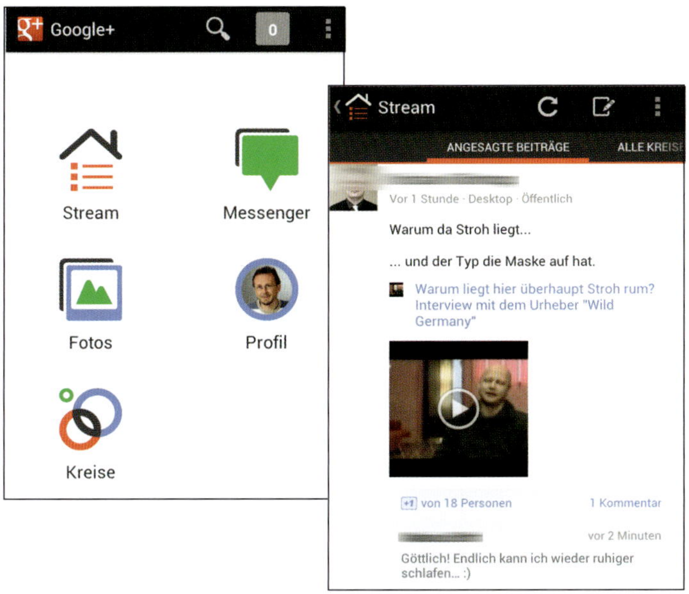

Abbildung 4.17: Über die Circles (Kreise) von Google+ lassen sich Empfängergruppen für Ihre Statusmeldungen definieren.

Google Play: xing

4.2.3 Xing

Was Facebook für den Privatanwender ist, bedeutet Xing dem Geschäftsmann. Hier bahnen Sie Kontakte zu aktuellen und künftigen Geschäftspartnern an – auf Wunsch nun auch mobil per Smartphone.

Abbildung 4.18: Die Xing-App für Android bietet Zugang zu Ihrem beruflichen Netzwerk.

Vorsicht! Vertrauliche Daten!
Gehen Sie im Zusammenhang mit sozialen Netzwerken äußerst behutsam mit Ihren vertraulichen Daten um. Die Apps sind so konzipiert, dass sie schnellen Zugriff auf die Netze gestatten und das Login nur einmal vorgenommen werden muss. Das birgt eine große Gefahr: Sollten Sie Ihr Smartphone einmal verlieren bzw. sollte Ihnen das Gerät gestohlen werden, so ist der Finder bzw. Dieb im Besitz all Ihrer Zugangsdaten. Abhilfe schafft ein Remote-Wipe des Geräts, mehr dazu in **Kapitel 10**.

4.2.4 Twitter

Twitter – das ist die SMS des Internets: Natürlich finden Sie im Google Play Store die passende App:

Google Play: twitter

Abbildung 4.19: Der direkte Draht zur digitalen Umwelt: Twitter. Verfolgen Sie interessante Twitter-Kanäle, um immer auf dem Laufenden zu sein!

4.2.5 Ortungsdienste

Google Latitude

Die Meinungen zur Nutzung des Ortungsdienstes Google Latitude sind geteilt: Wer möchte sich schon rund um die Uhr überwachen lassen? Andererseits ist es praktisch, zu wissen, dass der Tennispartner gleich um die Ecke im Café sitzt, um sich für ein schnelles Match zu verabreden.

Google Latitude kann sowohl in Google Maps als auch mithilfe einer eigenen App aktiviert und kontrolliert werden. Letztere finden Sie im Anwendungsmenü.

1. Aktivieren Sie Ihr GPS (vgl. *Kapitel 7*) und starten Sie Google Latitude durch Antippen des App-Symbols.
2. Es öffnet sich eine Übersicht über alle Freunde, die sich bei Google Latitude angemeldet haben (Abbildung 4.20). Tippen Sie auf einen der Einträge.

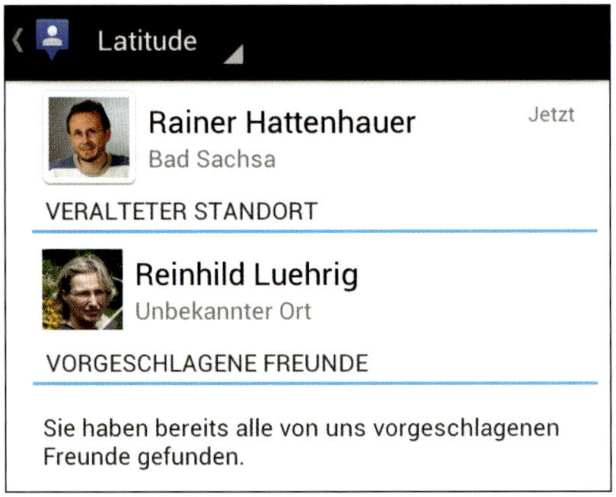

Abbildung 4.20: Nach dem Start von Latitude erscheint eine Übersicht über Ihre Freunde sowie die Information, ob diese lokalisierbar sind.

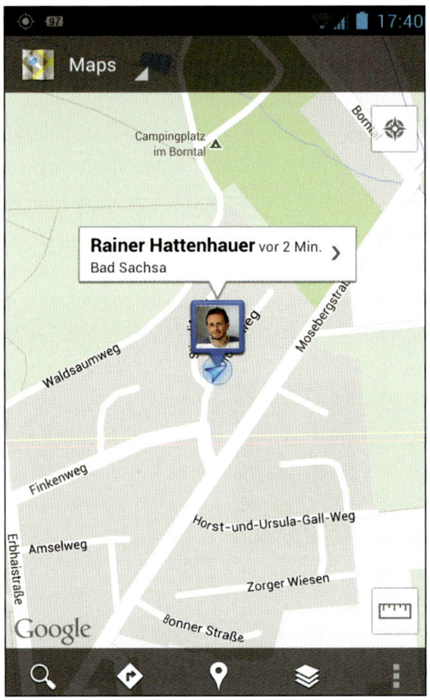

Abbildung 4.21: Lokalisierung von Personen mithilfe von Google Latitude

3. Auf der nun erscheinenden Google Maps-Karte erscheint die Position der gesuchten Person (Abbildung 4.21).

Begeben Sie sich an Orte, die von Google registriert wurden, so können Sie dort »einchecken«. Ihre Freunde sehen dann, welche Gebäude oder Institutionen Sie gerade betreten haben – Orwell lässt grüßen. Welche Plätze zum Einchecken zur Verfügung stehen, erfahren Sie über *Google Places*, vgl. *Kapitel 7*.

Privatsphäre wiederherstellen
Nicht jedem gefällt die totale Überwachung durch Google. Sie können Latitude jederzeit im Menü der App temporär deaktivieren (Menüpunkt **Standortberichte**) oder sogar ganz beenden (**Standorteinstellungen/Von Google Latitude abmelden**).

Facebook Orte

Auch Facebook bietet die Möglichkeit der Lokalisierung. Schalten Sie dazu Ihr GPS ein, starten Sie Ihre Facebook-App und tippen Sie die Schaltfläche *Wo bist du?* an. Es werden Ihnen verschiedene Lokalitäten in der neueren Umgebung angeboten, in denen Sie einchecken können. Der Clou: An manchen Orten erhalten Sie kleine Werbegeschenke bei Vorlage Ihrer Facebook-Statusmeldung. Für den Betreiber der Lokalität bedeutet die auf Ihrem Facebook-Profil gepostete Statusmeldung eine kostenlose Werbung.

Abbildung 4.22: Auch Facebook bietet die Positionsbestimmung über den Menüpunkt »Orte« an. Das GPS liefert die bereits registrierten Lokalitäten in der Umgebung.

4.3 World Wide Wissen

Ihr Smartphone bietet Ihnen den direkten Zugriff auf eine Vielzahl von Wissensspeichern – spezielle Apps optimieren den Kontakt zu Wikipedia und Co. Das folgende Teilkapitel führt Sie durch einige wichtige Anwendungsbeispiele.

4.3.1 Wikipedia mobil

Der direkte Zugriff auf die Wikipedia erfolgt idealerweise mit der *Wikipedia mobil*-App des Herausgebers der Wikipedia, der Wikimedia Foundation.

Starten Sie die App und suchen Sie nach einem interessanten Thema. Sie erhalten vollen Zugriff auf das gesamte Wikipedia-Material inklusive des gespeicherten Bildmaterials.

Google Play: wikipedia mobil

NEON Unnützes Wissen
»Der durchschnittliche Angestellte lästert vier Stunden pro Woche über seinen Vorgesetzten.« – Wenn Sie an derartigen Fakten interessiert sind, sollten Sie sich **NEON Unnützes Wissen** besorgen.

Alternativen
- **WikiDroid for Wikipedia**
- **WikiMobile Encyclopedia**
- **Wapedia**

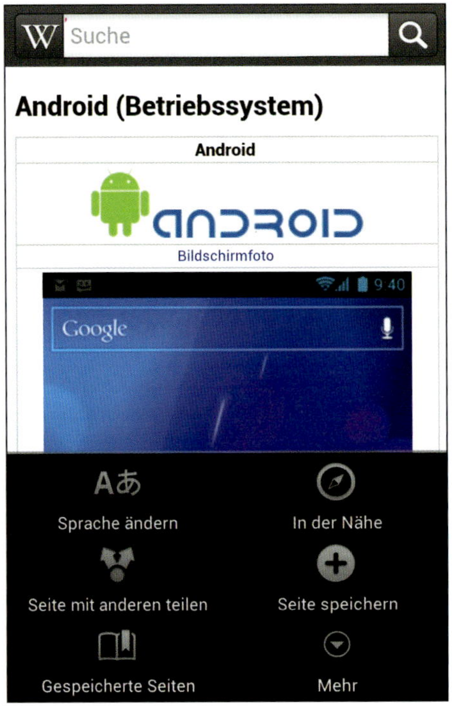

Abbildung 4.23: Mit der Wikipedia mobil-App erhalten Sie unmittelbaren Zugriff auf das gesamte in der Wikipedia gespeicherte Wissen. Sie können auch per Menü eine aufgerufene Seite zur späteren Offlinebetrachtung speichern.

4.3.2 Damit können Sie rechnen: Wolfram Alpha

Google Play: wolfram alpha

Haben Sie schon immer davon geträumt, ein Mathe-Genie zu sein? Kein Problem: Besorgen Sie sich die *Wolfram Alpha*-App.

Die Software ist die Cloud-Version der bekannten Mathematiksoftware *Mathematica* und beherrscht sämtliche Kniffe und Methoden der modernen Mathematik.

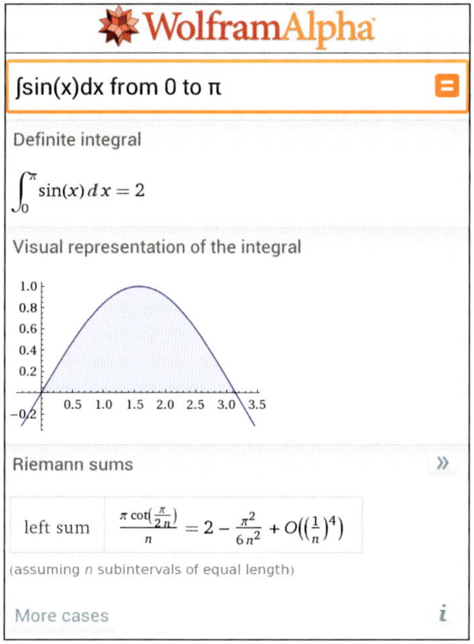

Abbildung 4.24: Der treue Begleiter für alle Newtons und Einsteins der Neuzeit: die WolframAlpha App

4.3.3 Wortgewandt: das LEO-Online-Wörterbuch

Ihnen fehlen die Worte, insbesondere die fremdsprachigen? Die LEO-App schafft Abhilfe:

Google Play: leo wörterbuch

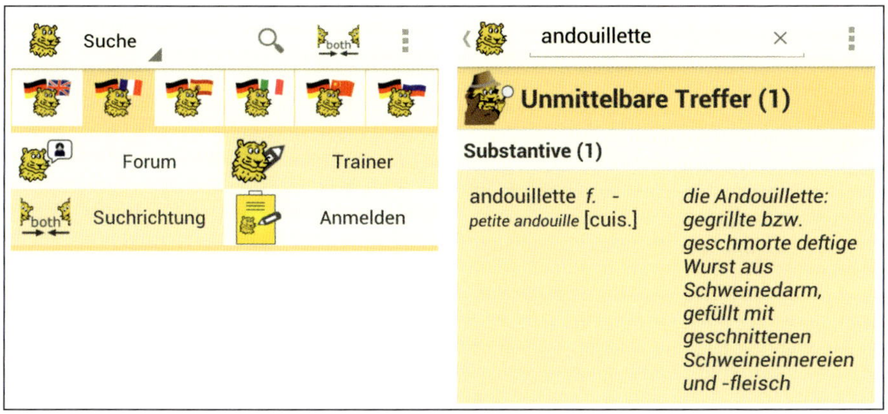

Abbildung 4.25: In der LEO-App stehen Ihnen diverse Sprachen zur Übersetzung zur Verfügung. Hätte ich seinerzeit im Frankreichurlaub schon auf die App als »Speisekartenübersetzungshilfe« zurückgreifen können, dann hätte ich mir viel Ärger ersparen können. ;-)

4.3.4 Babylonische Sprachvielfalt: der Google Übersetzer

Google Play: google übersetzer

Noch bequemer geht's mit dem *Google Übersetzer*: Sprechen Sie einfach einen Satz in Ihr Smartphone, und der Übersetzer erledigt den Rest.

Bestätigen Sie zunächst die Nutzungsbedingungen für das Programm. Danach kann's losgehen: Wählen Sie die zu übersetzende Sprache, tippen Sie das Mikrofonsymbol an und sprechen Sie langsam und deutlich einen Satz in Ihr Smartphone – der Google Übersetzer übernimmt den Rest (Abbildung 4.26).

Alternative

- Tour Translator

Abbildung 4.26: Fast wie der »Babelfisch« aus Douglas Adams' Kultroman »Per Anhalter durch die Galaxis«: Die Spracheingabe wird simultan übersetzt. Im Konversationsmodus lassen sich damit schon mehr oder weniger geistreiche Unterhaltungen führen.

4.3.5 Für Cineasten: die Filmdatenbank IMDb

Sie kennen die Situation auf der Party: Wie hieß noch mal der Film von Christopher Nolan, in dem Christian Bale den gedächtnislosen Menschen spielte, der sich Schritt für Schritt zurück in die eigene Vergangenheit arbeitet? Die *International Movie Database* nebst passender App gibt Auskunft …

Google Play: imdb

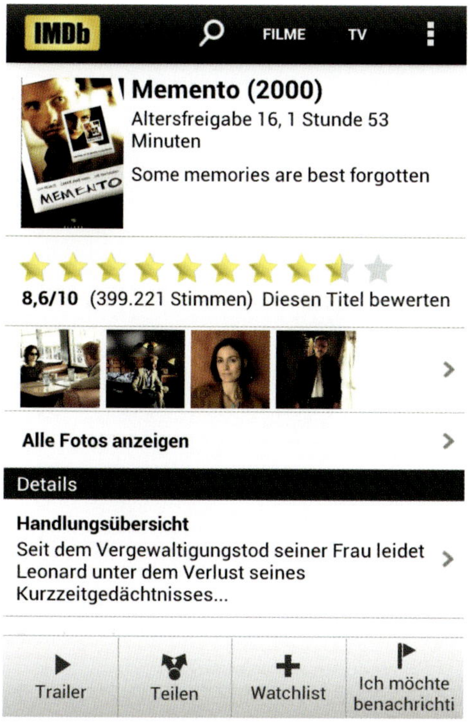

Abbildung 4.27: Die International Movie Database ist das universelle Gedächtnis für den Cineasten. Darüber hinaus finden Sie die zuverlässige Bewertung der Community-Mitglieder.

Google Play: telefonbuch

Google Play: gelbe seiten

4.3.6 Telefonbuch & Gelbe Seiten

...dürfen nicht fehlen, denn schließlich möchte man auch unterwegs Zugriff auf das deutsche Telefonbuch sowie Brancheninformationen erhalten.

Das Örtliche – ohne »Ö« fehlt dir was. Installieren Sie die App auf Ihrem Smartphone und schon haben Sie Zugriff auf alle Telefonnummern in Deutschland – sofern die Teilnehmer einer Eintragung zugestimmt haben.

Die *Gelben Seiten*, das Branchenverzeichnis, hat mittlerweile auch auf Android Einzug gehalten.

Abbildung 4.28: Das »Örtliche« bietet ausgefeilte Suchfunktionen an. Auf Wunsch können Sie sich auch die Route zum gesuchten Anschluss berechnen lassen.

Abbildung 4.29: Zahnweh? Die Gelben Seiten finden schnell einen Zahnarzt in Ihrer Nähe.

Arznei aktuell
Sie möchten schnell mal nachschlagen, was in dem Medikament XY drinsteckt, das Ihnen soeben verschrieben wurde? Installieren Sie die App Arznei aktuell!

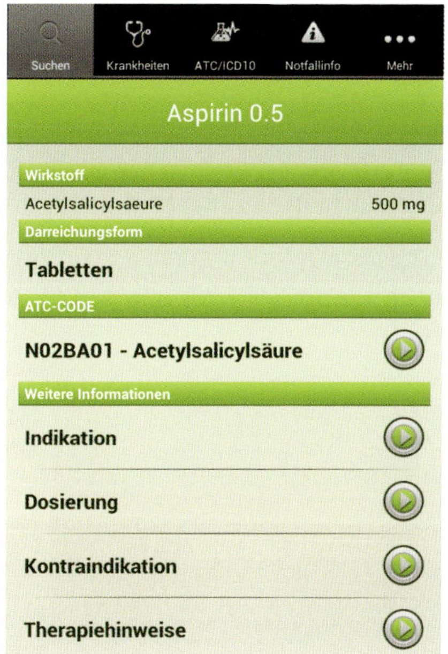

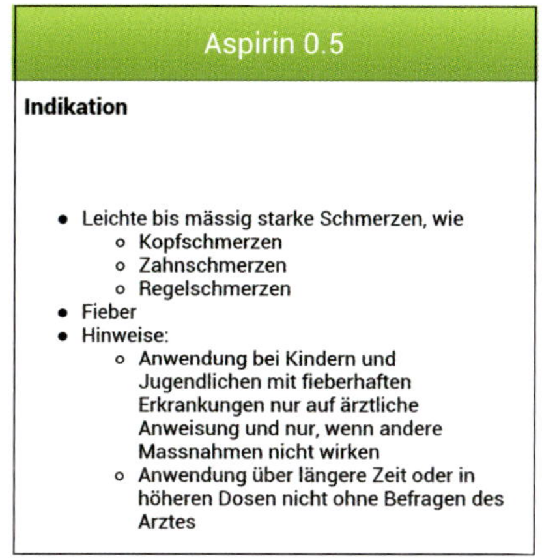

Abbildung 4.30: Per App zum eigenen Doc werden: »Nehmen Sie zwei Aspirin und rufen Sie morgen wieder an!«

4.3.7 Nachrichten & Zeitschriften

Information ist einer der begehrtesten Rohstoffe des 21. Jahrhunderts. Für den bequemen Zugriff auf bekannte Nachrichtenquellen empfiehlt sich die Installation von speziellen Apps, die auf die Quellen angepasst wurden. Beginnen wir den Rundgang bei den Printmedien.

Googles Antwort auf die Medienflut lautet *Google Currents*. Immer mehr deutschsprachige Magazine und Zeitschriften bieten ihre Inhalte über Googles hauseigenen Nachrichtenkanal an. Installieren Sie die App aus dem Play Store und sehen Sie sich einmal im reichhaltigen Angebot um.

Google Play: google currents

Einige Zeitschriften wurden bereits als Quellen vordefiniert. Am besten personalisieren Sie zunächst einmal die Startseite:

1. Halten Sie den Finger über den Magazinkanälen, welche Sie entfernen möchten, gedrückt, und löschen Sie diese per Kontextmenü.
2. Ergänzen Sie Zeitschriften, die Ihnen gefallen, durch Antippen des +(Hinzufügen)-Symbols.

In Zukunft erwartet Sie nach Aufruf der App ein personalisierter Nachrichtenüberblick (Abbildung 4.31). Momentan überwiegt allerdings das englischsprachige Angebot.

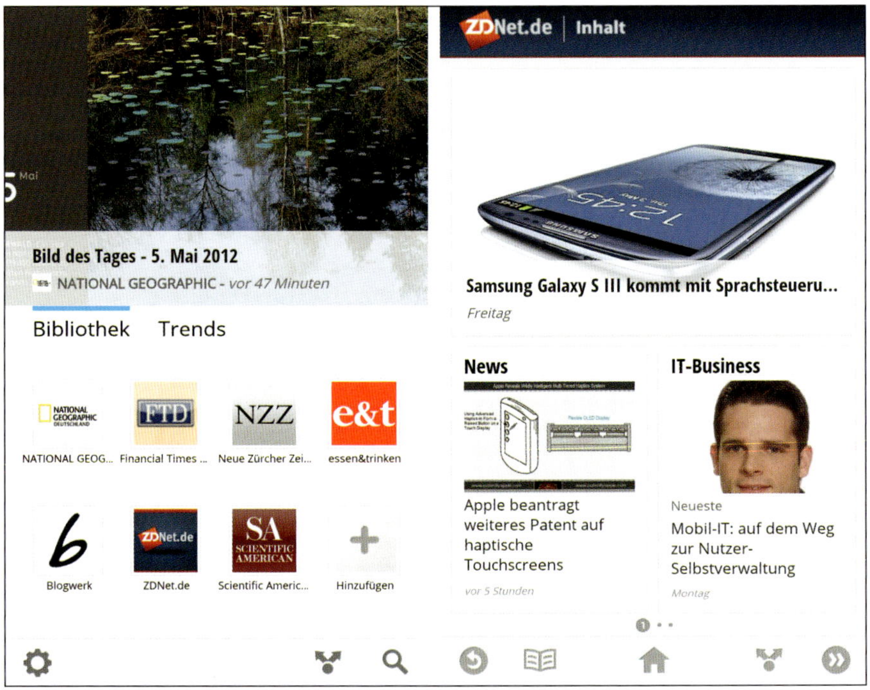

Abbildung 4.31: Google Currents hält Sie auf dem Laufenden.

Besser geeignet für den deutschsprachigen Raum ist die App *OnlineZeitungen*. Diese vereint eine Vielzahl bekannter deutscher Zeitungs- und Nachrichtenkanäle. Streng genommen ist die App eine Schnittstelle zu den Onlineangeboten der wichtigsten deutschen Printmedien. Lesen Sie damit bequem die wichtigsten Artikel der bekanntesten deutschen Zeitschriften und Magazine – und das kostenlos!

Google Play: online zeitungen

Abbildung 4.32: Die App OnlineZeitungen bietet Zugriff auf die Onlineinhalte der bekanntesten deutschen Printmedien. ©sueddeutsche.de

Übrigens: Mittlerweile gelangen die Displays aktueller Smartphones in Regionen, die auch das Lesen von konventionellen eBooks gestatten. Mehr darüber erfahren Sie in *Kapitel 5*.

Sie stehen eher auf bewegte Bilder? Kein Problem: Die *Tagesschau*-App versorgt Sie mit den aktuellen Nachrichten in Videoform.

Google Play: tagesschau

Abbildung 4.33: Auf den Punkt informiert – auch durch Videoclips: Das ist die Tagesschau-App.

4.4 Die erweiterte Realität

Die folgenden Beispiele gehören für mich persönlich zu den faszinierendsten Anwendungsmöglichkeiten, die Ihr Android Smartphone zu bieten hat. In Verbindung mit der eingebauten Kamera nehmen Sie Ihre Umwelt in einem völlig neuen Licht wahr: Informationen werden aus dem Internet geladen und in das Livebild eingeblendet und bieten eine optimale Ergänzung zu den bislang vorgestellten klassischen Informations-Apps – das Ganze nennt sich *Augmented Reality*, die erweiterte Realität.

4.4.1 Der Layar Browser

In Samsung Smartphones ist der *Layar Browser* bereits vorinstalliert, Besitzer anderer Geräte installieren ihn über den Google Play Store nach. Schalten Sie nach der Installation des Layar Browsers Ihr GPS an und starten Sie die App. Beim Blick durch die Kamera werden nach dem Satellitenfix zusätzliche Informationen zur Umgebung in Form von *Layers* (Ebenen) angeboten – daher auch der Name.

Google Play: layar

Abbildung 4.34: Der Layar Browser findet günstige Unterkünfte und den nächstgelegenen Geldautomaten und zeigt die grobe Richtung im Kameramodus an. Optional können Sie per Klick zu dem gewünschten Ort navigieren.

4.4.2 Der Wikitude Browser

Der Konkurrent des Layar Browsers bietet ähnliche Möglichkeiten. Im *Wikitude World Browser* werden ebenfalls Informationsebenen aktiviert, die in das Bild eingeblendet werden. Auch hier ist es wichtig, dass die Internetverbindung steht und das GPS aktiviert ist.

Market: wikitude

Abbildung 4.35: Wer hätte gedacht, dass das Nachbardorf Würdigung in der Wikipedia findet? Der Wikitude World Browser erklärt Ihnen bei aktivierter Wikipedia-Ebene die Umgebung. Das Radar in der oberen linken Bildecke zeigt weitere Hotspots der Umgebung.

4.4.3 Google Goggles

Google Play: google goggles

Sie wollen Ihre Umgebung wirklich beeindrucken? Installieren Sie *Google Goggles* und führen Sie das folgende Kunststück vor:

1. Suchen Sie ein beliebiges Sudoku-Rätsel aus einer Zeitung heraus.
2. Starten Sie Google Goggles und scannen Sie das Sudoku innerhalb von Goggles mit der integrierten Kamera ab.

Das Programm erkennt sofort, dass es sich bei dem eingescannten Objekt um ein Sudoku-Zahlenpuzzle handelt (Abbildung 4.36).

3. Goggles übermittelt nach Antippen der Schaltfläche *Sudoku Puzzle* das eingescannte Sudoku an einen Cloud-Rechner, der es sogleich löst und Ihnen das Ergebnis an das Smartphone zurückschickt (Abbildung 4.36).

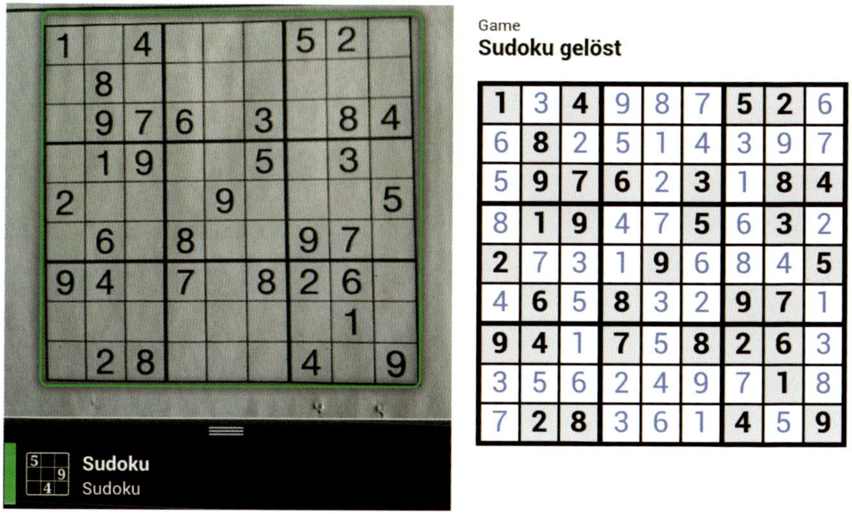

Abbildung 4.36: Original und Bearbeitung: Google Goggles löst Sudoku-Rätsel im Handumdrehen.

Google Goggles kann aber noch viel mehr: Fotografieren Sie bekannte Objekte (z. B. die Mona Lisa im Louvre) ab, und das Programm liefert Ihnen erweiterte Informationen zum Objekt. Nebenbei kann Google Goggles auch als Barcode-Scanner eingesetzt werden.

4.4.4 Erweiterte Realität in Printmedien

Auch das ist mittlerweile en vogue: Klassische Printmedien peppen ihre Inhalte durch Internetmaterial auf. Ein Beispiel: Die beliebte Fernsehzeitschrift TV SPIELFILM ergänzt die Artikel durch zusätzliches Videomaterial, welches Sie über eine Augmented-Reality-App aufrufen können. Installieren Sie dazu die App und scannen Sie eine Seite, die mit einem entsprechenden Symbol versehen ist, um auf die zusätzlichen Inhalte zuzugreifen.

Google Play: tv spielfilm play

Abbildung 4.37: Über das blaue Augmented-Reality-Symbol im Printmedium können Sie multimediales Zusatzmaterial aufrufen – in diesem Fall den Trailer zu einer neuen Serie.

Hoops AR

Nette Idee: Das Eintrittsticket zu einem Basketballspiel mutiert in Verbindung mit der App Hoops AR zum Pausenfüller.

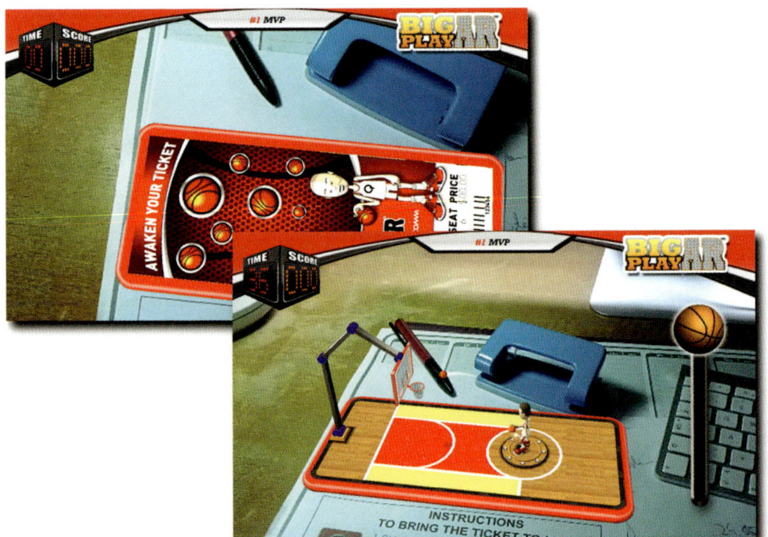

Abbildung 4.38: Nette Idee: Die App Hoops AR erweckt das Ticket auf dem Schreibtisch zum Leben. Durch Herunterziehen des Ball-Reglers auf der rechten Seite führt die kleine Spielerfigur Korbwürfe aus.

4.5 Geschäftliches

Ihr Smartphone ist der ideale Shoppingbegleiter. Darüber hinaus können Sie Ihre Finanzgeschäfte auch von unterwegs aus damit erledigen.

4.5.1 Auf Shoppingtour

Sie kennen die Situation: Sie befinden sich in einem Geschäft und sehen ein Sonderangebot. Die Frage ist, ob Sie wirklich ein Schnäppchen vor sich haben oder ob das gleiche Produkt anderenorts günstiger angeboten wird. Alles, was Sie für einen schnellen Preisvergleich benötigen, ist eine Barcode-Scanner-App im Stile von *barcoo*.

Google Play: barcoo

Starten Sie für einen Preisvergleich den Barcode-Scanner *barcoo* und scannen Sie den Barcode des Sie interessierenden Produkts ein.

Wird das Produkt erkannt, so bietet Ihnen das System sogleich eine Übersicht über die günstigsten Preise an, die eine Internetrecherche zutage befördert.

Vorsicht!
Einige Elektronikmärkte, allen voran der »Ich bin doch nicht blöd«-Markt, reagieren bei der beschriebenen Verfahrensweise allergisch: Dort ist es schlicht und einfach verboten, Produktpreise einzuscannen und zu vergleichen – warum wohl?

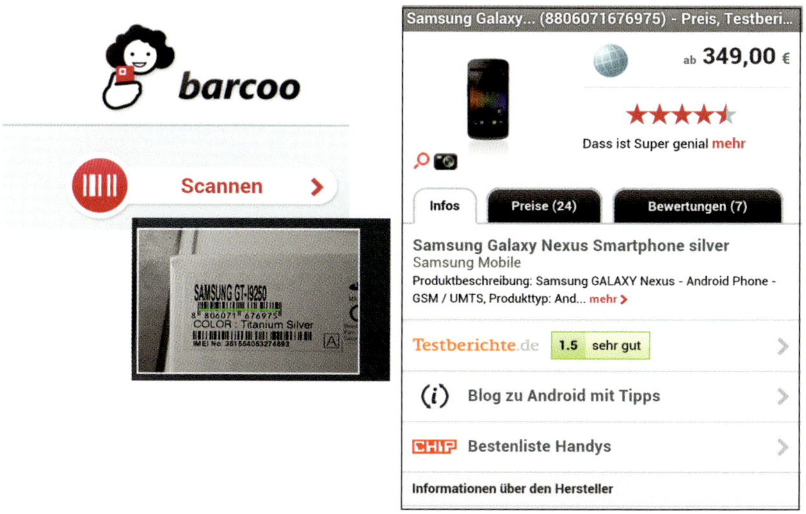

Abbildung 4.39: Das Produkt wird von der Scanner-App identifiziert. Sie können nun dem Link zum günstigsten Anbieter folgen.

Alternative
Einen Blick wert ist auch die App der bekannten Produktsuchmaschine **guenstiger.de**:

Google Play: guenstiger

4.5.2 Onlinebanking

Im einfachsten Fall greifen Sie auf Ihr Konto per Systembrowser zu. Achten Sie dabei stets darauf, dass die Verbindung abhörsicher über eine HTTPS-Verbindung erfolgt (Abbildung 4.40).

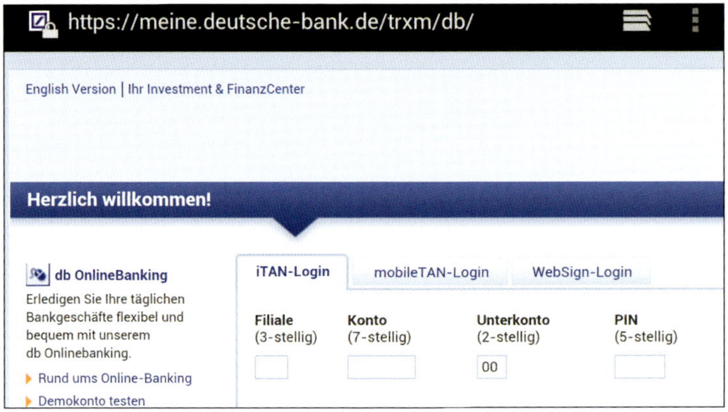

Abbildung 4.40: Wichtig: Achten Sie beim Onlinebanking per Browser unbedingt auf eine sichere Verbindung. Diese erkennen Sie am Schloss bzw. der Kennung »https« in der Adresszeile des BrowsMittlerweile bieten viele Geldinstitute eigene Banking-Apps für die Onlinekontenführung an. Halten Sie danach bei Google Play Ausschau, indem Sie dort in das Suchfeld den Namen Ihrer Bank eingeben.

Abbildung 4.41: Android-Banking-App der Volksbanken und Raiffeisenbanken

Eine universelle App ist *S-Banking*. Die App schmückt zwar das Sparkassenlogo, sie unterstützt aber eine Vielzahl von deutschen Geldinstituten. Sie können durch Eingabe Ihrer Bankleitzahl auf `http://www.starmobi.de/` zunächst prüfen, ob Ihr Geldinstitut von der App aus ansprechbar ist. Der Link zur App im Google Play Store befindet sich ebenfalls dort.

Neu hinzugekommen im Bereich der Onlinebanking-Apps ist *StarMoney*. Auch dieses Programm bietet Zugriff auf beliebige Bankkonten und unterstützt zudem eine Vielzahl von TAN-Verfahren, um Überweisungen zu tätigen.

4.5.3 Aktienkurse

Es gibt sie wie Sand am Meer: Apps, die Aktienkurse abfragen. Auch hier gilt: Halten Sie Ausschau nach speziellen Lösungen Ihres Onlinebrokers. Die empfehlenswerte App von Cortal Consors kann auch von Nichtkunden problemlos genutzt werden, indem diese sich ein Musterportfolio anlegen.

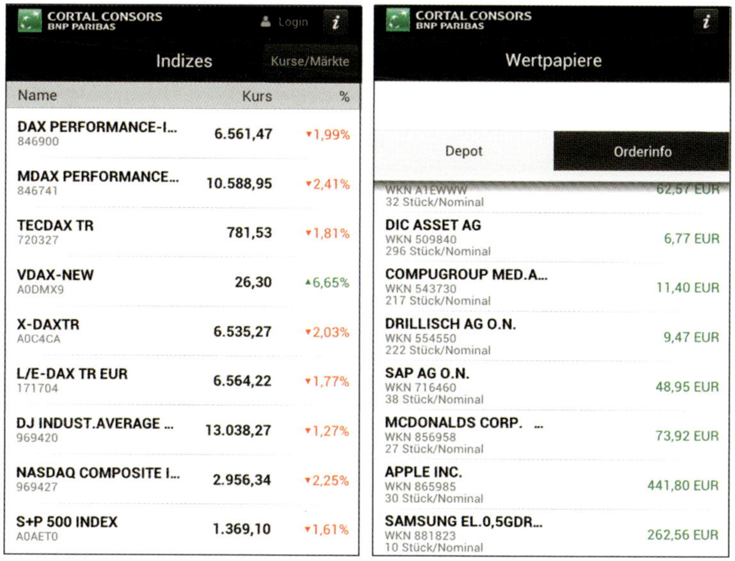

Abbildung 4.42: Das Portfolio stets im Blick mit der Cortal-Consors-Börsen-App

Google Play: cortal consors

4.5.4 eBay

… und zu guter Letzt noch des Deutschen liebstes Kind, wenn es um Onlinegeschäfte geht: die App zum Fernhandel über die Auktionsbörse *eBay*.

Nach dem Start der App können Sie sich mit Ihren persönlichen Kontodaten bei eBay einloggen und am Auktionsgeschehen teilnehmen.

Google Play: ebay

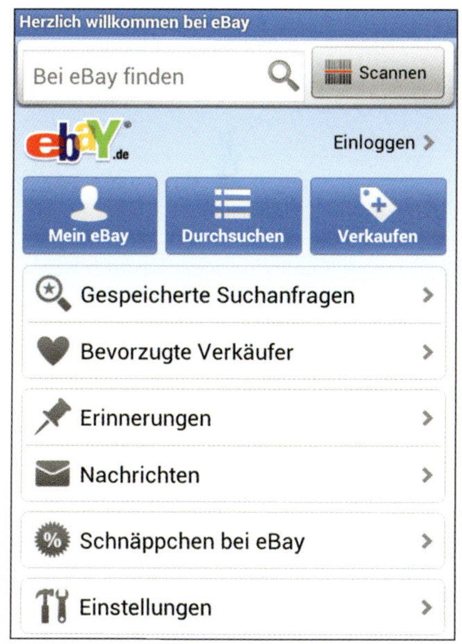

Abbildung 4.43: Die eBay-Auktionen stets im Blick dank passender Android-App

Büro ist wie Jazz,
nur ohne die Musik.

Bernd Stromberg

Kapitel 5

Android im Büro

Android ist längst in der Business-Liga angekommen. Das System bietet eine exzellente Terminverwaltung und Aufgabenplanung und lässt sich obendrein mit Office-Software bestücken, sodass Sie unterwegs noch schnell am wichtigen Vortrag feilen oder sich Ihre Spesenabrechnung vornehmen können. Wichtige Dokumente werden im eBook-Reader gesichtet, der auf langweiligen Bahnfahrten aber auch ebenso gut die Reisebibliothek ersetzen kann.

5.1 Google Kalender

Ihr Android Smartphone ist von Haus aus mit einer perfekten Terminverwaltung ausgestattet, die auf dem *Google Kalender* aufsetzt. Ich muss an dieser Stelle zugeben, dass es mir zunächst äußerst suspekt war, meine sämtlichen beruflichen und privaten Termine dem Datenkraken Google in die Hände (sprich *Tentakeln*) zu geben. Andererseits: Sie liegen dort wahrscheinlich sicherer als im Safe einer Schweizer Bank, wenn man einige grundlegende Prinzipien des Datenschutzes beachtet. Und es ist schon äußerst bequem, eine reibungslose Terminsynchronisation zu haben, ohne dass man das Smartphone umständlich per Dockingstation mit dem PC verbinden muss.

Das folgende Kapitel gibt Ihnen einen Überblick, was zu beachten ist, wenn man seinen Alltag allein von Google planen lassen möchte. Dabei wird besonderer Wert auf die Verzahnung und Synchronisation von Smartphone und Google Kalender gelegt. Die Synchronisation mit Outlook und Co. wird in *Kapitel 6* besprochen.

5.1.1 Der Onlinekalender im Google-Konto

Bevor wir uns den Möglichkeiten des Kalenders auf dem Android Smartphone widmen, sehen wir uns zunächst einmal den »großen Bruder« im Netz näher an. Im Folgenden gehe ich davon aus, dass Sie ein Google-Konto besitzen.

1. Loggen Sie sich auf Ihrem PC per Browser bei Ihrem Google-Konto ein.
2. Begeben Sie sich ins Google-Menü im linken oberen Bereich des Browserfensters und wählen Sie dort die Option *Kalender*.

Es öffnet sich der bekannte Google Kalender, eine typische Cloud-Anwendung. Dieser ist in folgende Bereiche aufgeteilt:

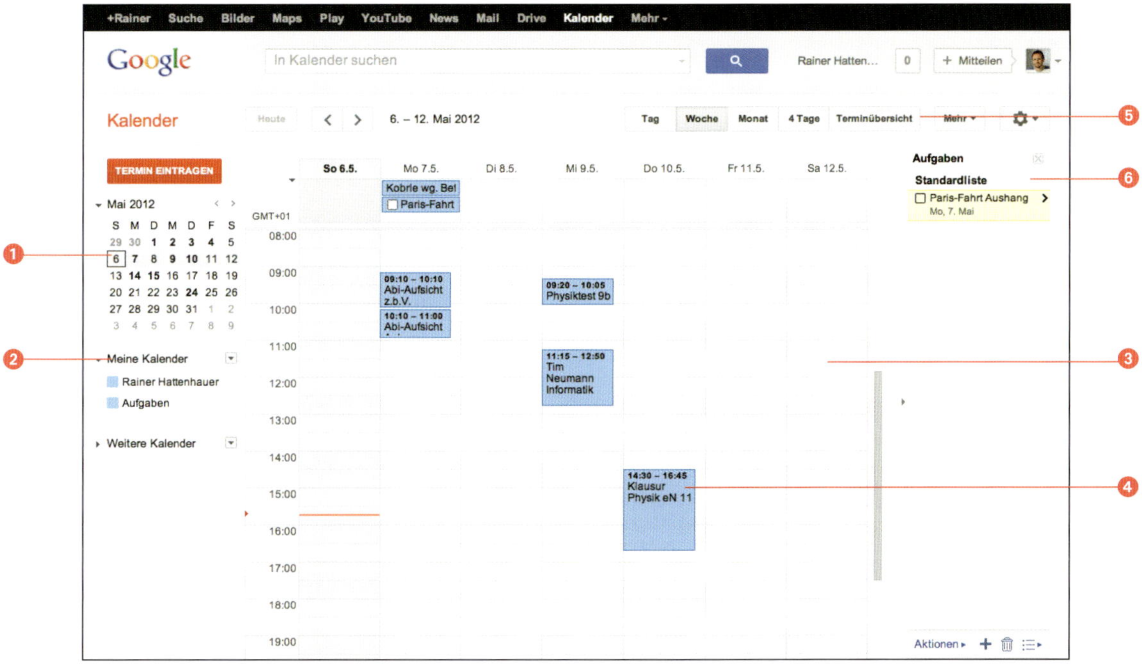

1 *Monatsübersicht*
2 *Aktivierte Kalenderelemente*
3 *Wochenübersicht zum Eintragen von Terminen*
4 *Ein eingetragener Termin*
5 *Ansichtenwechsel (Tag, Woche, Monat)*
6 *Aufgabenliste*

Die einzelnen Bereiche haben folgende Bedeutung bzw. bieten folgende Funktionen:

- **Meine Kalender**: Hier werden Ihre aktuell verwendeten Kalender angezeigt. Das ist zunächst der zu Ihrem Konto gehörende Standardkalender, aber auch der Aufgabenbereich (engl.: *tasks*) taucht hier auf. Sie können jederzeit neue Kalender definieren, z. B. einen gemeinsamen Kalender für Projektmitarbeiter, um Projektmeilensteine einzutragen und einzuhalten.

- **Zentraler Kalender**: Hier tragen Sie in den Browser Ereignisse bzw. Termine ein.
- **Ansichten**: Hier wechseln Sie zwischen verschiedenen Kalenderansichten. Im Normalfall ist die Wochenansicht am günstigsten, um sich einen Überblick über die aktuelle Arbeitswoche zu verschaffen.
- **Aufgaben**: Die Aufgabenliste am rechten Rand erscheint, wenn der entsprechende Punkt im Bereich *Meine Kalender* aktiviert wurde. Ist das nicht der Fall, so klicken Sie einfach einmal auf den Kalender *Aufgaben* im Bereich *Meine Kalender*.

Eintragen eines Termins

Zum Eintragen eines neuen Termins gehen Sie folgendermaßen vor:

1. Navigieren Sie zum gewünschten Datum und klicken Sie einfach auf das gewünschte Zeitfeld. Es öffnet sich ein kleines Fenster, in dem Sie den Termin beschreiben können. Durch Betätigen der Schaltfläche *Termin eintragen* wird der Termin im Kalender fixiert.

Abbildung 5.1: Ein neuer Termin wird eingetragen. Auf der linken Seite sehen Sie grau hinterlegt den aktuellen Tag. Der rote Strich stellt die aktuelle Stunde bzw. Uhrzeit dar.

Die Termineinteilung erscheint Ihnen zu grob, Sie möchten außerdem weitere Einzelheiten ergänzen?

2. Klicken Sie den Termin im Kalender an. Der Link führt Sie zu den Termineinzelheiten. (Abbildung 5.2).

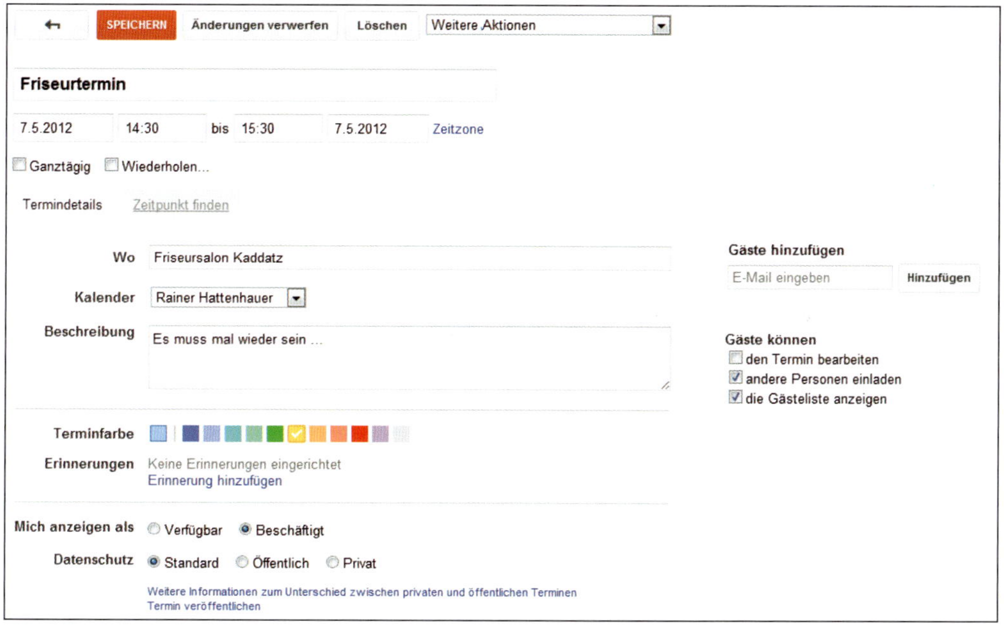

Abbildung 5.2: Feintuning von Terminen. Im vorliegenden Fall wird der Termin gelb hervorgehoben.

3. Schließen Sie die Änderungen durch Betätigen der Schaltfläche *Speichern* ab.

5.1.2 Terminplanung auf dem Smartphone

In der Regel finden Sie bei den meisten Smartphones ein Kalender-Widget direkt auf dem Homescreen vor. Ist das nicht der Fall, so halten Sie im Anwendungsmenü Ausschau nach der *Kalender*-App. Diese ist Bestandteil des Android-Basissystems.

Es empfiehlt sich, das Kalender-Widget für einen schnellen Zugriff auf den Terminplaner auf einem Homescreen zu deponieren. Begeben Sie sich zu diesem Zweck

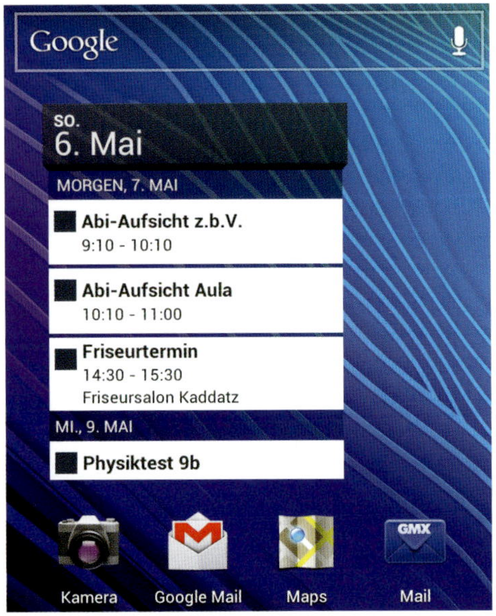

Abbildung 5.3: Das Kalender-Widget sollte nach Möglichkeit auf die Startseite des Smartphones gelegt werden.

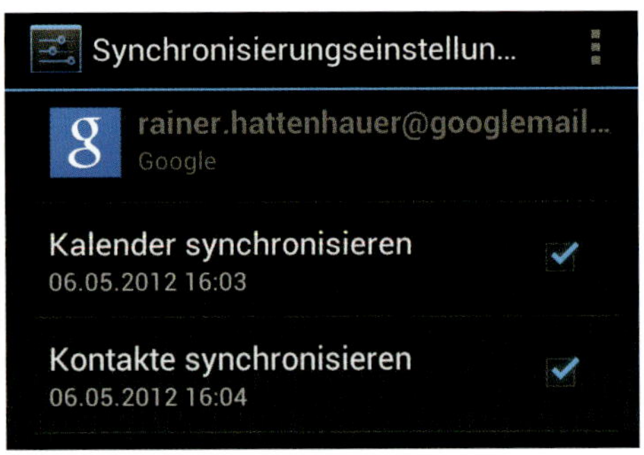

Abbildung 5.5: Achten Sie darauf, dass die Kalendersynchronisation explizit aktiviert wurde.

in den Bereich der Apps und Widgets und halten Sie Ausschau nach dem Kalender-Widget. Platzieren Sie dieses auf einen freien Homescreen (Abbildung 5.3).

Taucht der Termin, den Sie im vorangegangenen Abschnitt per Browser in Ihren Google Kalender eingetragen haben, nicht im Kalender bzw. im Kalender-Widget auf, so prüfen Sie, ob die Synchronisierung des Kalenders aktiviert wurde. Dazu begeben Sie sich zum Punkt *Konten und Synchronisierung* in den Einstellungen. Hier sollte die Synchronisierung des Google Kalenders aktiviert sein (Abbildung 5.4). Und selbstverständlich müssen Sie online sein, wenn Sie Ihren Google Kalender synchronisieren möchten.

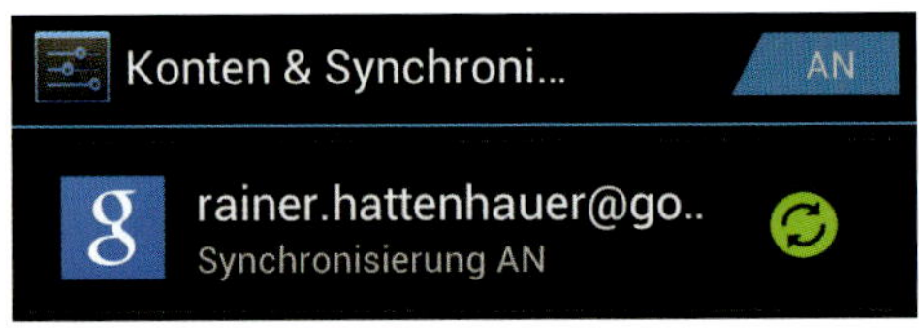

Abbildung 5.4: So klappt's mit der Synchronisierung: Das Google-Konto muss mit einem grünen Synchronisierungszeichen versehen sein.

Das Feintuning der Synchronisierung nehmen Sie vor, indem Sie den obigen Google-Konto-Eintrag antippen. Danach sollten Sie sicherstellen, dass die explizite Synchronisierung des Kalenders aktiviert ist (Abbildung 5.5).

Den Android-Kalender verwenden

Infolge der ähnlichen Struktur von Android- und Google Kalender fühlen Sie sich in der Kalender-App des Smartphones sofort heimisch. Starten Sie diese durch Antippen des Kalender-Widgets oder des Kalender-Icons.

Durch Antippen der Wochentag-Schaltfläche können Sie verschiedene Ansichten auswählen (Abbildung 5.7):

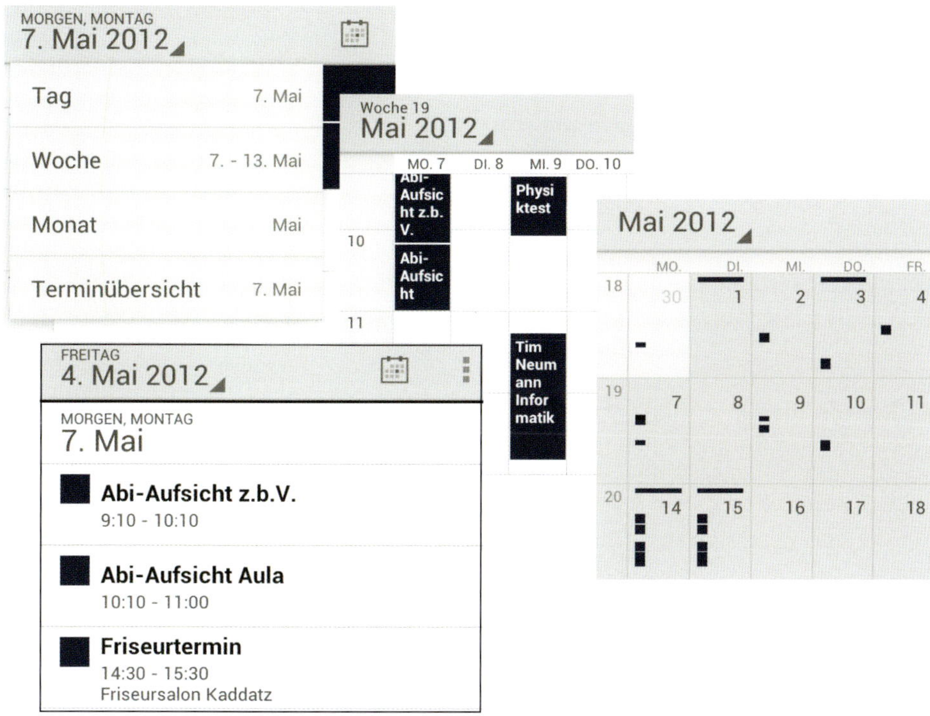

Abbildung 5.7: Drei weitere Ansichten der Kalender-App: Monats-, Wochen- und Listenansicht

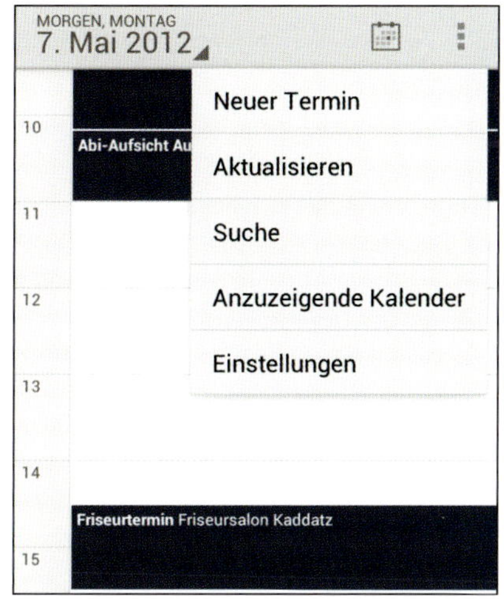

Abbildung 5.6: Der Android-Kalender mit aufgeklapptem Hauptmenü. Hier können Sie unter anderem über das Menü »Einstellungen« den Kalender feintunen. In der Tagesansicht wechseln Sie durch Wischen nach rechts bzw. links zum nächsten bzw. vorherigen Tag.

Zum Eintragen eines neuen Ereignisses in die Kalender-App Ihres Smartphones gehen Sie folgendermaßen vor:

1. Wählen Sie den Zeitpunkt des Termins in einer geeigneten Ansicht.
2. Tippen Sie den Kalender an der Stelle an, an die Sie einen neuen Termin einfügen möchten.
3. Beschreiben Sie den Termin und speichern Sie ihn schließlich über Antippen der Schaltfläche *Fertig* ab.

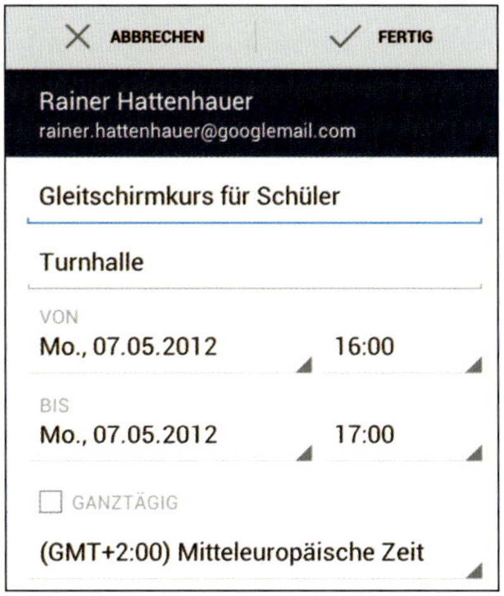

Abbildung 5.8: Ein neuer Termin wird durch Antippen des Kalenders an der gewünschten Stelle ergänzt.

Sollten Sie den Termin genauer beschreiben wollen, so gehen Sie nach dem Eintragen folgendermaßen vor:

4. Tippen Sie zunächst den Termin im Android-Kalender und anschließend das Stiftsymbol an, welches für die nachträgliche Bearbeitung steht.

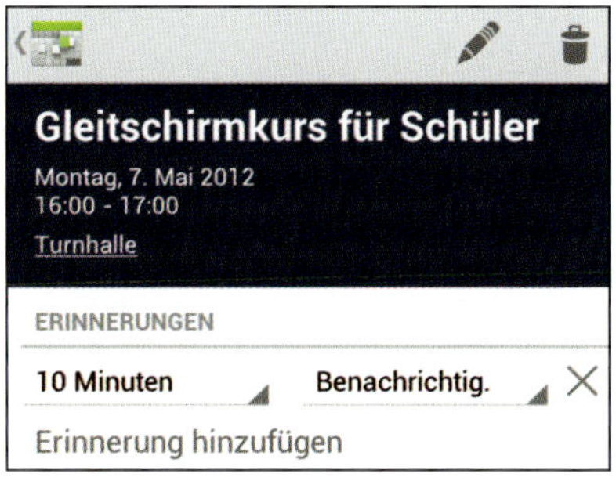

Abbildung 5.9: Durch Antippen des Termins im Android-Kalender lässt sich dieser nachträglich bearbeiten (Stiftsymbol) oder auch löschen (Papierkorbsymbol).

5. Sie haben nun Gelegenheit, den Termin Ihren Wünschen entsprechend anzupassen. Die Optionen, die Sie hier vorfinden, entsprechen im Wesentlichen denen des Google Kalenders.

Nach dem Eintragen von Terminen werden diese automatisch mit dem im Internet gesicherten Google Kalender synchronisiert.

Abbildung 5.10: Der Termin wird unmittelbar mit dem Google Kalender im Internet synchronisiert.

Jours fixes und Geburtstage

Jours fixes sind wiederkehrende Termine für eine kleine Gruppe von Teilnehmern. In meinem Fall wäre das der wöchentliche Termin zum Volleyballspielen mit den Sportfreunden. Legen Sie folgendermaßen einen wiederkehrenden Termin an:

1. Starten Sie die Kalender-App und geben Sie den gewünschten Termin wie gewohnt ein.
2. Wählen Sie bei den Termineigenschaften den Punkt *Wiederholung*.
3. Markieren Sie im nun erscheinenden Menü die Wiederholungsfrequenz.
4. Speichern Sie den fertigen Termin schließlich ab.

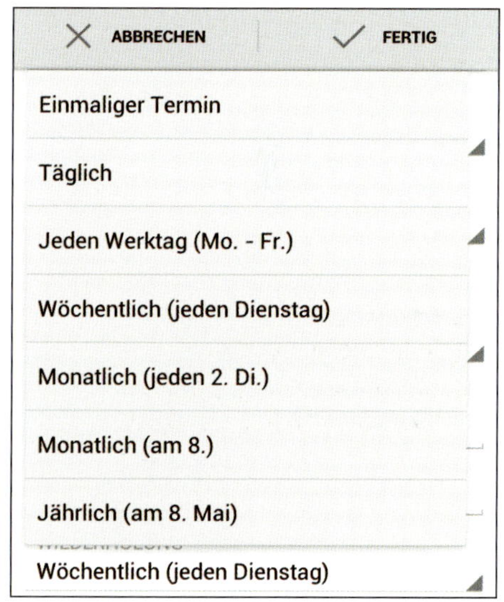

Abbildung 5.11: Erstellen eines Jour fixe

Eine flexible Kalender-App: aCalendar

Bestand in den alten Kalender-Apps bis Android 3 noch die Möglichkeit, ein Enddatum für einen zu wiederholenden Termin einzugeben, so muss man ab Android 4 auf Googles Onlinekalender via Browser zurückgreifen, um dies vorzunehmen. Ohne Probleme ist dies aber auch in Verbindung mit der App **aCalendar** möglich.

Google Play: aCalendar

Die kostenlose App ist eine äußerst vielseitige Schnittstelle zum Google Kalender. Sie bietet eine größere Funktionsvielfalt als Googles Standardlösung. Unter anderem beherrscht die App die Erstellung flexibler Serientermine mit vordefiniertem Enddatum. Bei Geburtstagen werden die Jubilare (sofern im Adressbuch abgespeichert) mit Miniaturfotos dargestellt.

Abbildung 5.12: aCalender ist eine schicke, komfortable Alternative zum Standardkalender von Android.

5.2 Google Kontakte

Die Kontaktverwaltung auf Ihrem Smartphone heißt *Kontakte* und befindet sich üblicherweise in der Menüzeile am unteren Bildrand.

Nachfolgend beschäftigen wir uns zunächst nur mit eigentlichen Apps. Wie man bestehende Kontakte (z. B. aus Outlook etc.) mit Google Kontakte synchronisiert, erfahren Sie in *Kapitel 6*.

5.2.1 Kontakte auf dem Smartphone verwalten

Im Folgenden gehe ich davon aus, dass Sie bereits über eine reichhaltige Kontaktsammlung auf Ihrem Smartphone verfügen. Sollten Sie Ihre Kontakte noch nicht in Ihr Google-Konto importiert haben, so können Sie die Vorgehensweise an dieser Stelle schon einmal in *Kapitel 6* nachlesen.

Starten Sie die Kontakte-Anwendung. Der Bildschirm der Kontakte-Anwendung ist folgendermaßen aufgebaut:

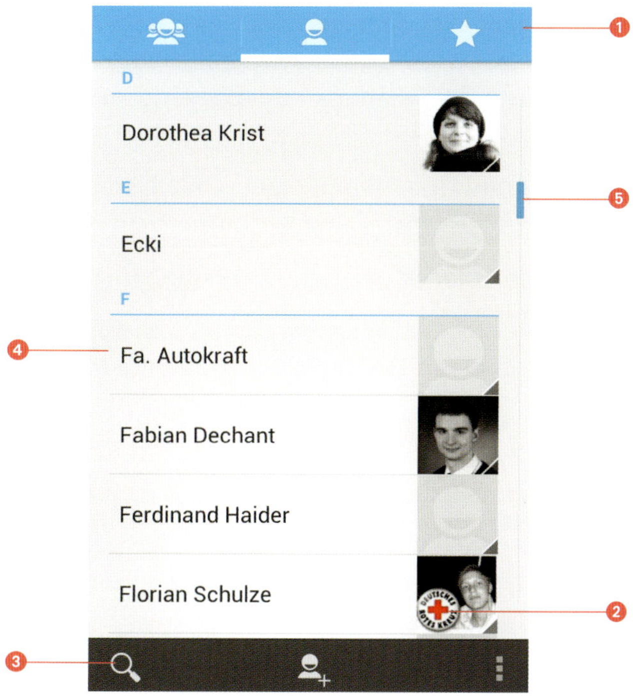

❶ *Bereiche der Kontakte-App*
❷ *Hinzufügen eines neuen Kontakts*
❸ *Eingabe eines Namens zur Suche*
❹ *Gespeicherte Kontakte*
❺ *Scrollbalken*

Die App besitzt die folgenden Unterbereiche, die durch blaue Schaltflächen am oberen Bildrand gekennzeichnet sind:

- **Kontaktgruppen**: Hier können Sie Ihre Kontaktgruppen einsehen, durchblättern und auswählen. Die Kontaktgruppen entsprechen den Circles von Google+.

> **Tipp**
> Der Google Kalender ordnet die Namen alphabetisch nach Vornamen. Möchten Sie die übliche Ordnung per Nachnamen, so begeben Sie sich durch Drücken der Menü-Schaltfläche ins Menü der App und wählen bei **Einstellungen** den Punkt **Anzeigeoptionen** die Optionen **Liste sortieren nach Nachname** sowie **Kontaktnamen-Anzeige: Nachname zuerst.**

- **Kontakte**: In diesem Bereich finden Sie alle Kontakte alphabetisch geordnet zum Durchscrollen vor.
- **Häufig kontaktiert**: In diesem Bereich erscheinen Kontakte, die Sie besonders häufig in Anspruch nehmen.

Das App-Menü
Durch Betätigen der Menü-Schaltfläche gelangen Sie in das Menü der App. Hier finden Sie die folgenden Menüpunkte:

Kontakte zum Anzeigen: Hier definieren Sie, aus welchen Quellen Ihre Kontakte angezeigt werden sollen. Das ist in jedem Fall Ihr Google Adressbuch, Sie können an dieser Stelle aber auch die Facebook-Kontakte ergänzen, falls Sie die Facebook-App installiert haben.

Importieren/Exportieren: Über diesen Menüpunkt lassen sich Kontaktdaten, z. B. zwischen SIM-Karte und Telefonspeicher, austauschen.

Konten: Über diese Schaltfläche gelangen Sie in die Synchronisationseinstellung für die verwendeten Adressdatenbanken.

Einstellungen: Hier definieren Sie die Anzeigeoptionen (siehe Tipp).

5.2.2 Einen neuen Kontakt manuell hinzufügen

Tippen Sie auf das +-Kontakt-Zeichen in der Mitte des unteren Fensterrandes.

1. Es erscheint beim ersten Eintrag eine Meldung, dass der neue und sämtliche folgenden Kontakte mit Ihrem Google-Konto synchronisiert werden. Bestätigen Sie die Meldung.
2. Geben Sie die Kontaktdaten ein. Durch Antippen des Fotosymbols können Sie von Ihrem Kontakt auch sofort ein Foto per Smartphone schießen und mit dem Kontakt verknüpfen.

Weitere Optionen, z. B. den Eintrag eines Geburtstags, finden Sie, wenn Sie zum Ende der Seite scrollen und dort die Schaltfläche *Weiteres Feld hinzufügen* antippen. Hier können Sie beispielsweise Geburtstage über das Feld *Termine* eintragen.

3. Bestätigen Sie die Änderungen schließlich durch Antippen der Schaltfläche *Speichern*.

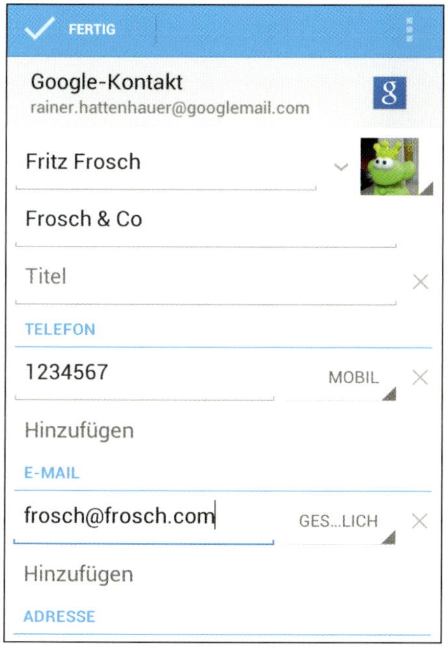

Abbildung 5.13: Erstellen eines neuen Kontakts. Tippen Sie auf den stilisierten Porträtrahmen und schießen Sie ein Porträtfoto Ihres Gegenübers.

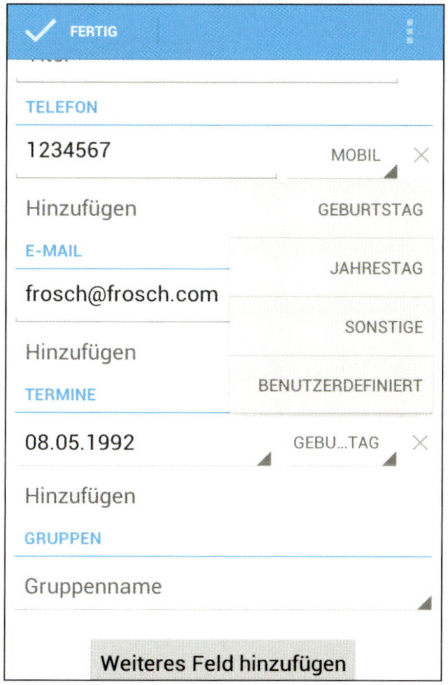

Abbildung 5.14: Sie können auch weitere Attribute (im vorliegenden Fall den Geburtstag) über die Schaltfläche »Weiteres Feld hinzufügen« ergänzen.

5.2.3 Verbindung zu einem Kontakt herstellen

Die Kommunikation mit Kontakten ist kinderleicht: Tippen Sie einen Kontakt aus dem Adressbuch an: Die Kontaktdaten erscheinen, und es werden Ihnen diverse Kommunikationsmöglichkeiten angeboten, um mit dem gewählten Kontakt in Verbindung zu treten.

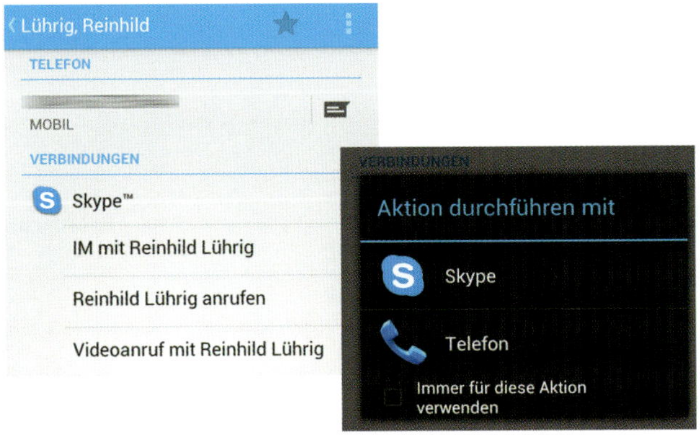

Abbildung 5.15: Durch Antippen des Kontakts in der Liste öffnet sich eine Vielzahl von Kommunikationsmöglichkeiten.

App-Empfehlung für neue Kontakte

Mit dem **ABBYY Business Card Reader** können Sie die Visitenkarten Ihrer Geschäftspartner einscannen und direkt in Ihre Kontaktsammlung integrieren lassen: Die integrierte Zeichenerkennung (OCR) wandelt die Informationen auf der Karte direkt in computerlesbare Schrift um.

Google Play: abbyy business

5.2.4 Kontakte im Browserinterface

Die nahtlose Integration des Android-Systems in die Google Cloud wird auch bei den Kontakten deutlich: Sie können wie schon auf die Kalenderanwendung auch auf die Kontakte per Browser zugreifen.

Loggen Sie sich mit Ihrem Google-Account ein und begeben Sie sich zum Bereich *E-Mail/Kontakte*. Dort finden Sie alle Kontakte Ihres Google-Kontos, die auch mit Ihrem Android Smartphone synchronisiert wurden.

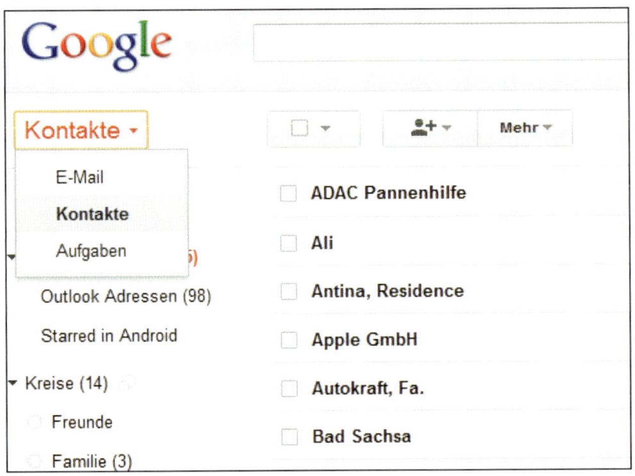

Abbildung 5.16: Ihre Kontakte finden Sie nach der Synchronisation online im Google Mail-Bereich. Wählen Sie dazu im Dropdown-Menü der Mailbrowser-App den Punkt »Kontakte«.

5.3 Aufgaben

In diesem Bereich bietet Android noch keine »eingebaute« App an, sodass Sie auf Drittanbieter-Software zurückgreifen müssen. Diese gibt es aber zuhauf im Google Play Store.

5.3.1 Die GTasks Aufgabenliste

Der Vorteil der GTasks-Anwendung besteht darin, dass die App die eingetragenen Aufgaben mit dem Tasks- bzw. Aufgaben-Bereich Ihres Google-Kontos synchronisiert.

Google Play: gtasks

1. Installieren Sie die App aus dem Google Play Store.
2. Platzieren Sie eines der nun vorhandenen Widgets auf Ihren Homescreen (Display antippen und gedrückt halten, *Widgets/GTasks*).
3. Tippen Sie auf die Kopfzeile des Widgets und erstellen Sie eine neue Aufgabe durch Antippen des +-Symbols.

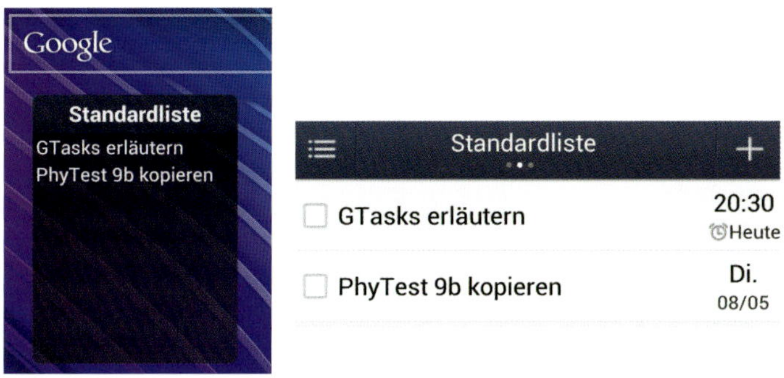

Abbildung 5.17: Erstellen Sie im Handumdrehen eine Aufgabenliste mit GTasks. Sie können alle Aufgaben auch mit einem Alarm versehen, um an die Fertigstellung erinnert zu werden.

Die so erstellten Aufgaben werden automatisch mit Ihrem Google-Konto synchronisiert.

Eigene Listen erstellen
Selbstverständlich können Sie auch eigene Listen erstellen bzw. existierende umbenennen. Das geht am schnellsten über das Menü der Aufgabenplanung im Browser.

Abbildung 5.20: Eigene Listen (z. B. eine Einkaufsliste) werden am schnellsten per Browserinterface definiert.

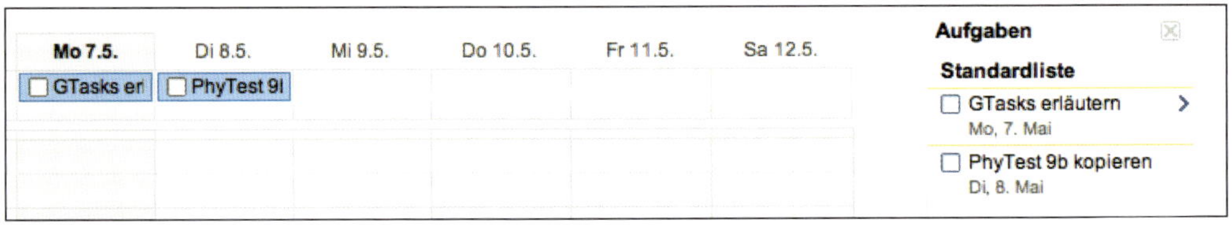

Abbildung 5.18: Die Aufgabenliste erscheint im rechten Bereich des Google Kalenders, vorausgesetzt, Sie haben auf der linken Seite den »Aufgaben«-Kalender im Bereich »Meine Kalender« durch Anklicken aktiviert.

4. Möchten Sie eine Aufgabe als erledigt kennzeichnen, so setzen Sie in der Aufgabenübersicht durch Antippen des kleinen Quadrats einen Haken vor die Aufgabe.

Abbildung 5.19: Erledigte Aufgaben werden einfach »abgehakt«.

Um die erledigten Aufgaben aus der Übersicht zu entfernen, wählen Sie im App-Menü den Menüpunkt *Abgeschlossene entfernen*.

5.3.2 Astrid – die Alternative

Google Play hält einige weitere brauchbare Alternativen zur Aufgabenplanung bereit. Sehr beliebt bei der Android-Community ist der Aufgabenplaner Astrid.

Google Play: astrid

Nach dem ersten Start besteht zunächst die Möglichkeit, die Synchronisation mit der Gmail-Aufgabenliste, also Ihrem Google-Konto, einzurichten. Geben Sie hierfür die Login-Daten für Ihr Google-Konto ein.

Danach können Sie sofort loslegen und erste Aufgaben erstellen. Auch Astrid besitzt ein Widget, das Sie auf einem Homescreen ablegen können.

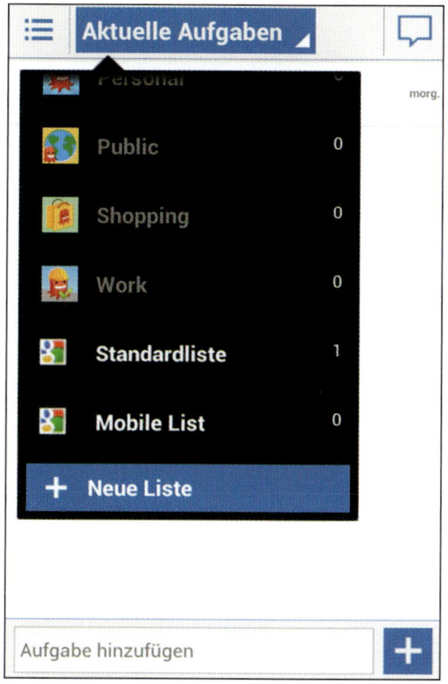

Abbildung 5.21: Astrid ist eine Aufgabenverwaltung für Profis: Hier können Sie sogar über einen Timer die Zeitplanung für Aufgaben realisieren.

Alternative

Eine weitere beliebte Aufgabenplanung, die von iOS auf Android portiert wurde, ist **Wunderlist**. Sie finden die App in Google Play oder auf **http://www.6wunderkinder.com/wunderlist/**. Ebenfalls nützlich und auf Einkaufslisten spezialisiert ist die App **Mighty Grocery**, die Sie direkt aus dem Play Store installieren können.

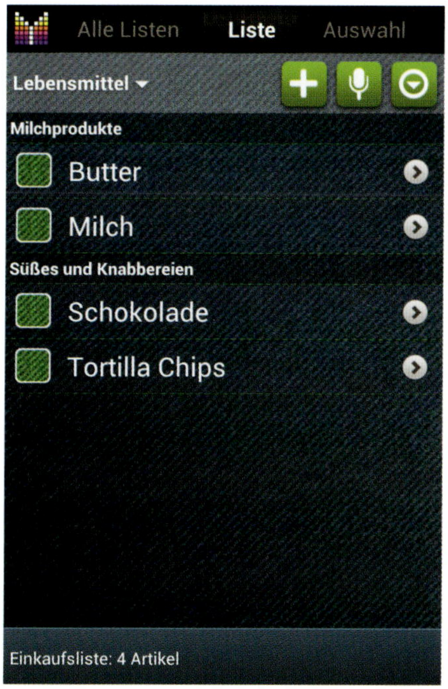

Abbildung 5.22: Einkaufen leicht gemacht – Mighty Grocery ordnet Ihre Einkäufe intelligent geordnet nach Lebensmittelabteilung.

5.4 Office-Software

Wer hätte vor wenigen Jahren gedacht, dass man die typischen Office-Aufgaben Textverarbeitung, Tabellenkalkulation und Präsentation nicht nur auf dem sperrigen PC, sondern auch per Jackentaschen-Büro erledigen kann. Das folgende Teilkapitel zeigt, welche Software unter Android erforderlich ist, um Office-Dokumente ohne Informationsverlust zu bearbeiten.

5.4.1 Office-Suiten für Android

Zum gegenwärtigen Zeitpunkt gibt es die folgenden Office-Programmsammlungen bzw. -viewer für Ihr Android Smartphone:

- **Documents To Go** von DataViz
- **ThinkFree Office Viewer**
- **Quickoffice Pro**
- … und **Softmaker Office** für Android steht mit einer Beta-Version schon in den Startlöchern

Alle vier genannten Pakete können die gängigen Microsoft Office-Formate auch in den aktuellen Versionen (z. B. Office 2010) verarbeiten. Die Dokumente lassen sich allerdings nur in den aufpreispflichtigen Vollversionen auch bearbeiten. Apropos Preis: Der bewegt sich bei Smartphone-Apps in bezahlbaren Regionen: Die Office-Suiten kosten um die 10 Euro.

Google Play: documents to go

Nachfolgend beschränke ich mich auf die *Documents To Go*-Suite von DataViz, die den Vorteil bietet, auf das *Google Doc System*, Googles Cloud Office, zugreifen zu können. Dadurch ist eine überaus einfache Synchronisation der Dokumente sichergestellt. Für einen ersten Test der Programme können Sie aber auch einige Dokumente auf die SD-Karte Ihres Smartphones kopieren und per Dateimanager auf diese zugreifen:

Schließen Sie also Ihr Handy per USB-Kabel an Ihren PC an und übertragen Sie einige Office-Dokumente auf die SD-Karte. Die genaue Vorgehensweise dazu wird in *Kapitel 6* beschrieben.

5.4.2 Textverarbeitung

Ich liebe es, unterwegs in der Bahn noch schnell einen Text auf dem Smartphone zu redigieren. Klar, infolge der spartanischen Tippmöglichkeiten auf der virtuellen Tastatur ist die Erstellung eines Epos à la Thomas Mann mühsam. Für kleinere Korrekturen reicht's aber allemal.

1. Installieren Sie (falls noch nicht geschehen) das Programm *Documents To Go* in der freien Version. Diese bietet immerhin die Darstellung Ihrer Office-Dokumente an.
2. Kopieren Sie ein Word-Dokument auf Ihre SD-Karte (vgl. *Kapitel 6*).
3. Starten Sie Documents To Go. Im Startmenü können Sie über den Punkt *Lokale Dateien* zur übertragenen Datei wechseln.

Abbildung 5.23: Im Hauptmenü von Documents To Go navigieren Sie zur gewünschten Datei. Im vorliegenden Fall befindet sich die Datei im Pfad »Lokale Dateien«, Sie können aber ebenso gut auch ein Dokument aus der Google Cloud (Speicherort: »Google Docs«) auswählen.

Das gewählte Dokument öffnen Sie durch Antippen im Dateibrowser (Abbildung 5.24).

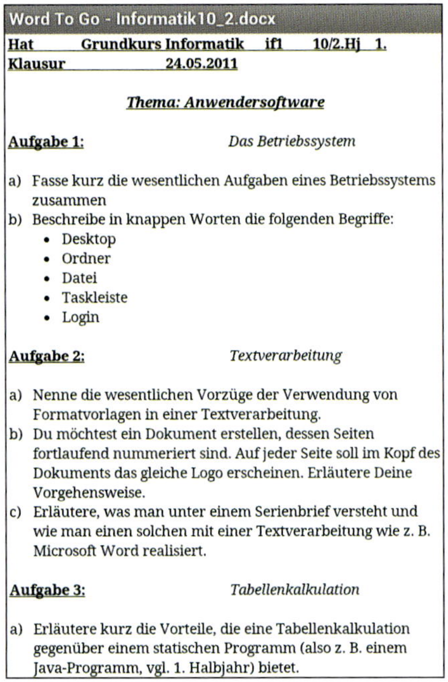

Word To Go - Informatik10_2.docx

Hat Grundkurs Informatik if1 10/2.Hj 1.
Klausur 24.05.2011

Thema: Anwendersoftware

Aufgabe 1: *Das Betriebssystem*

a) Fasse kurz die wesentlichen Aufgaben eines Betriebssystems zusammen
b) Beschreibe in knappen Worten die folgenden Begriffe:
- Desktop
- Ordner
- Datei
- Taskleiste
- Login

Aufgabe 2: *Textverarbeitung*

a) Nenne die wesentlichen Vorzüge der Verwendung von Formatvorlagen in einer Textverarbeitung.
b) Du möchtest ein Dokument erstellen, dessen Seiten fortlaufend nummeriert sind. Auf jeder Seite soll im Kopf des Dokuments das gleiche Logo erscheinen. Erläutere Deine Vorgehensweise.
c) Erläutere, was man unter einem Serienbrief versteht und wie man einen solchen mit einer Textverarbeitung wie z. B. Microsoft Word realisiert.

Aufgabe 3: *Tabellenkalkulation*

a) Erläutere kurz die Vorteile, die eine Tabellenkalkulation gegenüber einem statischen Programm (also z. B. einem Java-Programm, vgl. 1. Halbjahr) bietet.

Abbildung 5.24: Ein Textverarbeitungsdokument, geöffnet in Documents To Go. In der Vollversion können Sie das Dokument nun bearbeiten und abspeichern, ohne dass dabei die Originalformatierung zerstört wird.

Sinnvolle Ergänzungen

- **Thesaurus** (alternative Wörter finden)
- **Rechtschreibprüfung pro** – die derzeit beste App zur Rechtschreibprüfung
- **Wörterbuch** – ein umfassendes Wörterbuch für verschiedene Sprachen

5.4.3 Tabellenkalkulation

Die nächste Disziplin, der wir uns widmen, ist die Tabellenkalkulation. Diese lässt sich problemlos auf dem Android Smartphone verwenden. Öffnen Sie, wie im letzten Abschnitt beschrieben, ein Tabellenkalkulationsdokument in *Sheet To Go* (Abbildung 5.25).

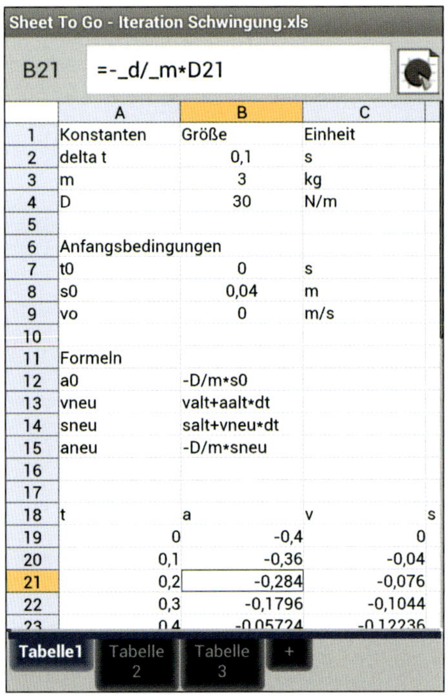

Sheet To Go - Iteration Schwingung.xls

B21 =-_d/_m*D21

	A	B	C	
1	Konstanten	Größe	Einheit	
2	delta t	0,1	s	
3	m	3	kg	
4	D	30	N/m	
5				
6	Anfangsbedingungen			
7	t0	0	s	
8	s0	0,04	m	
9	vo	0	m/s	
10				
11	Formeln			
12	a0	-D/m*s0		
13	vneu	valt+aalt*dt		
14	sneu	salt+vneu*dt		
15	aneu	-D/m*sneu		
16				
17				
18	t	a	v	s
19	0	-0,4	0	
20	0,1	-0,36	-0,04	
21	0,2	-0,284	-0,076	
22	0,3	-0,1796	-0,1044	
23	0,4	-0,05724	-0,12236	

Tabelle1 Tabelle 2 Tabelle 3 +

Abbildung 5.25: Die Tabellenkalkulation Sheet To Go im mobilen Einsatz: Im vorliegenden Fall wird z. B. eine Differenzialgleichung iterativ gelöst. Durch Antippen der Felder können Sie die Eingabewerte verändern und somit unterschiedliche Fälle berechnen. In das Menü des Programms gelangen Sie durch Betätigen der Menü-Taste.

5.4.4 Präsentationsprogramm

PowerPoint auf dem Androiden? Auch das ist kein Problem! Nach dem Öffnen eines PowerPoint-Dokuments auf dem Smartphone können Sie per Fingerwisch durch die Folien Ihres Vortrags blättern und sich auf die Konferenz/Tagung mental vorbereiten.

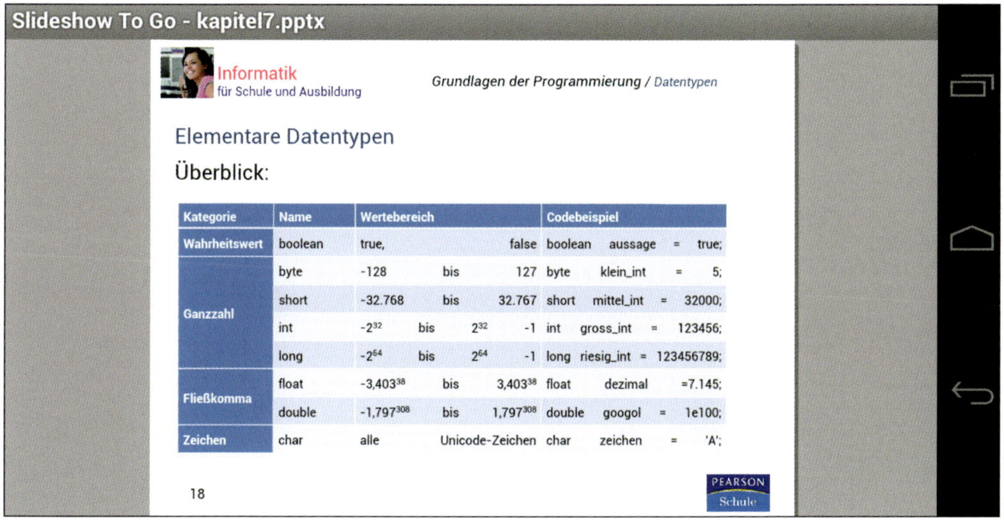

Abbildung 5.26: Schnell noch mal den Vortrag in der Straßenbahn durchgehen – mit der »Slideshow To Go«-App ist das kein Problem.

5.4.5 PDF-Reader

Es stört Sie, dass die Wiedergabe von einigen Bildformaten in den mobilen Anwendungen nur unzureichend unterstützt wird? Exportieren Sie zum Sichten Ihre Dokumente einfach als PDF-Dateien. In Microsofts aktueller Office-Suite geschieht das über *Datei/Speichern unter* durch Auswahl des Dateityps *PDF*.

Das Documents To Go-Paket bringt einen vorzüglichen PDF-Reader mit (Abbildung 5.27).

Abbildung 5.27: Das Buch im Buch: Mit dem integrierten PDF-Reader werden komplette PDF-Dokumente (hier das aktuelle Kapitel in Rohform) mitsamt ihren Abbildungen korrekt dargestellt.

Alternativen

- **Adobe Reader** – der Standardreader für PDFs
- **ezPDF Reader** – der derzeit beste und vielseitigste Reader im Google Play Store

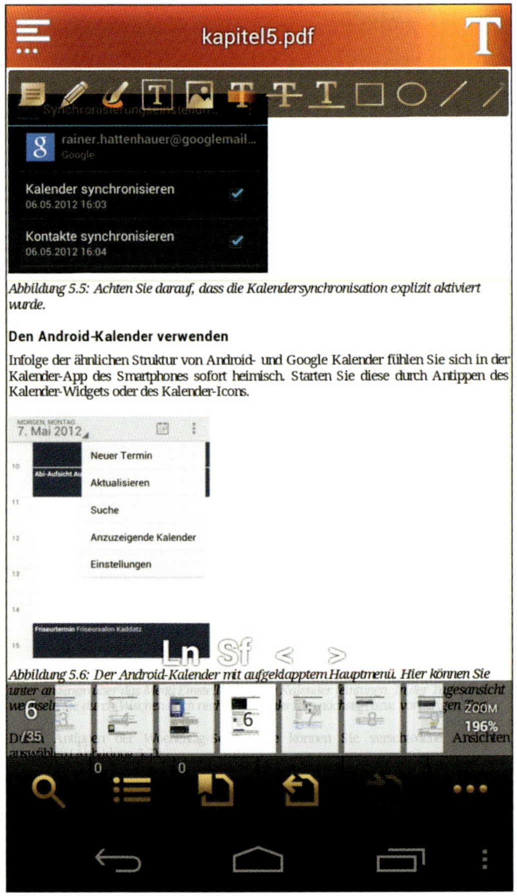

Abbildung 5.28: Der ezPDF Reader glänzt mit einem schier unglaublichen Funktionsumfang: Sie können damit sogar die Kommentar- und Notizfunktion des PDF-Formats nutzen.

5.4.6 Austausch mit der Cloud

Ein echtes Killer-Feature von Android-Geräten ist die Möglichkeit, Dokumente in der Google Cloud abzuspeichern und diese wechselweise auf PC oder Smartphone zu nutzen. Gehen Sie dazu folgendermaßen vor:

1. Loggen Sie sich auf Ihrem PC per Browser bei Ihrem Google-Konto ein.
2. Erstellen Sie einen *Google Drive*-Account.

Im Bereich *Google Drive* Ihres Google-Kontos finden Sie eine vollwertige browsergestützte Textverarbeitung sowie eine Tabellenkalkulation, ein Präsentationsmodul und ein Zeichenprogramm.

3. Betätigen Sie die Schaltfläche *Hochladen* und wählen Sie ein Textdokument, eine Tabelle oder eine Präsentation aus, die sich auf Ihrem PC befindet.
4. Klicken Sie auf die Schaltfläche *Upload starten*, und Ihre Datei wird in die Google Cloud hochgeladen.

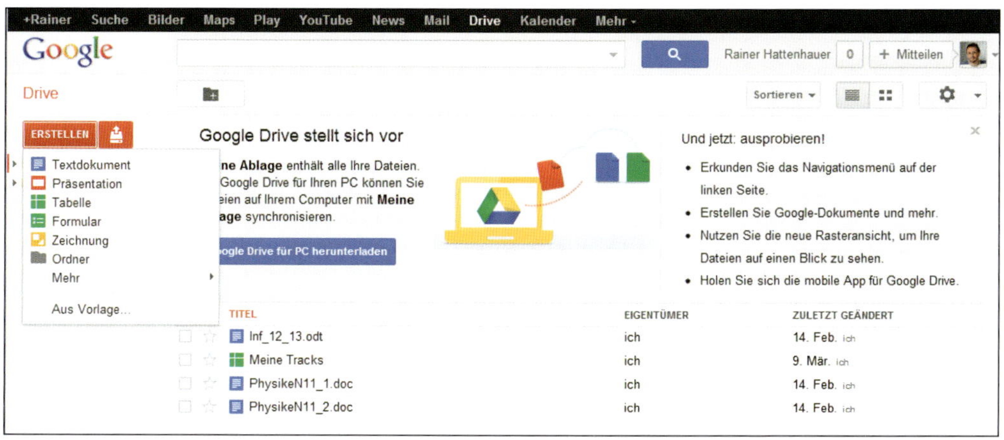

Abbildung 5.29: Die Browserschnittstelle von Google Drive. Mehrere Dokumente wurden vom heimischen PC in die Cloud hochgeladen und können dort im Browser bearbeitet werden. Auf die gleichen Dokumente ...

Nun können Sie die Datei sowohl im Browser als auch auf Ihrem Android Smartphone bearbeiten, sofern das darauf installierte Office-Paket eine Verbindung zu Google Docs anbietet. Das ist bei Documents To Go der Fall, vgl. Abbildung 5.23.

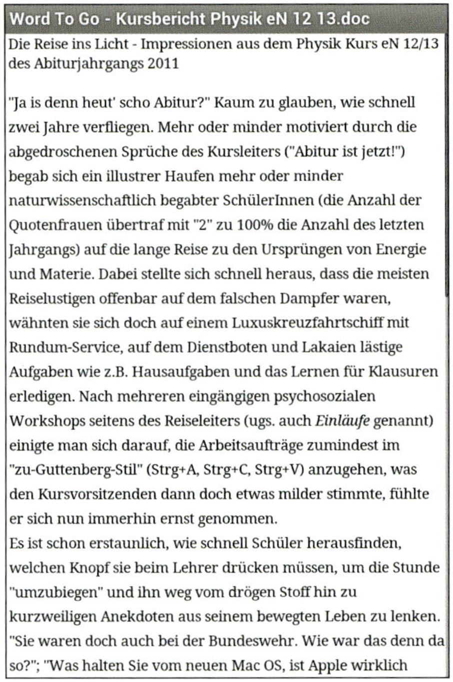

Word To Go - Kursbericht Physik eN 12 13.doc

Die Reise ins Licht - Impressionen aus dem Physik Kurs eN 12/13 des Abiturjahrgangs 2011

"Ja is denn heut' scho Abitur?" Kaum zu glauben, wie schnell zwei Jahre verfliegen. Mehr oder minder motiviert durch die abgedroschenen Sprüche des Kursleiters ("Abitur ist jetzt!") begab sich ein illustrer Haufen mehr oder minder naturwissenschaftlich begabter SchülerInnen (die Anzahl der Quotenfrauen übertraf mit "2" zu 100% die Anzahl des letzten Jahrgangs) auf die lange Reise zu den Ursprüngen von Energie und Materie. Dabei stellte sich schnell heraus, dass die meisten Reiselustigen offenbar auf dem falschen Dampfer waren, wähnten sie sich doch auf einem Luxuskreuzfahrtschiff mit Rundum-Service, auf dem Dienstboten und Lakaien lästige Aufgaben wie z.B. Hausaufgaben und das Lernen für Klausuren erledigen. Nach mehreren eingängigen psychosozialen Workshops seitens des Reiseleiters (ugs. auch *Einläufe* genannt) einigte man sich darauf, die Arbeitsaufträge zumindest im "zu-Guttenberg-Stil" (Strg+A, Strg+C, Strg+V) anzugehen, was den Kursvorsitzenden dann doch etwas milder stimmte, fühlte er sich nun immerhin ernst genommen.
Es ist schon erstaunlich, wie schnell Schüler herausfinden, welchen Knopf sie beim Lehrer drücken müssen, um die Stunde "umzubiegen" und ihn weg vom drögen Stoff hin zu kurzweiligen Anekdoten aus seinem bewegten Leben zu lenken. "Sie waren doch auch bei der Bundeswehr. Wie war das denn da so?"; "Was halten Sie vom neuen Mac OS, ist Apple wirklich

Abbildung 5.30: . . . können Sie per Android Smartphone an jedem Ort der Welt zugreifen.

5.5 eBooks

Das letzte Teilkapitel befasst sich mit digitalem Lesestoff, der zugegebenermaßen nicht nur im Bürobereich anzutreffen ist: Das elektronische Buch, kurz *eBook*, ist mittlerweile in aller Munde. In den Vereinigten Staaten hat der eBook-Markt den der gedruckten Bücher längst überflügelt.

Vor dem Konsum elektronischer Lesekost steht der Erwerb eines Geräts, das in der Lage ist, den digitalen Stoff wiederzugeben. Amazon bietet zu diesem Zweck den *Kindle Reader* für die Kleinigkeit von 130 Euro an, und wer es besonders schick haben möchte, investiert gleich in ein iPad, das ab 399 Euro seinen Besitzer wechselt.

Android-Anwender bekommen das Vergnügen zum Spottpreis. Für »umme« (ostdeutsch für »kostenlos«) laden sie sich eine eBook-Reader-App aus dem Google Play Store herunter und installieren diese auf ihrem Smartphone. Bislang haben sich zwei Apps durchgesetzt:

5.5.1 Aldiko Book Reader

Aldiko ist der Klassiker unter den eBook-Readern für Android. Es steht eine Vielzahl von (zumeist englischsprachigen) Büchern zur freien Verfügung. Erwarten Sie hier aber keine brandaktuellen Bestseller.

Google Play: aldiko reader

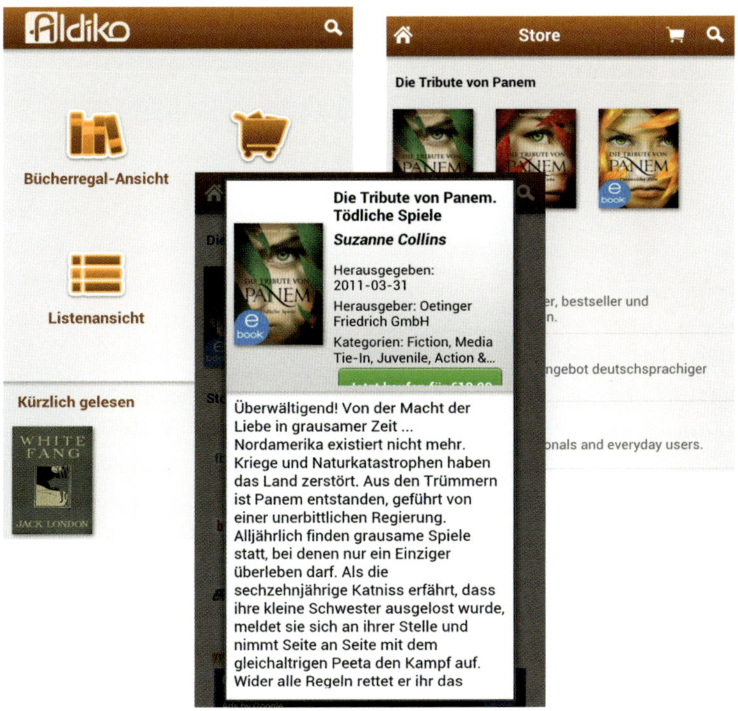

Abbildung 5.31: Aldiko verfügt über einen angebundenen deutschen Buchshop. Die Preise für die dort angebotenen eBooks sind allerdings oft gesalzen.

Google Play: kindle

5.5.2 Amazon Kindle

Amazon vertreibt nicht nur den Hardware-Reader *Kindle*, sondern auch eine gleichnamige App, die einen der größten Bücherstores der Welt mit dem Android Phone verbindet.

Die Nutzung des Readers als Einkaufsquelle digitaler Bücher erfordert ein Konto bei Amazon.

1. Starten Sie den Reader nach Installation der App und loggen Sie sich bei Ihrem Amazon-Konto ein.
2. Begeben Sie sich über die Schaltfläche *Shop* in den Kindle-Shop und stöbern Sie im mittlerweile reichhaltigen Angebot.
3. Gefällt Ihnen ein Titel, so können Sie diesen mit einem Klick kaufen.

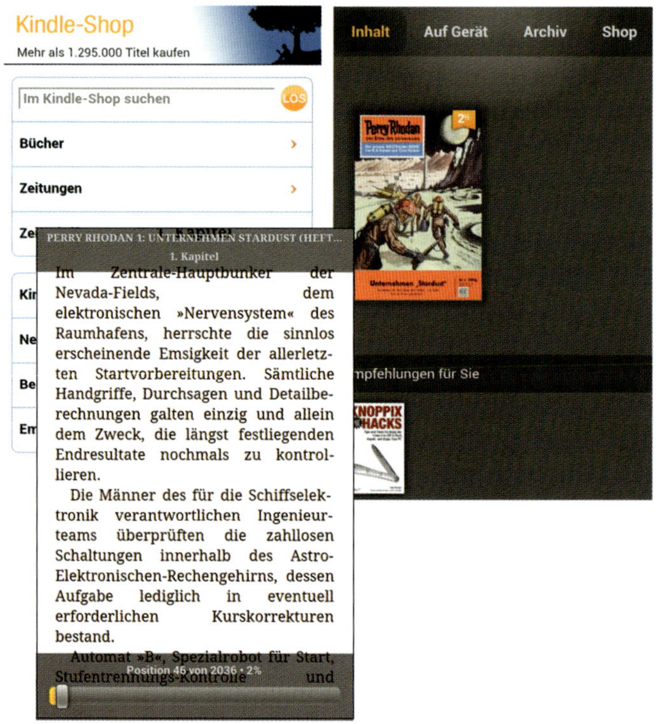

Abbildung 5.32: Erinnerungen an meine Jugend: Perry Rhodan Band 1 gibt es neben vielen anderen Klassikern im Kindle-Shop zu kaufen.

5.5.3 Google Books – Googles eigene Lösung

Zum Zeitpunkt der Drucklegung des Buches öffnete gerade Google Books seine Pforten. Das Angebot war seinerzeit noch recht spärlich. Es besteht aber der Vorteil, dass Sie hier Bücher direkt aus dem Google Play Store erwerben können.

Installieren Sie (falls noch nicht auf Ihrem Android-System vorhanden) die *Play Books*-App und schauen Sie auf Google Play nach, was der Suchmaschinengigant für Leseratten anzubieten hat. Die erworbene Lektüre lesen Sie anschließend mit der Play Books-App.

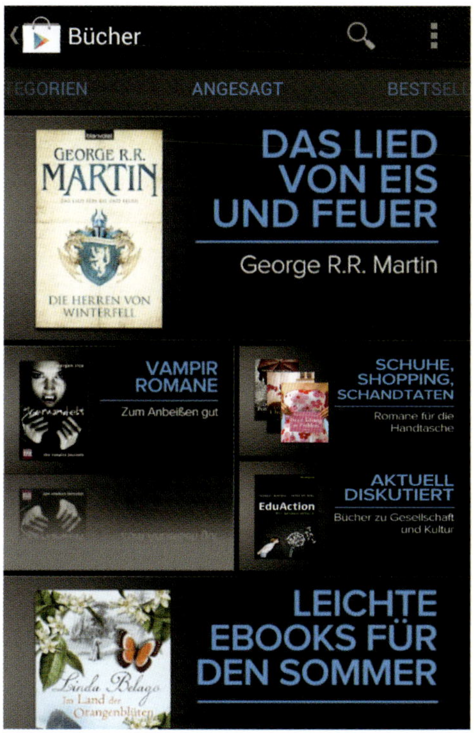

Abbildung 5.33: Der Google Play-Buchladen ist 24 Stunden am Tag geöffnet. Das deutschsprachige Angebot lässt allerdings im Vergleich zu Amazons Kindle-Shop noch sehr zu wünschen übrig.

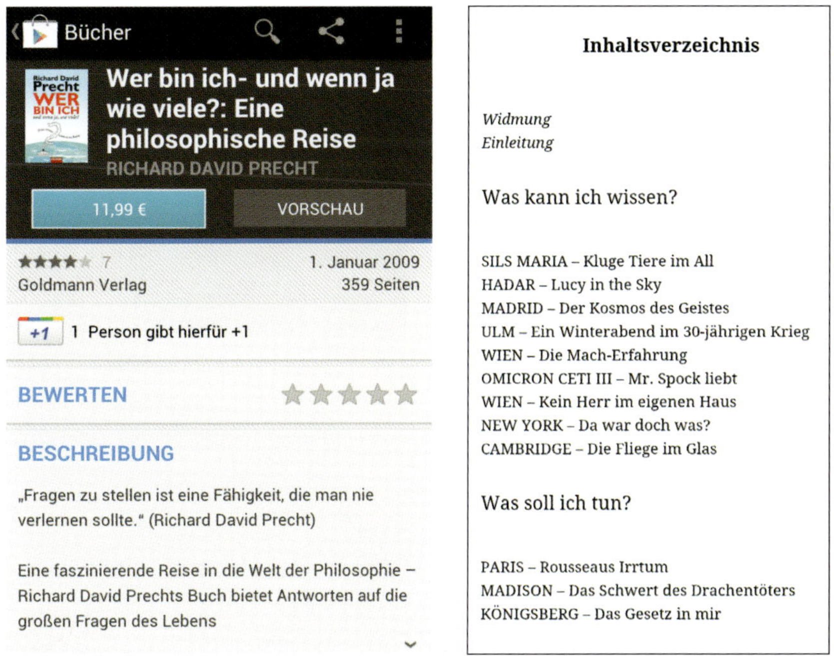

Abbildung 5.34: Von den meisten Büchern können Sie sich eine Leseprobe über die Schaltfläche »Vorschau« auf Ihr Smartphone laden und im Play Books-Reader begutachten.

Google Play: zinio

5.5.4 Zeitschriften und Magazine

Für Hochglanzmagazine sämtlicher Couleur biete sich der Zinio-Reader an.

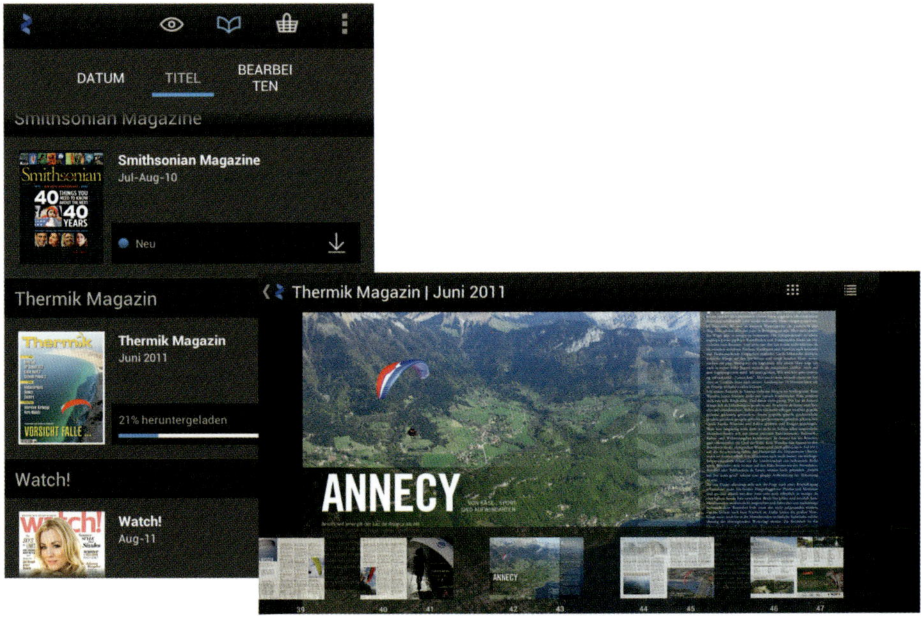

Abbildung 5.35: Auch exotische Magazine wie hier das Thermik Magazin für Gleitschirm- und Drachenflieger können Sie per Zinio erwerben.

Abbildung 5.36: Auf Comixology haben Sie Zugriff auf unzählige englischsprachige Comics. Den Rundgang für Einsteiger (erreichbar über den Punkt »Hilfe« des App-Menüs) übernimmt ebenfalls eine Comicfigur.

5.5.5 Comics

Sehr zum Leidwesen meiner Grundschullehrer brachte ich mir das Lesen durch Comics bei. Nun begleiten mich seit dieser Zeit Batman, Spiderman und die Fantastischen Vier nun auch auf dem Android Smartphone.

Alles, was Sie zum Erwerb von Comics in Android-gerechtem Format benötigen, ist die *Comics*-App von Comixology.

Nach dem Start der (englischsprachigen) App finden Sie etliche, teilweise auch kostenlose Comics zum Download für Ihr Android Smartphone. Zum Download oder Einkauf benötigen Sie ein Konto bei Comixology. Nach der Registrierung sollten Sie sich zunächst im freien Bereich umsehen. Zum Einkauf im Store müssen Sie in jedem Fall eine Bezahlmöglichkeit, in der Regel eine Kreditkartennummer, für die Abrechnung angeben.

Google Play: comixology

5.5.6 Die Alternative: Audible Hörbücher

Google Play: audible

Für diejenigen, deren Brillengläserdicke schon das Maß von Colaflaschenböden erreicht hat, bietet sich eine augenschonende Variante zum konventionellen eBook an: das Hörbuch. Bei den vielfältigen Hörbuchvertreibern, die das Internet bevölkern, sticht insbesondere *Audible* hervor.

Nach dem Start der App werden Sie aufgefordert, ein Konto bei Audible anzulegen. Alternativ können Sie aber auch zunächst einige kostenlose Hörproben genießen (Abbildung 5.37). Nach der Registrierung bei Audible kann es losgehen: Stöbern Sie im riesigen Fundus des größten Vertreibers von Onlinehörbüchern. Sie können auf `www.audible.de` entweder ein Abo oder Einzeltitel zu relativ günstigen Preisen erwerben.

Abbildung 5.37: Audible bietet einige kurze Auszüge von Hörbüchern zum Test an.

Vertraue auf Allah, aber
binde dein Kamel an.

Alte ägyptische Weisheit

Kapitel 6

Sicherheit, Sicherung & Synchronisation

Viren und digitale Demenz – die neuen Krankheiten des Informationszeitalters – verbreiten sich mit rasanter Geschwindigkeit. Einmal nicht richtig aufgepasst, und die Daten Ihres Smartphones werden ins digitale Nirwana befördert. Passwörter, Fotos, Videos, wichtige Dokumente und vor allem der Terminplaner – alles futsch. Wohl dem, der – ähnlich einem Bergsteiger, der mit zwei Seilen unterwegs ist – über eine ausgeklügelte Sicherungskette verfügt …

6.1 Android und die Sicherheit

Je weiter sich ein Betriebssystem verbreitet, desto stärker ist die Gefahr, dass Computerviren, Trojaner und anderes digitales Ungeziefer für das spezielle System in Umlauf gebracht werden. Windows-Anwender können ein Lied davon singen: Circa 60 000 bekannte Schädlinge bedrohen die Gesundheit der Windows-PCs. Android schickt sich in Folge seiner rasanten Verbreitung an, es Windows gleichzutun. Grund genug, einen Blick auf potenzielle Gefahrenherde und mögliche Schutzmaßnahmen zu werfen.

6.1.1 Gefahr durch Viren und Trojaner

Laut den Kaspersky Labs bevölkerten Ende 2011 ca. 500 Schädlinge den Android-Bereich, Tendenz exponentiell steigend. Welchen Schaden können Viren auf Ihrem Android Smartphone anrichten?

- Stark verbreitet sind sogenannte *SMS-Trojaner*. Diese nisten sich auf Ihrem Android Smartphone ein und bauen per SMS Verbindungen zu stark überteuerten SMS-Diensten auf.
- Ebenfalls im Kommen sind *Banking-Trojaner*, die versuchen, Ihre Bankdaten abzugreifen. Hier stehen in erster Linie Smartphone-Benutzer im Fokus, die sich beispielsweise durch das MobilTAN-Verfahren TANs direkt auf ihr Gerät schicken lassen.
- Speziell *präparierte Webseiten* können Ihr Android Smartphone bereits beim Browsen mit Schadsoftware infizieren.

Was ist also zu tun, um sich vor den digitalen Übeltätern zu schützen? Installieren Sie einen Virenscanner!

6.1.2 Virenscanner für Android

Mittlerweile bevölkern diverse Virenscanner-Suites der bekanntesten Hersteller (wie AVG, Kaspersky und andere) den Google Play Store, einige davon bieten sogar kostenlos Basisschutzfunktionen an. Für den Anfang können Sie einmal *Zoner AntiVirus Free* testen. Dieser Virenscanner glänzte in einem großen Vergleichstest

Google Play: zoner antivirus

Anfang 2012 mit einer Erkennungsrate von über 90 %. Das Programm beansprucht zudem im Hintergrundbetrieb nur wenige Systemressourcen.

1. Installieren Sie Zoner AntiVirus.
2. Starten Sie die App. Diese bietet Ihnen beim ersten Start eine Standardkonfiguration sowie den Scan der bereits installierten Apps an. Bestätigen Sie beides.
3. Im Normalfall sollte der Virenscanner nicht fündig werden. Um die Funktionsfähigkeit des Scanners dennoch zu testen, können Sie via Google Play ein harmloses Testvirus installieren.

Kurz nach der Installation meldet der Virenscanner, dass das App-Paket ein Virus enthält – ein Indiz, dass die Erkennung perfekt funktioniert.

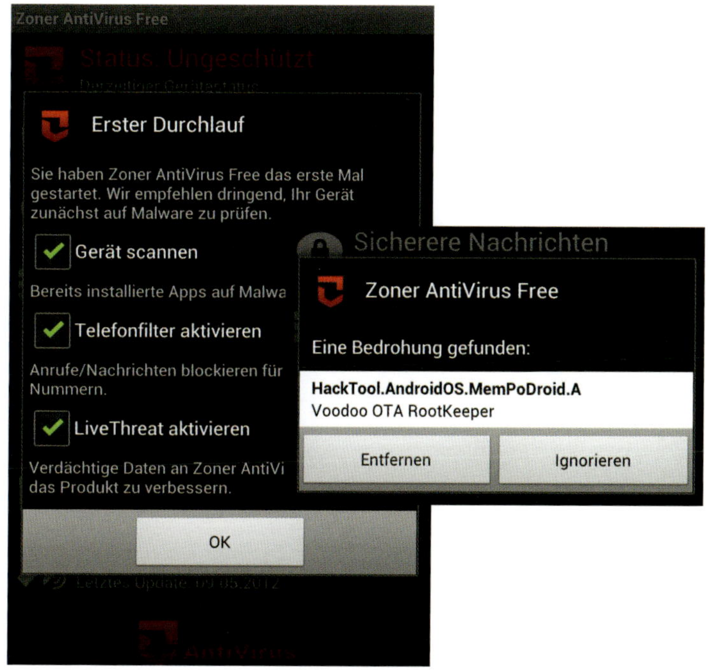

Abbildung 6.1: Der Zoner AntiVirus führt bei der Grundkonfiguration einen ersten Scan durch und entdeckt ein verdächtiges Element. Im vorliegenden Fall handelt es sich um eine Root-App, vgl. Kapitel 10.

Abbildung 6.2: Der Virenscanner hat das Testvirus bereits während der Installation entdeckt und kann es auch selbstständig deinstallieren.

Google Play: zoner antivirus test

Alternativen

- McAfee Mobile Security
- Kaspersky Mobile Security
- Lookout Security & Antivirus
- avast! Mobile Security

Apps mit einem Passwort schützen

Neben der typischen Neugier einiger Apps gilt es, diese zusätzlich vor unbefugtem Zugriff zu schützen. Stellen Sie sich dazu vor, ein Dieb erlangt über Ihr Smartphone direkten Zugriff auf Ihr Facebook-, eBay, Bankingkonto – nicht auszudenken. In diesem Fall lassen sich mithilfe der App **Perfect App Protector (Pro)** ausgewählte Apps gezielt mit einem Passwortschutz versehen.

Google Play: perfect app protector

4. Schließlich sollten Sie den Virenscanner noch konfigurieren. In der Standardeinstellung werden mehrere potenzielle Schwachstellen abgecheckt, die Sie während des laufenden Betriebs stets im Auge behalten sollten (Abbildung 6.3).

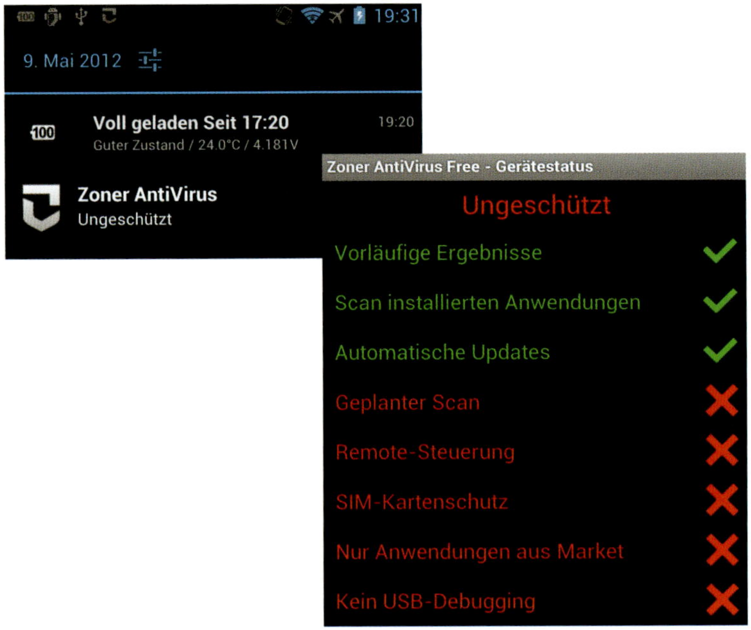

Abbildung 6.3: Zoner prüft Ihr Android Smartphone auf die bekanntesten Schwachstellen. Durch Antippen der einzelnen Punkte gelangen Sie direkt zu den einzelnen Bereichen im Einstellungsmenü und können die Lecks beheben oder ggf. auch ignorieren.

Sollte Ihr Smartphone nun doch einmal unrettbar von einem Virus bzw. Trojaner befallen worden sein, so besteht die einfachste Lösung darin, dieses zunächst wieder auf Werkszustand zurückzusetzen und die bislang installierten Apps und Daten nebst Einstellungen aus einem Backup wiederherzustellen. Wie das im Einzelnen funktioniert, zeigen die nächsten Abschnitte.

6.1.3 Neugierige Apps ausfindig machen

Etliche Apps aus dem Google Play Store genehmigen sich zu viel Rechte: Wozu benötigt ein Spiel beispielsweise die Möglichkeit, eine (kostenpflichtige) SMS zu versenden?

Gehen Sie den Dingen auf den Grund mit der App *Lookout Security & Antivirus*: Diese zeigt Ihnen nachträglich an, welche Rechte Ihre installierten Apps beanspruchen.

Google Play: lookout security

6.2 Kontaktfreudig: Android sucht Anschluss

Bevor wir uns mit der Sicherung Ihres digitalen Alter Egos widmen, gilt es, Möglichkeiten zu finden, wie man Daten, die sich auf dem Smartphone befinden, an anderen Orten sichert. Dazu ist es stets notwendig, eine Verbindung zwischen dem Smartphone und dem Sicherungsmedium herzustellen. Das folgende Teilkapitel zeigt daher zunächst, welche Verbindungsmöglichkeiten zwischen dem Smartphone und einem PC bestehen.

6.2.1 Verbindung per USB herstellen

Der Klassiker: Sie verbinden Ihr Smartphone über das mitgelieferte USB-Kabel mit Ihrem PC (Abbildung 6.4).

Abbildung 6.4: Jedes Android Smartphone kann per USB-Kabel mit einem PC verbunden werden. Links abgebildet ist der Micro-USB-Anschluss, der mit dem Handy verbunden wird, rechts der PC-seitige »normale« USB-Stecker.

Die Hersteller der Android Smartphones verwenden meist eine eigene Software, die den Datenabgleich per USB zwischen PC und Handy sicherstellen soll. Diese Lösung hat einen großen Nachteil: Die Daten werden bei einer Synchronisation in der Regel in einem herstellerspezifischen Format gespeichert. Eine universelle, zwischen beliebigen Systemen austauschbare Sicherung ist so oft nicht gegeben – ganz zu schweigen davon, dass derartige Softwarelösungen meist mit »der heißen Nadel gestrickt« sind. Samsung Smartphone-Nutzer wissen ein Lied davon zu singen: Die Kies-Synchronisationssoftware gebärdet sich insbesondere in 64-Bit-Umgebungen äußerst zickig.

Für den Zugriff auf die Smartphone-Daten per USB verwenden wir daher im Folgenden den *USB-Massenspeicher-Modus*. Dabei verhält sich der Speicher des

Abbildung 6.5: Bei dem hier vorliegenden älteren Samsung Smartphone kann die USB-Verbindung mit dem PC über die herstellereigene Lösung Kies, im Media-Player-Modus oder aber im Massenspeicher-Modus erfolgen. Letzterer empfiehlt sich für den sicheren Austausch von Dateien.

Abbildung 6.7: Die Verbindung des Smartphones per USB muss bei älteren Android-Versionen explizit bestätigt werden.

Smartphones wie ein USB-Memorystick. Ab Android-Version 4 geschieht dies automatisch, wenn Sie Ihr Smartphone mit dem PC verbinden. Bei älteren Android-Versionen kann diesbezüglich noch ein wenig Handarbeit erforderlich sein:

1. Aktivieren Sie (falls notwendig) den Massenspeicher-Modus über die App *Einstellungen* unter dem Menüpunkt *Drahtlos und Netzwerk/USB-Einstellungen*. Hier sollte der Massenspeicher-Modus aktiviert sein (Abbildung 6.5).

Zur Nutzung der herstellereigenen Lösungen für die USB-Verbindung konsultieren Sie am besten die Anleitung Ihres Smartphones. Die im Folgenden beschriebene USB-Verbindung ist in jedem Fall die praktikabelste Lösung.

2. Schließen Sie das Smartphone per USB-Kabel an Ihren PC an. Beim ersten Mal wird ggf. ein Treiber installiert, um das Smartphone als Massenspeicher zu nutzen. Danach wird es beim Anschluss automatisch erkannt (Abbildung 6.6).

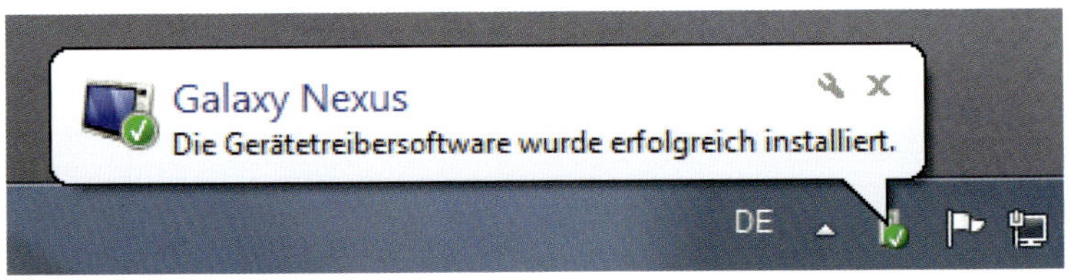

Abbildung 6.6: Das Betriebssystem sorgt für die korrekte Installation der benötigten Treiber.

3. Auf dem Smartphone ist bei älteren Geräten der Verbindungsaufbau zum PC zu bestätigen (Abbildung 6.7).

4. Begeben Sie sich unter Windows in den Bereich *Computer* im Startmenü. Dort tauchen nun je nach Gerätetyp ein oder auch zwei neue USB-Laufwerke im Bereich der Wechselmedien auf. In einigen Fällen erscheint das Gerät auch als *Tragbares Gerät* (Abbildung 6.10).

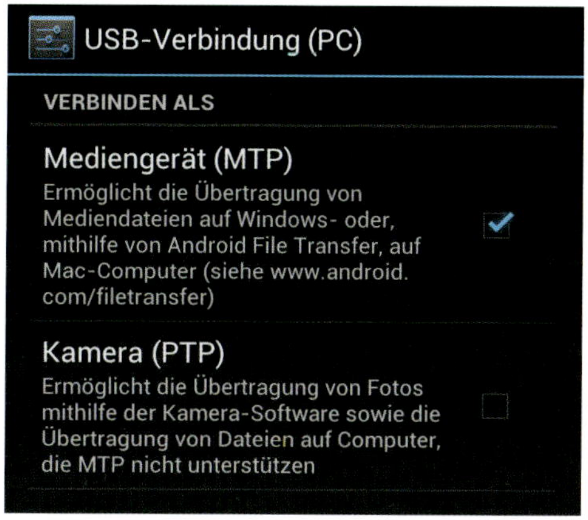

Abbildung 6.8: Ab Android-Version 4 existieren nach dem Verbinden des Geräts per USB nur noch zwei frei wählbare Übertragungsmodi. Direkt nach dem Einstecken des Geräts können Sie durch Herunterziehen der Statusleiste zwischen dem Mediengerät- und dem Kamera-Modus auswählen.

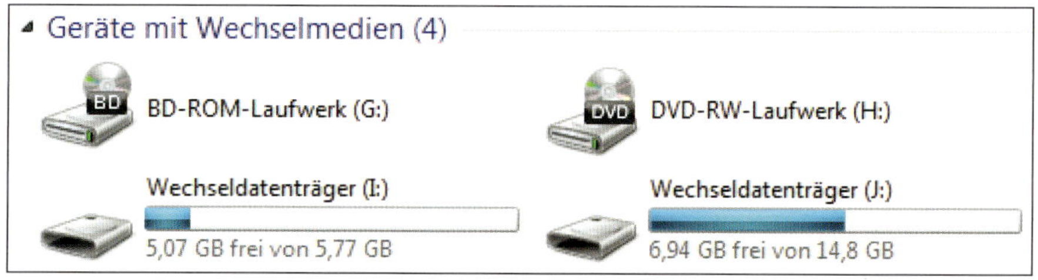

Abbildung 6.9: Das per USB im Massenspeicher-Modus angeschlossene Smartphone stellt im vorliegenden Fall die Wechseldatenträger I: und J: unter Windows zur Verfügung. Bei I: handelt es sich um den internen Flash-Speicher des Telefons, J: ist die externe SD-Speicherkarte des Smartphones. Die Buchstabenbezeichner können auf Ihrem System abweichen.

Abbildung 6.10: Alternativ erscheint Ihr Smartphone im Bereich »Tragbare Geräte«.

5. Sehen Sie sich nun einmal auf dem bzw. den Wechselmedien um und erkunden Sie die Struktur des dort erstellten Dateisystems (Abbildung 6.11). Keine Angst: Sie können dabei nichts kaputt machen. Die Systemdateien sind für den Normalanwender im Massenspeicher-Modus unsichtbar.

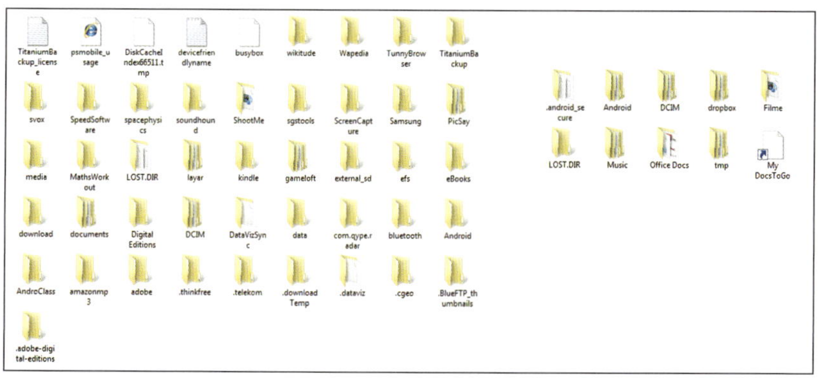

Abbildung 6.11: Dateien des Android-Systems auf dem internen Speicher (links) sowie auf einer externen Speicherkarte rechts. Die Verzeichnisse können in Abhängigkeit vom Hersteller des verwendeten Smartphones unterschiedliche Bezeichnungen haben.

6. Möchten Sie Medien auf dem Smartphone nutzen, so können Sie diese nun einfach per Drag&Drop auf den internen Flash-Speicher oder auf die SD-Speicherkarte verschieben. Letztere bietet sich für allgemeine Daten an, da die Verzeichnisstruktur dort übersichtlicher ist. Sie können auch eigene Ordner erstellen.

Nach dem Kopieren der Dateien ist es wichtig, den USB-Speichermodus korrekt zu beenden. Dies geschieht bei älteren Android-Smartphones durch Antippen der Schaltfläche *Ausschalten* im USB-Menü auf dem Smartphone, neuere Geräte können ohne Bedenken direkt abgezogen werden.

6.2.2 Dateimanager unter Android

Die Dateistruktur, die Sie in Abbildung 6.11 auf dem PC sehen, können Sie auch mit einer Android-Dateimanager-App durchsuchen. Mit deren Hilfe lassen sich Dateien kopieren, verschieben oder löschen. Sie finden einen solchen Dateimanager im Google Play Store. Ich verwende im Folgenden den beliebten ASTRO File Manager (Abbildung 6.12).

Google Play: astro file manager

Abbildung 6.12: Der Astro Dateimanager bietet eine Vielzahl von Optionen zur lokalen Verwaltung des Android-Dateisystems. Sie können beispielsweise Dateien löschen, verschieben oder kopieren und sich die Speicherbelegung anzeigen lassen.

Folgende wichtige Verzeichnisse gibt es im Android-Dateibaum (es handelt sich dabei um typische Linux-Verzeichnisse):

- **/mnt/sdcard**: Das ist das Stammverzeichnis des internen Flash-Speichers.
- **/mnt/sdcard/external_sdcard**: Hier greifen Sie auf die externe SD-Speicherkarte (falls vorhanden) zu.
- Unterordner **DCIM**: Diesen finden Sie sowohl auf dem internen als auch auf dem externen Flash-Speicher. Hier werden Ihre selbst geschossenen Fotos und Videos abgelegt.

Die restlichen Ordner auf dem internen und externen Flash-Speicher werden normalerweise von Apps angelegt, die Daten zwischenspeichern. Das eigentliche Betriebssystem befindet sich auf dem Flash-Speicher des Smartphones in einem geschützten Bereich.

Android und Linux
Das Android Smartphone-System ist eine Anpassung/Weiterentwicklung des freien Betriebssystems Linux.

Alternativen
- **Root Explorer** – ein mächtiger Dateimanager, Rootrechte vorausgesetzt
- **AntTek Explorer**

6.2.3 Zugriff auf das Android Smartphone per Netzwerk

Sie können problemlos per Netzwerk auf Ihr Android Smartphone zugreifen und Daten austauschen, vorausgesetzt, Sie installieren die zusätzliche App *Wireless File Transfer*, eine Weiterentwicklung der App SwiFTP.

Diese Software installiert einen sogenannten FTP-Server auf dem Smartphone.

Der Zugriff auf das Smartphone und dessen Dateninhalt geschieht nach Installation der App folgendermaßen:

1. Starten Sie das Programm *Wireless File Transfer*.
2. Das Programm wird zunächst über die Schaltfläche *Setup* konfiguriert. Definieren Sie hier einen Benutzernamen und ein Passwort für den Zugriff per FTP (*File Transfer Protocol*), Abbildung 6.13.

Google Play: wireless file transfer

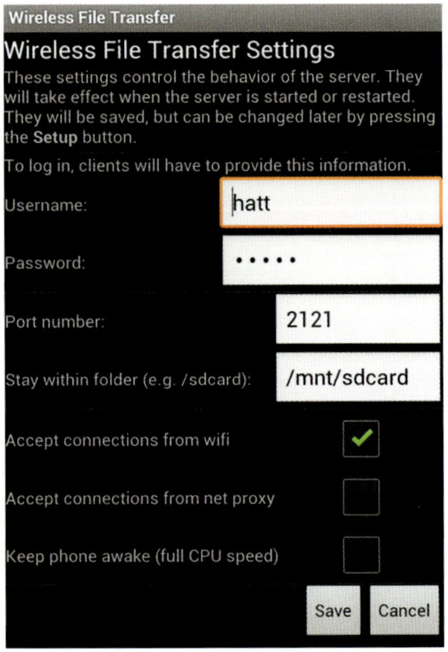

Abbildung 6.13: Zur Konfiguration des FTP-Zugangs erstellen Sie einen Benutzernamen und ein Passwort.

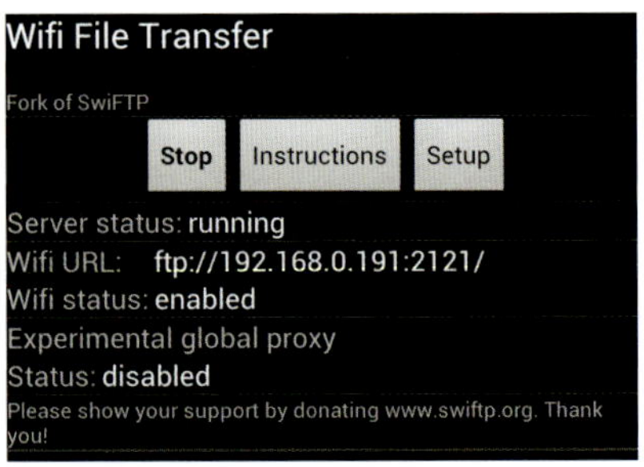

Abbildung 6.14: Die Zugriffsadresse für den FTP-Server finden Sie hinter »Wifi URL«.

Wir gehen im Folgenden davon aus, dass sich Ihr Smartphone und ein Windows-PC im gleichen Netzwerk befinden. Mehr zur Einbindung Ihres Smartphones in ein bestehendes Netzwerk finden Sie in *Kapitel 2*.

3. Starten Sie nun Wireless File Transfer über die Schaltfläche *Start*. Die App meldet, dass der FTP-Server läuft.

Nun können Sie vom PC mit einem sogenannten FTP-Client auf Ihr Smartphone zugreifen. Im einfachsten Fall verwenden Sie den Dateimanager Ihres Systems, unter Windows also den Explorer.

Geben Sie einfach die Adresse an, die im SwiFTP-Fenster hinter *Wifi URL* steht, im Fall der Abbildung 6.14 also `ftp://192.168.0.184/2121/`.

Der Zugriff funktioniert aber auch mit einem beliebigen Internetbrowser, z. B. dem Chrome-Browser (Abbildung 6.15).

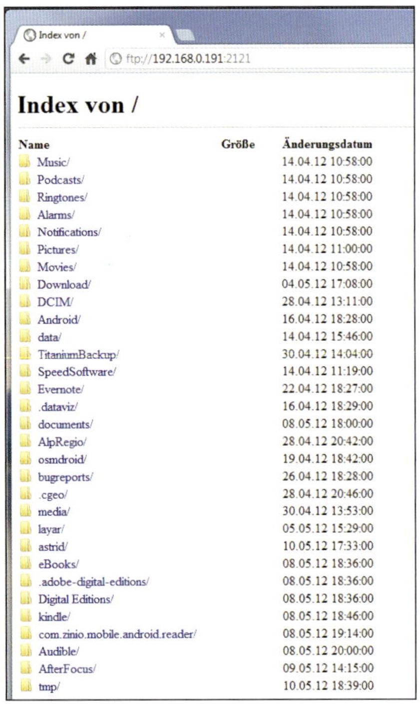

Abbildung 6.15: Zugriff vom Chrome-Browser auf den Wifi-FTP-Server. Die Dateien, z. B. Medien, können per rechtem Mausklick, Option »Ziel speichern unter« im Kontextmenü, auf den lokalen PC geladen werden.

Alternative: der AirDroid Desktop

Äußerst beliebt bei Android-Nutzern ist die **AirDroid**-App. Diese gestattet dem Benutzer den Zugriff auf das Android Smartphone per Browser: Innerhalb des Browserfensters wird ein virtueller Desktop über einen Server aufgebaut, über welchen Daten und Apps getauscht werden können.

Abbildung 6.16: Über den AirDroid Desktop lassen sich bequem Daten zwischen dem stationären PC und Ihrem Androiden per WLAN-Verbindung austauschen.

Filezilla – ein schneller FTP-Client

Wenn Sie häufiger vorhaben, Dateien per FTP mit Ihrem Smartphone auszutauschen, dann sollten Sie sich unbedingt das Windows-Programm **Filezilla** (**http://www.filezilla.de/**) einmal näher anschauen. Damit können Sie eine sehr schnelle, unkomplizierte FTP-Verbindung zu Ihrem Smartphone aufbauen. Das Kopieren von Dateien funktioniert per Drag&Drop in beiden Richtungen.

6.2.4 Dateien per Bluetooth übertragen

Auch das ist eine Alternative – der Datenaustausch über Bluetooth, den Kurzstreckenfunk zwischen elektronischen Geräten. Diese Variante verwende ich allerdings nicht, um Daten vom Smartphone auf den PC zu befördern (das geht natürlich auch), sondern vielmehr, um Dateien zwischen zwei Smartphones auszutauschen.

Betrachten wir das folgende Problem: Anwender A möchte Anwender B eine Datei via Bluetooth schicken. Das funktioniert folgendermaßen:

1. Prüfen Sie zunächst, ob Ihr Bluetooth-Modul aktiviert ist. Dazu begeben Sie sich in die App *Einstellungen* und aktivieren dort (falls noch nicht geschehen) den Bluetooth-Funk über die entsprechende Schaltfläche (Abbildung 6.17).
2. Ihr Kommunikationspartner muss nun ebenfalls Bluetooth auf seinem Gerät aktivieren. Wichtig ist, dass beide Geräte für den jeweils anderen sichtbar sind. Das geschieht durch Antippen der Schaltfläche *Bluetooth* im folgenden Menü.
3. Es erscheinen im folgenden Dialog die in der Nähe befindlichen Geräte. Wählen Sie das Gerät Ihres Partners zum Paaren aus.

Sie haben nun die Möglichkeit, zwischen Ihrem Smartphone und einem Bluetooth-fähigen Gerät eine Partnerschaft einzurichten. Das ist dann sinnvoll, wenn Sie das Gerät selbst besitzen (z. B. ein Bluetooth-Headset oder den heimischen PC).

4. Zum Einrichten einer Verbindung tippen Sie auf das gewünschte Gerät.
5. Ihr Gegenüber bestätigt Ihre Anfrage, und schon sind die beiden Geräte verbunden.

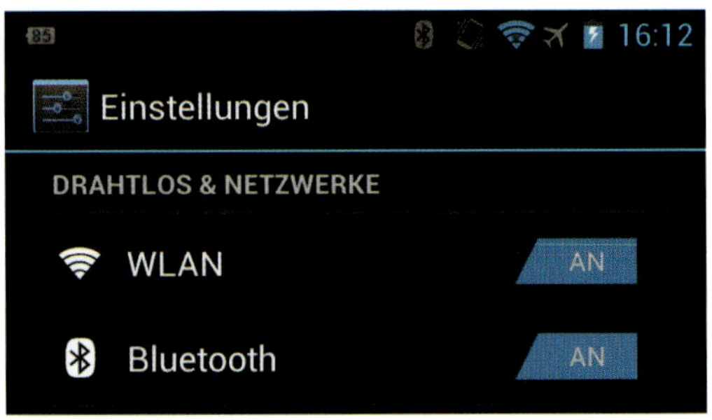

Abbildung 6.17: Nach der Aktivierung des Bluetooth-Chips erscheint das Bluetooth-Symbol in der Statusleiste. Im unteren Fensterbereich tauchen nach einer Weile die Bluetooth-fähigen Geräte auf, die sich in der Umgebung befinden. Bereits bekannte Geräte (hier ein PC) werden namentlich aufgeführt.

Abbildung 6.18: Sorgen Sie dafür, dass Ihr Gerät sichtbar ist, und tippen Sie den Eintrag des Partnergeräts an, um beide Smartphones zu verbinden.

Das Versenden von Dateien per Bluetooth ist kinderleicht.

6. Möchten Sie selbst eine Datei versenden, so wählen Sie diese zunächst mithilfe eines Android-Dateimanagers (vgl. Abschnitt 6.2.2) aus: Navigieren Sie zur Datei, halten Sie den Finger über der Datei gedrückt und wählen Sie den Punkt *Gemeinsam nutzen* bzw. *Senden*.
7. Wählen Sie im Kontextmenü die Option *Bluetooth*.
8. Im nächsten Dialog ist das Gerät auszuwählen, an welches die Datei gesendet werden soll.
9. Die Gegenstelle muss schließlich noch die Verbindungsanfrage bestätigen, und ihre Datei geht auf die Reise.

Zum Empfang einer Datei per Bluetooth gehen Sie in umgekehrter Reihenfolge vor.

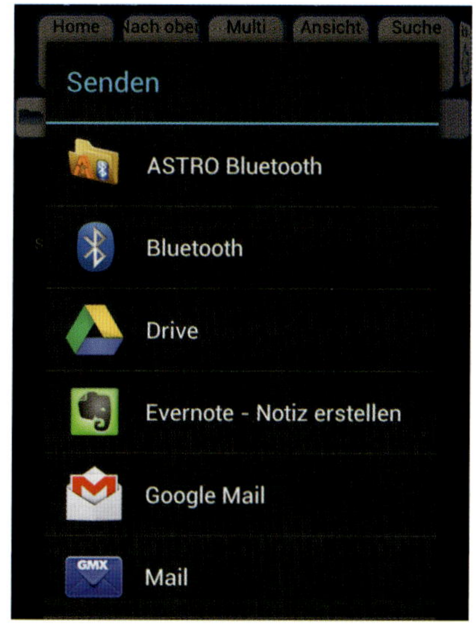

Abbildung 6.19: Zum Versenden einer Datei aus einem Dateimanager (hier: per Astro Dateimanager) wählen Sie die Option »Bluetooth« aus. Der Astro Dateimanager bietet ein eigenes Bluetooth-Modul an, welches Sie aus Google Play herunterladen können.

Eine Tastatur per Bluetooth verbinden
Auf die gleiche Art und Weise können Sie auch externe Bluetooth-Tastaturen mit Ihrem Smartphone nutzen. Derartige Tastaturen gibt es mittlerweile zusammenklappbar in Zigarettenschachtelgröße, sodass Sie Ihr eigenes Computerstudio im Jackett mit sich führen können.

6.3 Synchronisierung

Wer wichtige Kontakte und Termine auf dem Smartphone speichert, ist bei einem Verlust des Geräts rasch in Schwierigkeiten: Wann war noch mal das wichtige Meeting mit dem Geschäftspartner? Wie lautete die Telefonnummer der netten Partybekanntschaft? Alles kein Problem, wenn Sie über einen Datenairbag verfügen und Ihre Termine und Kontakte Google anvertraut haben.

Der Datenkrake Google und die persönlichen Daten
An dieser Stelle ist ein Wort zur Panikmache angebracht, die vielerorts verbreitet wird: Meine höchstpersönlichen Daten in den Händen des Datengiganten, was werden die wohl damit anstellen? Fakt ist, dass es bislang keinen dokumentierten Zwischenfall gab, der belegt, dass das Unternehmen Google mit den ihm anvertrauten Daten schlampig umgegangen wäre. Merkwürdigerweise machen sich dieselben Menschen, die in Google die Wurzel allen Übels sehen, weniger Sorgen darüber, dass Bankangestellte Einblick in ihr Konto haben und Arzthelferinnen ihre Krankenakte einsehen können.

6.3.1 Abgleich mit dem Google-Konto

Bei der Inbetriebnahme Ihres Android Smartphones wurden Sie dazu aufgefordert, eins zu erstellen, nun ist es wichtiger denn je: Ihr Google-Konto.

Im Normalfall werden alle Termine und Kontakte, die Sie auf Ihrem Handy gespeichert haben, direkt mit Ihrem Google-Konto synchronisiert, vorausgesetzt, Sie haben die Synchronisierung aktiviert. Das überprüfen Sie folgendermaßen:

1. Begeben Sie sich in die App *Einstellungen* und wählen Sie den Menüpunkt *Konten & Synchronisierung*.
2. Stellen Sie sicher, dass dort die Synchronisierung Ihres Google-Kontos aktiviert wurde (Abbildung 6.20).
3. Ein Antippen des Google-Kontoeintrags zeigt, welche Bereiche Ihres Google-Kontos in die Synchronisierung mit einbezogen werden (Abbildung 6.21).
4. Testen Sie nun die Synchronisation in beiden Richtungen: Tragen Sie auf Ihrem Android Smartphone einen Termin ein und schauen Sie per PC-Browser nach, ob dieser mit dem Google Kalender synchronisiert wird. Wiederholen Sie das Ganze in umgekehrter Richtung. Führen Sie dasselbe auch mit der Kontaktanwendung durch.

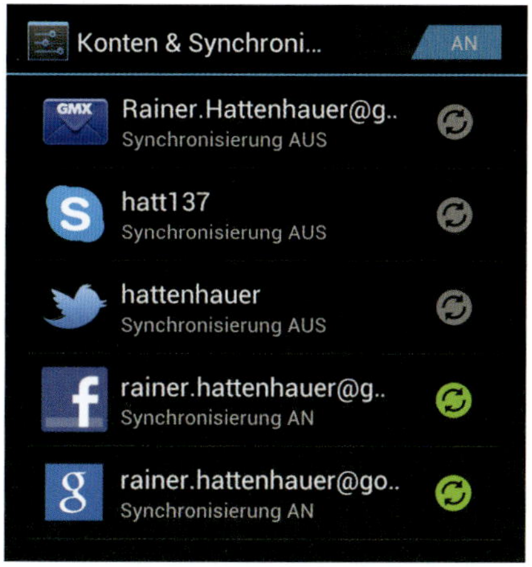

Abbildung 6.20: Stellen Sie sicher, dass die automatische Synchronisierung aktiviert ist. Die Einträge für Skype, Twitter, GMX und Facebook wurden von den entsprechenden Drittanbieter-Apps erzeugt. Damit werden unter anderem die Adressbücher der Drittanbieter mit der Android-Kontaktverwaltung abgeglichen. Im vorliegenden Fall wurde die Synchronisierung nur für das Google- und Facebook-Konto aktiviert.

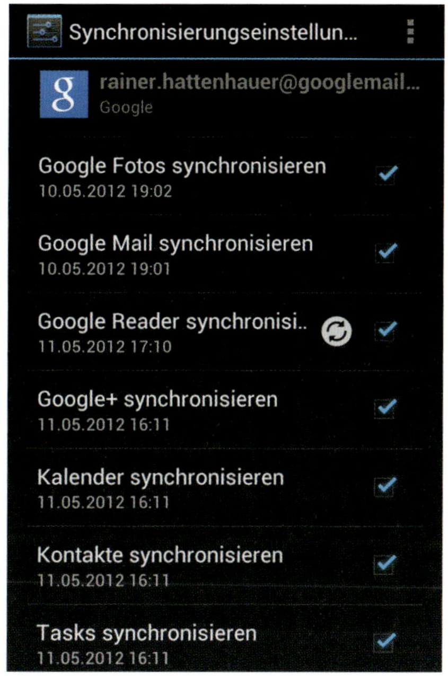

Abbildung 6.21: Definieren Sie im Kontextmenü des Google-Kontos die zu synchronisierenden Bereiche. Das Symbol bei Google Reader zeigt, dass dieser Bereich gerade aktualisiert wird.

Mehr zu Google Kalender und Google Kontakte finden Sie in *Kapitel 5*. Erst wenn Sie sich von der Funktionsfähigkeit der Synchronisation in beiden Richtungen überzeugt haben, sollten Sie Ihrem Smartphone bzw. dem Google Kalender wichtige Termine anvertrauen.

> **Tipp**
> Wenn Sie eine wirklich verlässliche Synchronisation zwischen Outlook und Ihrem Android Smartphone benötigen, so sollten Sie auf kostenpflichtige Synchronisationssoftware zurückgreifen. Ein Beispiel ist **gSyncit** (**http://www.fieldstonsoftware.com/software/gsyncit3/index.shtml**). Wer die Möglichkeit besitzt, den Abgleich über einen Exchange Server durchzuführen, sollte sich **RoadSync** (**http://www.dataviz.com/RS_android.html**) einmal näher anschauen.

6.3.2 Abgleich mit Outlook

Viele Anwender setzen beim persönlichen Informationsmanagement auf die Microsoft-Lösung *Outlook*. Auch hier gibt es eine kostenlose Software, welche die Synchronisation zum Google Kalender sicherstellt.

Installieren Sie einfach *Google Calendar Sync* auf Ihrem PC. Die Software steht auf wechselnden Servern zum Download bereit, führen Sie am besten eine Google-Suche nach »google calendar sync« durch. Das Programm läuft nach der Installation im Hintergrund und gleicht Outlook mit Ihrem Google Kalender ab, der ja bekanntermaßen selbst mit Ihrem Android Smartphone abgeglichen wird. Eine Synchronisation auf Umwegen, sozusagen ...

Nach dem ersten Start müssen Sie lediglich Ihr Google-Account-Login in einen Dialog eintragen, und schon synchronisiert Outlook mit Ihrem Google Kalender. Der Schönheitsfehler: Die Software Google Calendar Sync wird von Google mehr recht als schlecht gepflegt (wohl auch aufgrund des Umstands, dass Microsoft ein direkter Konkurrent ist) und zickt insbesondere bei aktuellen Outlook-Versionen (z. B. Outlook 2010) ein wenig herum. Manche Termine werden spät, einige überhaupt nicht synchronisiert.

6.3.3 Export/Import von Kalender und Kontakten

Der Umzug von einem anderen Terminplansystem auf Googles Android-Plattform kann auch über den Import von Kalender- und Kontaktdaten bewerkstelligt werden. Betrachten wir das folgende Szenario: Sie haben bisher Microsoft Outlook verwendet und möchten nun komplett auf das Google-Kalender- und Kontaktsystem umsteigen. Dazu gehen Sie wie nachfolgend beschrieben vor. Die Beschreibung bezieht sich auf Outlook 2010. Benutzer anderer Versionen schauen bzgl. des Kalenderexports in der Hilfe des Programms nach.

Export/Import des Kalenders

1. Starten Sie Outlook und wählen Sie den Menüpunkt *Datei/Kalender speichern*.

Begeben Sie sich in den Bereich *Weitere Optionen*. Markieren Sie hier die Optionen *Vollständiger Kalender* sowie *Alle Details* (Abbildung 6.22).

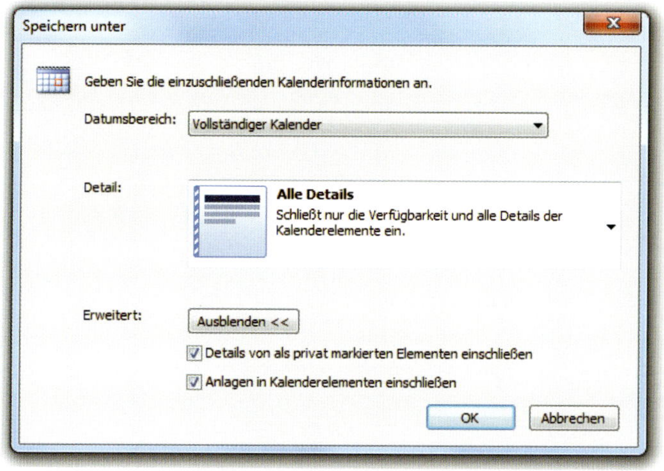

Abbildung 6.22: Wichtig für den Export des Outlook-Kalenders ist, dass alle Details mit eingeschlossen werden.

2. Speichern Sie den Kalender an einem beliebigen Ort auf dem PC ab.

Standardmäßig wird der Kalender im *iCalendar*-Format (kurz: *iCal*) abgespeichert.

3. Loggen Sie sich bei Google ein und öffnen Sie Ihren Google Kalender im Browser. Es empfiehlt sich, einen neuen Kalender für die zu importierenden Outlook-Termine anzulegen.
4. Wählen Sie im Kalenderbereich *Hinzufügen* im Menü *Meine Kalender*. Definieren Sie einen neuen Kalender (z. B. *Outlook*).
5. Begeben Sie sich nun im Kalenderbereich zum Punkt *Einstellungen* und wählen Sie den Link *Kalender importieren* aus. Wählen Sie die soeben exportierte Datei aus und stellen Sie sicher, dass der Export in den neu erstellten Kalender erfolgt (Abbildung 6.23).

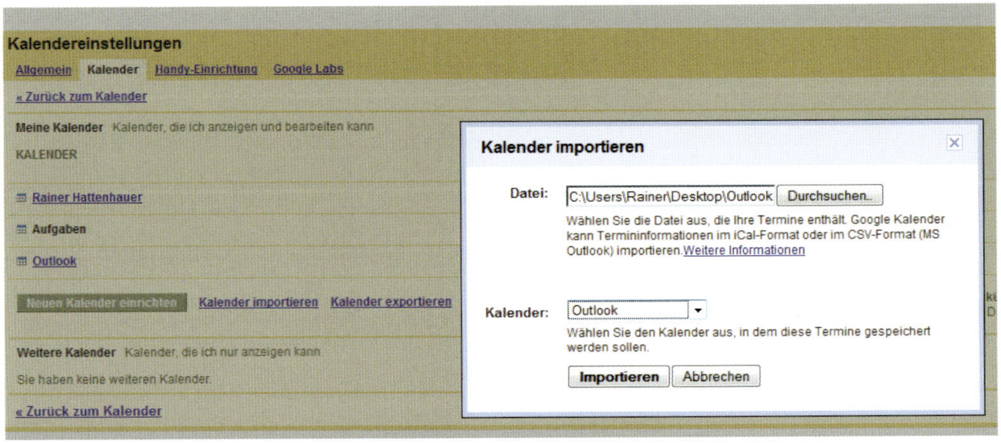

Abbildung 6.23: Import eines Outlook-Kalenders in Google

Die Termine des soeben importierten Kalenders tauchen nun andersfarbig markiert in Ihrem Google Kalender auf (Abbildung 6.24).

Direktimport in den Google Kalender
Risikofreudige Zeitgenossen können die Outlook-Termine auch direkt in den Google-Hauptkalender importieren. Dieser ist in Abbildung 6.24 entsprechend auszuwählen.

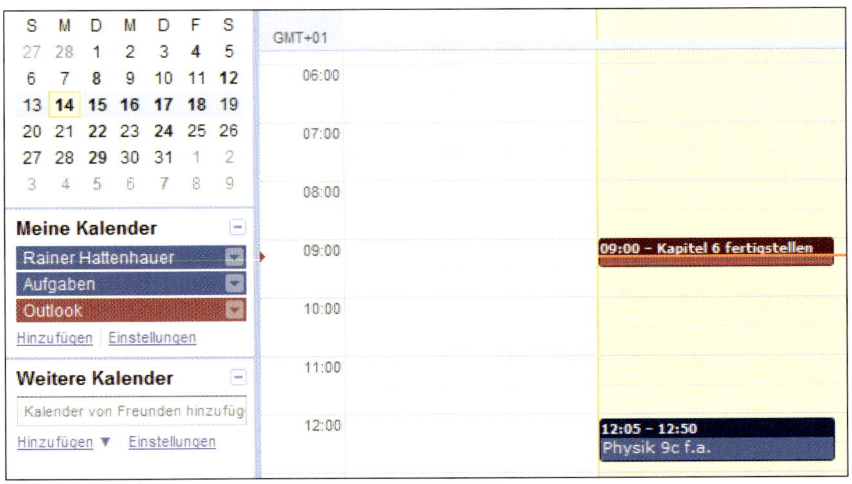

Abbildung 6.24: Der Google Kalender enthält nun die manuell importierten Termine.

Export/Import von Kontakten

Zum Importieren von Kontakten aus Outlook oder anderer PIM-Software exportieren Sie diese zunächst folgendermaßen:

1. Begeben Sie sich in Outlook in den Bereich *Kontakte*. Wählen Sie hier den Menüpunkt *Exportieren/Importieren*.
2. Darauf wird der Import-/Exportassistent für Kontakte gestartet.
3. Wählen Sie *In Datei exportieren* und als Typ *Kommagetrennte Werte (Windows)*, kurz: *CSV (comma-separated values)*.
4. Im nächsten Schritt ist die Exportquelle zu definieren, in diesem Fall die Kontaktanwendung.
5. Nach Festlegung eines Exportnamens und -ortes wird die Datei schließlich erstellt.

Zum Import in die Google-Kontaktanwendung gehen Sie folgendermaßen vor:

6. Öffnen Sie Google Mail in Ihrem Browser (Google-Link *Mail*).
7. Begeben Sie sich in den Bereich *Kontakte* und wählen Sie den Punkt *Kontakte importieren* auf der linken Menüseite.
8. Wählen Sie für den Import die soeben erstellte CSV-Datei aus und bestätigen Sie den Import.

Abbildung 6.25: Der Import von Kontakten aus anderen Datenbanken funktioniert am besten, wenn diese als CSV-Daten vorliegen.

6.4 Sicherung

Der Abgleich der Termine und Kontakte ist die eine Sache. Was geschieht aber mit all den Apps, Einstellungen und Mediendateien, die Sie mühsam auf Ihr Smartphone befördert haben, wenn dieses z. B. einmal auf Werkseinstellungen zurückgesetzt werden muss oder Sie diese auf ein anderes, neues Android Smartphone übertragen möchten? Ein guter Grund, sich einige Gedanken bezüglich einer Backupstrategie zu machen …

6.4.1 Was muss gesichert werden?

Mein persönliches Sicherungsranking sieht folgendermaßen aus:

- **Persönliche Dateien**: Darunter fallen Textdokumente, Notizen und Mediendateien, die Sie in mühsamer Kleinarbeit selbst erstellt oder kopiert haben.
- **Nachrichtenspeicher**: Dazu gehören die gesendeten und empfangenen Mails und Kurznachrichten.
- **Installierte Apps**: Wenn Sie für teures Geld wertvolle Apps aus dem Google Play Store erstanden haben, wäre es schade, diese beim nächsten Hardware-Reset ins Datennirwana zu befördern.
- **Wichtige Konfigurationseinstellungen**: Diese umfassen WLAN-/Netzwerkzugänge sowie die personalisierten Einstellungen einzelner Apps oder auch des Homescreens.

Sie werden im Folgenden sehen, dass sich das Android-System um viele der oben genannten Dinge selbst kümmert und man nur an wenigen Stellen selbst Hand anlegen muss.

6.4.2 Wie wird gesichert?

Nach der im letzten Abschnitt genannten Sicherungsreihenfolge wird folgendermaßen verfahren:

- **Persönliche Dateien**: Die persönlichen Dateien befinden sich auf dem Flash-Speicher, der im USB-Modus mit dem PC verbunden werden kann, vgl.

Abschnitt 6.2.1. Der Flash-Speicher wird durch einen System-Reset in der Regel nicht angetastet, Ausnahmen bestätigen diese Regel. Also: Sicher ist sicher. Stellen Sie eine Verbindung zum Smartphone per USB her (vgl. Abschnitt 6.2.1) und kopieren Sie per Drag&Drop sämtliche Dateien vom Flash-Speicher auf Ihren PC.

- **Nachrichtenspeicher**: Im Allgemeinen werden die Nachrichten mit herstellereigenen Tools auf dem PC gesichert. Im Falle von Samsung Smartphones übernimmt das *Kies*, bei HTC-Androiden erledigt das *HTC Sync*. Dennoch gibt es auch die Möglichkeit, ganz auf Hersteller-Tools zu verzichten: E-Mails des Google-Accounts werden in der Google Mail-Anwendung online unter *Konversationen* gespeichert. Ihre Kurznachrichten können Sie mit der App *SMS Backup+* direkt auf Ihrem Google Mail-Konto speichern und wieder zurücksichern.

1. Starten Sie das Programm nach der Installation und markieren Sie den Punkt *Verbinden*, um sich zunächst auf Ihrem Google Mail-Konto einzuloggen bzw. der App die explizite Nutzung Ihres Google Mail-Accounts zu gestatten.

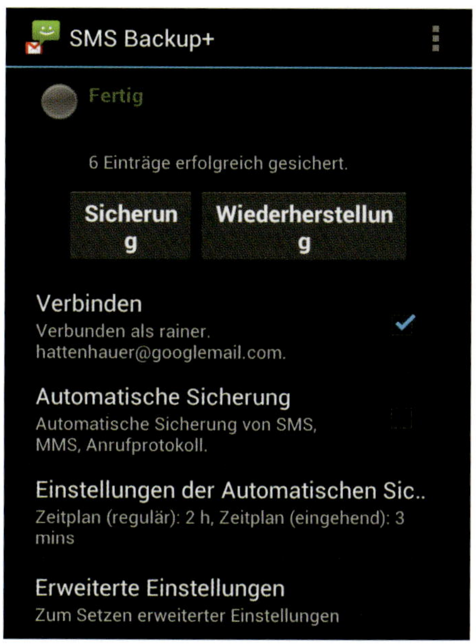

Abbildung 6.26: SMS Backup+ sichert Ihre SMS und MMS auf Ihrem Google Mail-Account.

Tipp
Zur Synchronisierung der persönlichen Dateien, die sich auf dem Flash-Speicher befinden, eignet sich unter Windows das Microsoft-Tool **SyncToy** (**http://www.microsoft.com/**, Suche nach **synctoy**), vgl. auch **Kapitel 8**.

Google Play: sms backup+

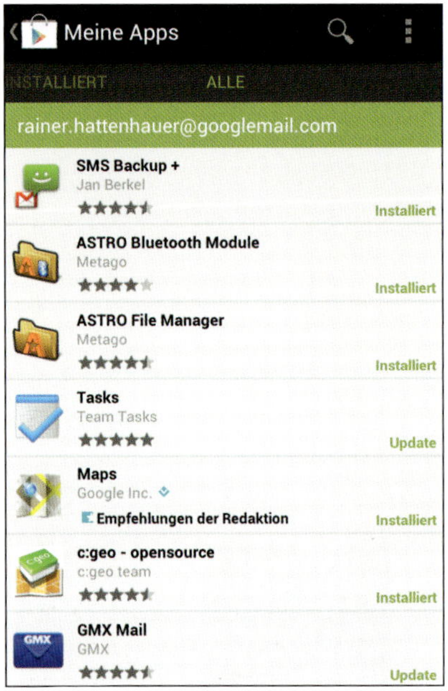

Abbildung 6.27: Die Apps, die Sie aus Google Play heruntergeladen und/oder gekauft haben, stehen Ihnen nach Anmeldung mit Ihren Google-Kontodaten in Google Play auch nach einem System-Reset zur Verfügung. Im Bereich »Alle« finden Sie sämtliche bislang installierten Apps.

2. Erstellen Sie im nächsten Schritt eine Sicherung aller Nachrichten, die sich auf dem Gerät befinden.
3. Nach der Sicherung können Sie per Browser auf Google Mail prüfen, ob dort ein neuer Bereich *SMS* angelegt wurde. Hier finden Sie Ihre gesicherten Kurznachrichten. Diese können selbstverständlich von der App auch wieder zurückgesichert werden.
4. Die Rücksicherung erfolgt in der App über den Punkt *Wiederherstellung*.

- **Installierte Apps**: Auch hier müssen Sie sich eigentlich keine Gedanken machen: Jede bei Google eingekaufte, aber auch kostenlos geladene App ist nach dem Erwerb bzw. Download fest mit Ihrem Google-Konto verbunden. Wenn Sie das System aus irgendeinem Grund neu aufsetzen müssen, dann finden Sie Ihre Apps stets in der Google Play App im Bereich *Meine Apps* – vorausgesetzt, Sie haben das Smartphone mit Ihrem Google-Konto verknüpft, und die Apps wurden per Google Play installiert. Sollten Sie die Apps aus externen Quellen (z. B. per *apk*-Datei oder aus AndroidPIT) installiert haben, so greift Googles Sicherungsmechanismus nicht.

Der Nachteil der oben beschriebenen Vorgehensweise: Sie müssen die Anwendungen noch einmal erneut aus dem Netz herunterladen und installieren. Zumindest den ersten Schritt sparen Sie sich, wenn Sie eine Drittanbieter-App verwenden, mehr dazu im übernächsten Abschnitt.

- **Wichtige Konfigurationseinstellungen**: Sicherheitshalber greifen Sie hier zu Stift und Notizblock. Aber auch in diesem Bereich gibt es einige kommerzielle Lösungen, die Ihnen viel Handarbeit sparen. Und Googles eingebautes Backup kann Ihnen ebenfalls ein Stück Arbeit abnehmen.

6.4.3 Googles eingebautes Backup

Mittlerweile bietet Google selbst eine Rundum-glücklich-Sicherung Ihres Android Smartphones an. Bereits während der erstmaligen Anmeldung Ihres neuen Smartphones mit Ihren Google-Kontodaten werden Sie gefragt, ob Sie das Smartphone über Ihr Google-Konto sichern möchten (vgl. *Kapitel 1*). Sollten Sie dies noch nicht getan haben, so können Sie es an dieser Stelle nachholen:

1. Begeben Sie sich in die *Einstellungen* zum Bereich *Nutzer/Sichern & zurücksetzen*.
2. Stellen Sie sicher, dass hier der Punkt *Meine Daten sichern* aktiviert wurde und die Sicherung mit Ihrem Google-Konto verknüpft ist (Abbildung 6.28).
3. Zusätzlich sollte ein Haken bei *Autom. Wiederherstellung* gesetzt sein. Dadurch stellen Sie sicher, dass eine App nach einer Neuinstallation mit den bislang verknüpften Daten wiederhergestellt wird. Das ist z. B. recht nützlich, wenn für die App bei der Erstinstallation mühsam eingerichtet werden musste.
4. Nach einem Werks-Reset (*Auf Werkszustand zurück*) wählen Sie nun einfach den Punkt *Von meinem Google-Konto auf diesem Telefon wiederherstellen* aus (Abbildung 6.29), und schon landen alle bislang installierten und konfigurierten Apps wieder an Ort und Stelle.

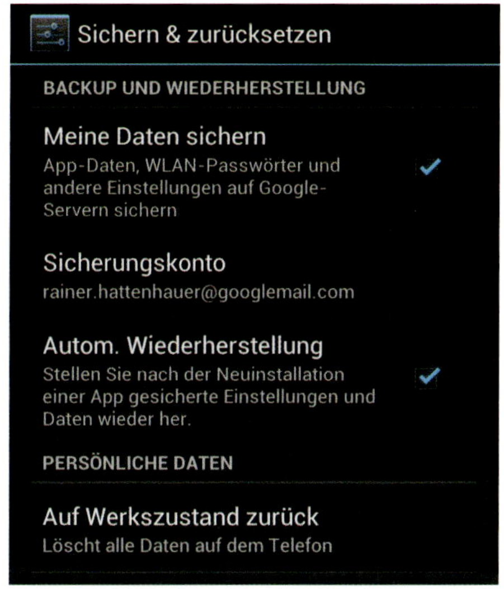

Abbildung 6.28: Googles eingebaute Sicherung sorgt dafür, dass Ihr Smartphone nach einem Werks-Reset nicht von Grund auf neu eingerichtet werden muss. Letzteren können Sie an dieser Stelle ebenfalls vornehmen.

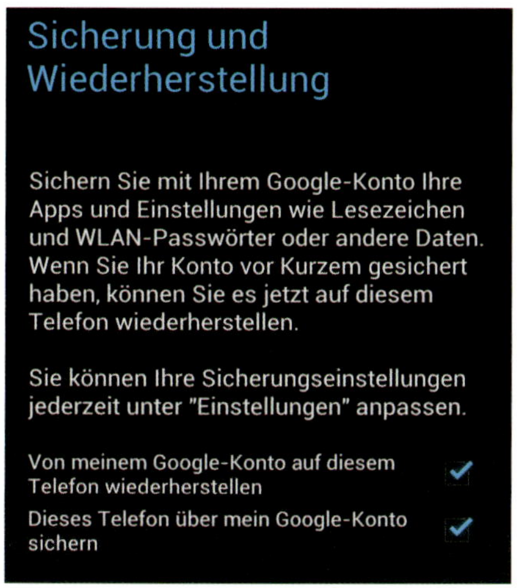

Abbildung 6.29: Nach dem Reset lässt sich das Smartphone über den Installationsassistenten schnell wiederherstellen, vorausgesetzt, Sie wählen hier den Punkt »Von meinem Google-Konto auf diesem Telefon wiederherstellen«.

Persönliche Daten: unbedingt manuell sichern!
Durch den Werks-Reset wird die SD-Karte (der integrierte Speicher) Ihres Smartphones bei aktuellen Android-Versionen neu formatiert. Stellen Sie daher sicher, dass sämtliche persönlichen Daten (Fotos, Dokumente ...), die sich hier befinden, gesichert werden, vgl. dazu auch Abschnitt 6.4.2.

6.4.4 Kommerzielle Backup-Lösungen

Diverse Anbieter werfen Rundum-sorglos-Backup-Pakete auf den Markt, die eine mehr oder weniger komplette Sicherung des Systems versprechen. Die zwei beliebtesten Lösungen werden nachfolgend vorgestellt. Beide Apps sichern ein Abbild des Smartphones auf der lokalen SD-Karte und funktionieren somit Internet-unabhängig.

Google Play: mybackup (pro)

MyBackup

Dieses Backup-Programm können Sie im Rahmen einer 30-tägigen Probezeit auf Herz und Nieren testen. Es ermöglicht nicht nur die Sicherung Ihrer Apps, sondern auch das Abspeichern wichtiger Systemeinstellungen auf einer SD-Karte. Ein wichtiger Hinweis: Erwerben Sie lieber gleich die Pro-Version. Diese stellt sicher, dass ein angefertigtes Backup auch wieder zurückgespielt werden kann.

Google Play: titanium backup

Titanium Backup

Titanium Backup ist die wohl beliebteste Backup-Lösung der Android-Gemeinde, wenngleich mit einem kleinen Schönheitsfehler: Sie benötigen Rootrechte, um das Programm nutzen zu können. Wenn Sie das Rooten Ihres Geräts nicht scheuen, dann haben Sie mit Titanium Backup wirklich ein Rundum-sorglos-Sicherungspaket auf Ihrem Smartphone. Mehr zu Titanium Backup und Rootrechten erfahren Sie in *Kapitel 10*.

Vorsicht nach Systemupdate

Ein Wort der Warnung ist an dieser Stelle angebracht: Sollten Sie ein Systemupdate vorgenommen oder gar ein alternatives ROM aufgespielt haben, so ist es nicht ratsam, die Systemdaten einer Titanium Backup-Sicherung wieder zurückzusichern, da sich die Struktur des Dateisystems geändert haben kann. Belassen Sie es in solch einem Fall beim Zurückspielen der Apps.

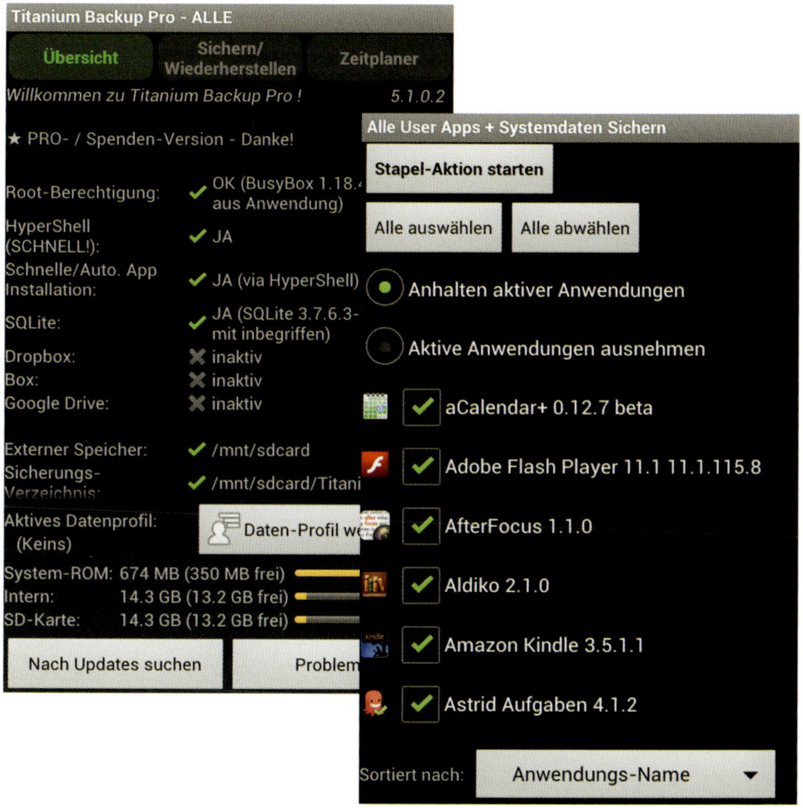

Abbildung 6.30: Titanium Backup sichert auch versteckte Systemdateien mit einem einzigen Knopfdruck. Dazu werden allerdings Rootrechte benötigt.

6.4.5 Onlinespeicher nutzen

Im Zusammenhang mit der Aufbewahrung und Speicherung von digitalem Datenmaterial taucht stets die Frage auf, welche Datenträger denn am ehesten dem Zahn der Zeit widerstehen können. Neben den zerfallsbedrohten Klassikern wie CD/DVD und Festplatte kristallisiert sich mittlerweile eine Speichervariante heraus, die zugegebenermaßen etwas gewöhnungsbedürftig ist: der *Onlinespeicher*. Nicht jedem ist wohl bei dem Gedanken, wichtige Daten wie z. B. die Sicherung des Smartphones auf dem Server eines Drittanbieters zu lagern.

Ich möchte an dieser Stelle den Onlinespeicher als zusätzliche Rückfallsicherung empfehlen: Falls alle konventionellen Datensicherungen auf einen Schlag gelöscht wurden (wenn z. B. Ihr Haus mitsamt des Smartphones und PCs abgebrannt ist), können Sie immer noch von einem anderen Ort aus auf die Onlinedatensicherung zurückgreifen.

Als Anbieter von Onlinespeicherlösungen hat Dropbox einen guten Ruf erworben. Diese Lösung soll abschließend vorgestellt werden. Google Drive wäre an dieser Stelle ebenfalls zu nennen, ist allerdings noch nicht ganz so universell wie Dropbox.

Dropbox

Dropbox (`http://www.dropbox.com/`) bietet die Möglichkeit, Daten im Umfang von bis zu 2 GByte (bei der Werbung weiterer Kunden erhalten Sie pro Kunde zusätzlich 500 MB, insgesamt maximal 18 GByte) kostenlos auf einem Cloud-Server zu speichern. Möchten Sie mehr Speicher nutzen, so ist dies gegen Bezahlung möglich. Ein 50-GByte-Account kostet derzeit 9,99 $ pro Monat. Mithilfe von Apps können Sie von allen gängigen Betriebssystemen (Android eingeschlossen) auf Ihren Onlinespeicher so zugreifen, als würden Sie ein lokales Verzeichnis auf dem Gerät verwenden. Die folgenden Schritte sind durchzuführen, um Daten gleichermaßen auf PC und Android Smartphone zu nutzen:

1. Registrieren Sie sich auf `www.dropbox.com`.
2. Laden Sie auf der gleichen Seite die passende Anwendung für Ihr PC-Betriebssystem herunter. Derzeit werden Windows, Mac und Linux unterstützt.
3. Installieren Sie die Anwendung unter Verwendung Ihrer Dropbox-Accountdaten.

Nach der Installation läuft die Dropbox-App auf Ihrem Computer im Hintergrund. Im Bereich Ihrer persönlichen Dokumente finden Sie den Dropbox-Ordner, der nun permanent mit Ihrem Serveraccount synchronisiert wird.

Auf den gleichen Ordner können Sie nun auch von Ihrem Android Smartphone aus zugreifen. Gehen Sie dazu folgendermaßen vor:

4. Installieren Sie die Dropbox-App aus dem Google Play Store auf Ihrem Smartphone.

Google Play: dropbox

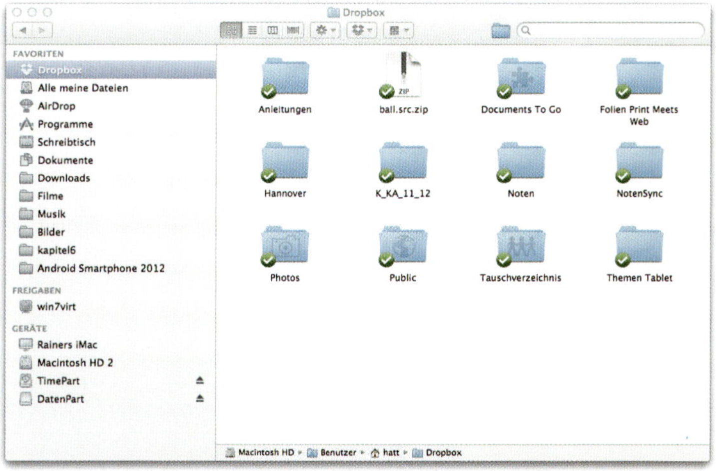

Abbildung 6.31: Der Dropbox-Ordner auf einem lokalen Computer, hier einem iMac

5. Starten Sie die Android-App und geben Sie zunächst Ihr Dropbox-Login ein.
6. Greifen Sie nun über die App auf die Daten, die sich auf dem Dropbox-Account befinden, zu. Sie können diese auch bearbeiten, kopieren, löschen. Alle Änderungen am Dropbox-Verzeichnis werden sofort übernommen.

Somit haben Sie die Möglichkeit, wichtige Dateien auf dem Dropbox-Onlineverzeichnis zu spiegeln – eine zusätzliche Sicherung, falls eines der konventionellen Sicherungsmedien ausfällt.

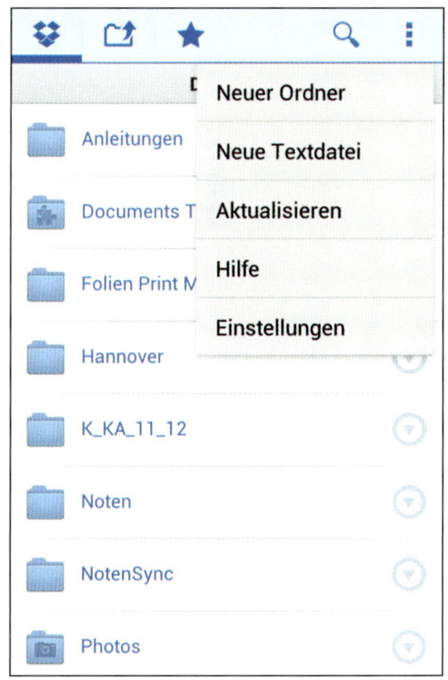

Abbildung 6.32: Dropbox für Android. Per Menü können Sie auf dem Server neue Dateien oder auch neue Verzeichnisse erstellen. Um eine Datei oder ein Foto hochzuladen, tippen Sie einfach die Schaltfläche mit dem Pfeilsymbol an.

Eine Reise gleicht einem Spiel.
Es ist immer etwas Gewinn und
Verlust dabei - meist von der
unerwarteten Seite.

Johann Wolfgang von Goethe

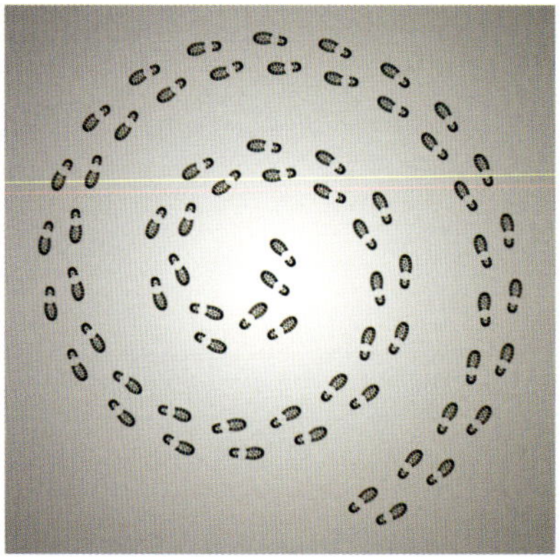

Kapitel 7

Navigation und Reisen

Android Smartphones besitzen einen integrierten GPS-Chip – mit fantastischen Möglichkeiten: Dank Anbindung an die beliebten Google Maps weist Ihnen das Handy den Weg zur nächsten Pizzeria oder Tankstelle, und im Street View-Modus erkundet man wildfremde Städte, als wäre man dort geboren und aufgewachsen. Auch für Outdoor-Liebhaber hält Google Play so manche nützliche App bereit.

7.1 Google Maps

7.1.1 Das GPS klarmachen

Der Einstieg in die Navigation mit dem Android Phone ist kinderleicht:

1. Starten Sie die App *Google Maps* durch Anklicken des Icons *Maps*.
2. Sollten Sie nicht online sein oder Ihr GPS deaktiviert haben, so werden Sie direkt nach dem Start des Programms aufgefordert, dies nachzuholen (Abbildung 7.1).

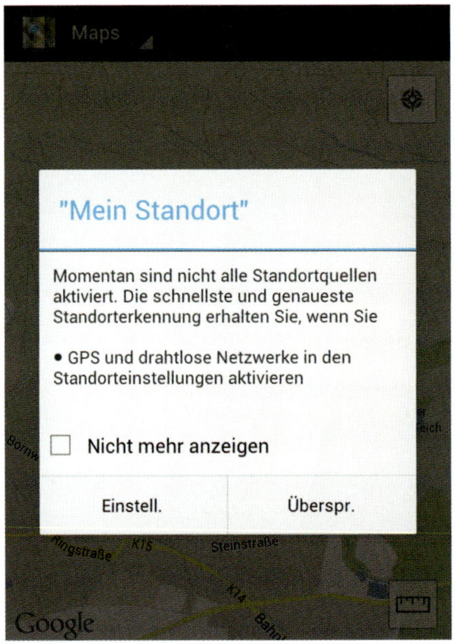

Abbildung 7.1: Nach dem Start der Maps wird geprüft, ob eine Verbindung zum Internet besteht bzw. ob der GPS-Empfänger aktiviert ist. Durch Betätigen der Schaltfläche »Einstellen« kann dies ggf. nachgeholt werden.

Tipp
Nur nicht ungeduldig werden: Beim ersten Einschalten können durchaus einige Minuten verstreichen, bis das GPS einen Fix (d. h. die Positionsbestimmung per GPS) erfährt. Schneller geht's, wenn Sie online sind: Auf diese Weise wird eine grobe Positionsbestimmung mithilfe des Netzes, in dem Sie sich befinden, vorgenommen. Das Ganze nennt sich dann **A-GPS (Assisted GPS)**.

3. Erkennen Sie das GPS-Icon in der Statusleiste? Wenn dieses einen ausgefüllten Kreis zeigt, hat Ihr Smartphone Ihre Position per GPS bestimmt.

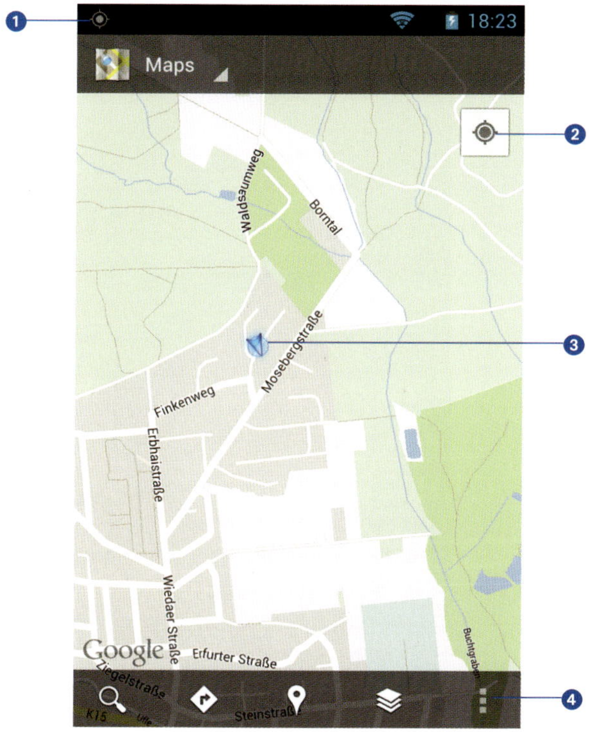

❶ *Icon für aktiviertes GPS*

❷ *GPS-Symbol: Antippen zentriert die Karte auf die aktuelle Position bzw. wechselt die Ansichten.*

❸ *Aktuelle Position. Der Kreis um den Pfeil ist ein Maß für die Genauigkeit der Positionsbestimmung.*

❹ *Hauptmenüleiste der Google Maps-App*

Tipp

Das beschriebene Verfahren hat einen Nachteil: Die zur Positionsbestimmung verwendeten Karten werden stets aktuell aus dem Internet geladen, Sie müssen somit immer online sein. Seit Version 5 der Google Maps ist das aber nicht mehr erforderlich, da das Programm bereits verwendete Karten in einem Zwischenspeicher (Cache) zur Weiterverwendung ablegt. Gerade im Ausland ist das äußerst praktisch: Planen Sie Ihre Ausflüge bei Vorhandensein einer WLAN-Verbindung direkt in der Unterkunft und nutzen Sie die dabei heruntergeladenen Karten später vor Ort im Offline-Modus – das schont die Urlaubskasse.

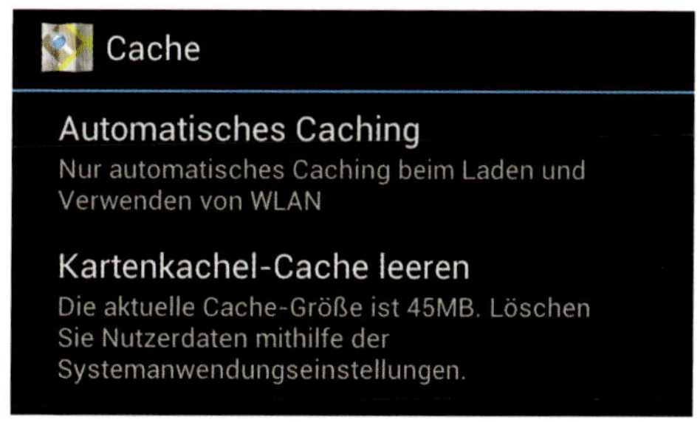

Abbildung 7.2: Mithilfe der Caching-Funktion laden Sie im Hotel per WLAN den gewünschten Kartenausschnitt, um diesen später im Offline-Modus zu nutzen.

4. Testen Sie nun die Funktion des GPS, indem Sie sich ein paar Schritte entlang einer Straße bewegen: Sie werden überrascht sein, wie präzise Ihr Standort wiedergegeben wird.

Das GPS voll ausreizen: GPS Status
Möchten Sie mehr Informationen über das eingebaute GPS erhalten, so bietet sich die App **GPS Status** an: Damit erhalten Sie insbesondere einen Überblick, welche Satelliten für einen Fix bereits zur Verfügung stehen.

Google Play: gps status

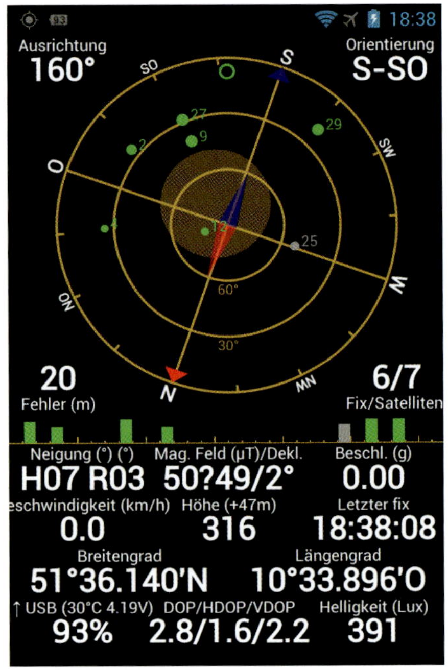

Abbildung 7.3: GPS Status liefert umfassende Informationen über das integrierte GPS. Die grünen Punkte bzw. Balken zeigen Satelliten, die das GPS bereits erfasst hat.

Alternative

- **GPS Essentials** – das Schweizer Messer für das eingebaute GPS

7.1.2 Google Maps verwenden

Nachdem das GPS einsatzbereit ist, schauen wir uns die Funktionen, welche die Google Maps bieten, näher an. Gesteuert wird das Programm über Fingergesten sowie die Symbolleiste und das Programmmenü.

- **Verschieben des Kartenausschnitts**: Einen Finger auf das Display legen und mit diesem den aktuellen Ausschnitt verschieben.
- **Vergrößerung des Bildausschnitts/Hineinzoomen**: Karte mit zwei gespreizten Fingern auseinanderziehen (Pinch-to-Zoom).
- **Verkleinerung des Bildausschnitts/Hinauszoomen**: Karte mit zwei gespreizten Fingern zusammenziehen (Pinch-to-Zoom).
- **Kippen der Displaydarstellung**: Zwei Finger parallel auf das Display legen und nach oben bzw. unten fahren.

Das Hauptmenü von Google Maps bietet folgende Schaltflächen:

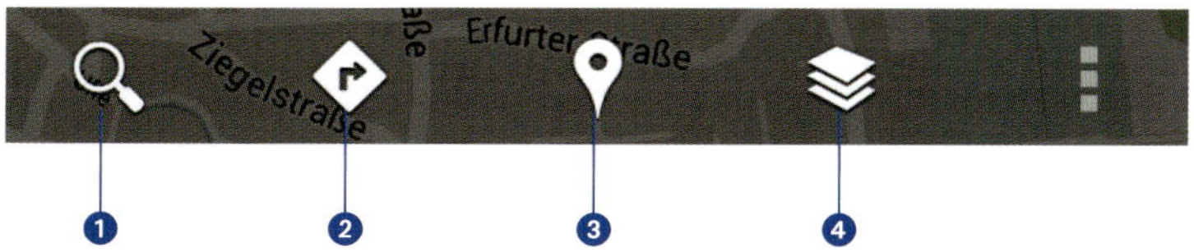

❶ *Suchfunktion zur Eingabe von Orten und Begriffen*

❷ *Aufruf des Navigationsmoduls*

❸ *Google Places: Hier finden Sie interessante Orte in der näheren Umgebung.*

❹ *Layer der Karte: Hier können Sie verschiedene Ebenen zusätzlich in die Karte einblenden und den Darstellungsmodus ändern.*

Dazu einige Beispiele:

Maps-Suche
Suchen Sie doch einfach einmal mit der eingebauten Suche nach Filialen der bekannten Kette mit dem großen gelben »M« in Ihrer Nähe (Abbildung 7.4):

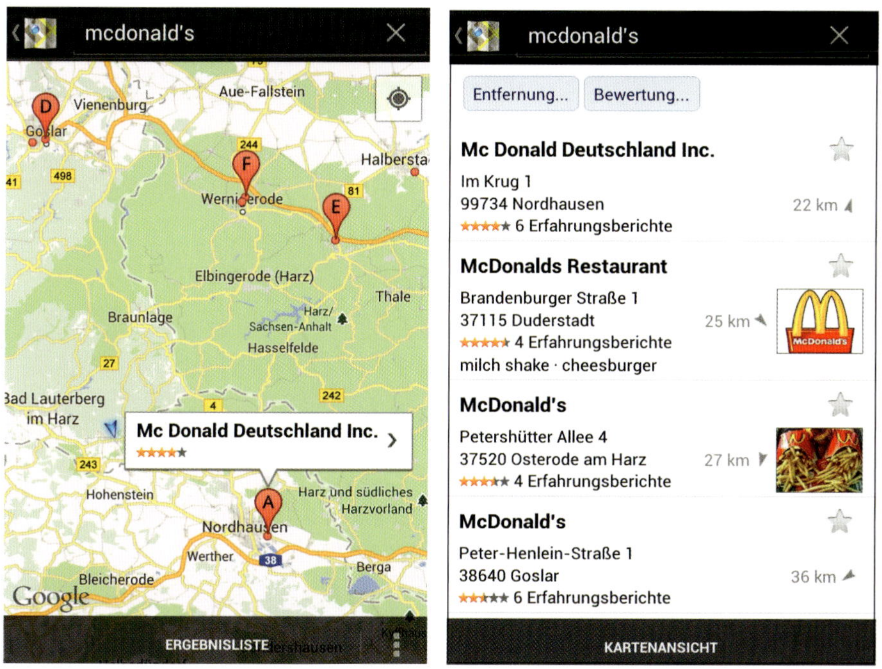

Abbildung 7.4: Für den Hunger zwischendurch: Wo bitte ist der nächste McDonald's? In der Listenansicht können Sie sogar Erfahrungsberichte zur Lokalität einsehen.

Google Places

Noch bequemer funktioniert die Suche nach regionalen Besonderheiten mit Google Places: Klicken Sie auf das Places-Icon und halten Sie spaßeshalber einmal Ausschau nach dem nächstgelegenen Café (Abbildung 7.5). Die Google-Community liefert auch hier Bewertungen über die gewählten Lokalitäten.

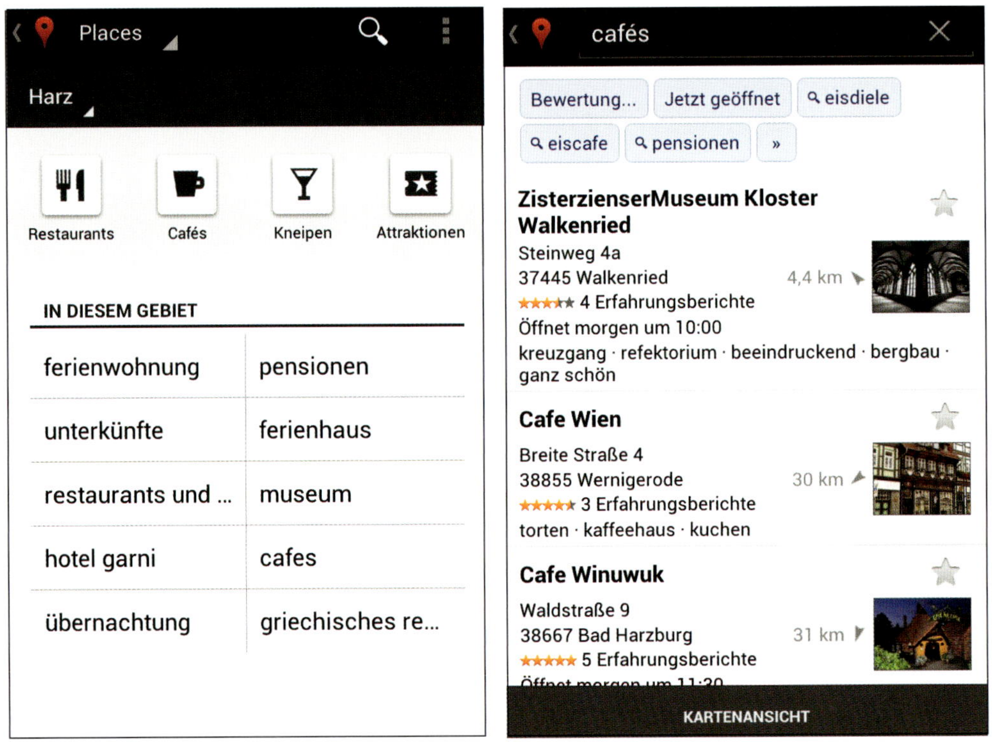

Abbildung 7.5: Google Places führt Sie zu wichtigen Orten – hier die Cafés in der Nähe Ihres aktuellen Standorts – nebst aussagekräftiger Kommentare zu den Lokalitäten aus Google Places.

Google Maps Layer

Sie möchten mit dem Auto verreisen und sich vorher über die aktuelle Verkehrslage informieren? Nutzen Sie die Google Maps Layer (Abbildung 7.6)!

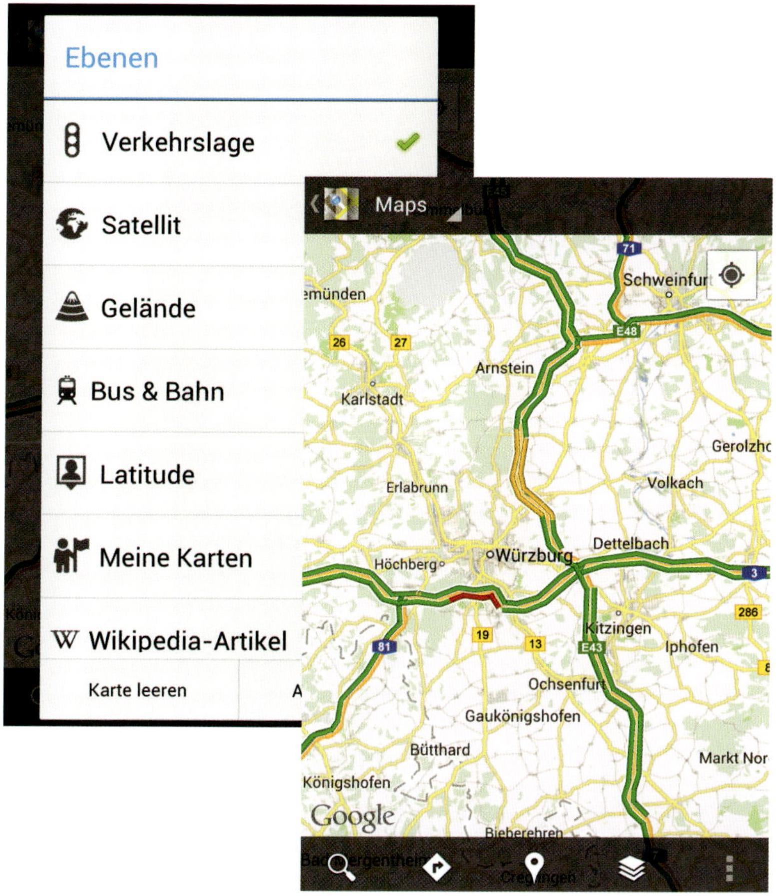

Abbildung 7.6: Die Layer (deutsch: Ebenen) von Google Maps liefern zusätzliche Informationen, im vorliegenden Fall den Verkehrsfluss. Auf der A3 um Würzburg hat sich offenbar ein Stau gebildet, in den grün markierten Bereichen geht es zügig voran, die gelb gezeichneten Autobahnen signalisieren freie Fahrt.

Street View und 3D-Gebäude

Einige Funktionen von Google Maps erschließen sich nicht auf den ersten Blick, manche Funktionen lassen sich nachrüsten, so z. B. der Street View-Modus, der in einigen älteren Versionen der Google Maps erst aus dem Google Play Store nachinstalliert werden muss. Testen Sie folgendermaßen, ob Street View in Ihrer Maps-App funktioniert:

1. Begeben Sie sich per Maps in eine Stadt, die von Street View erfasst wurde, z. B. Berlin.
2. Suchen Sie nach einem prominenten Ort, z. B. dem Potsdamer Platz.
3. Tippen Sie auf die Karte, bis eine Adresse erscheint. Tippen Sie die Adresse anschließend an.
4. Klicken Sie nun das Street View-Symbol (das Männchen, genannt »Pegman«) an und schauen Sie sich an der gesuchten Adresse um (Abbildung 7.7).

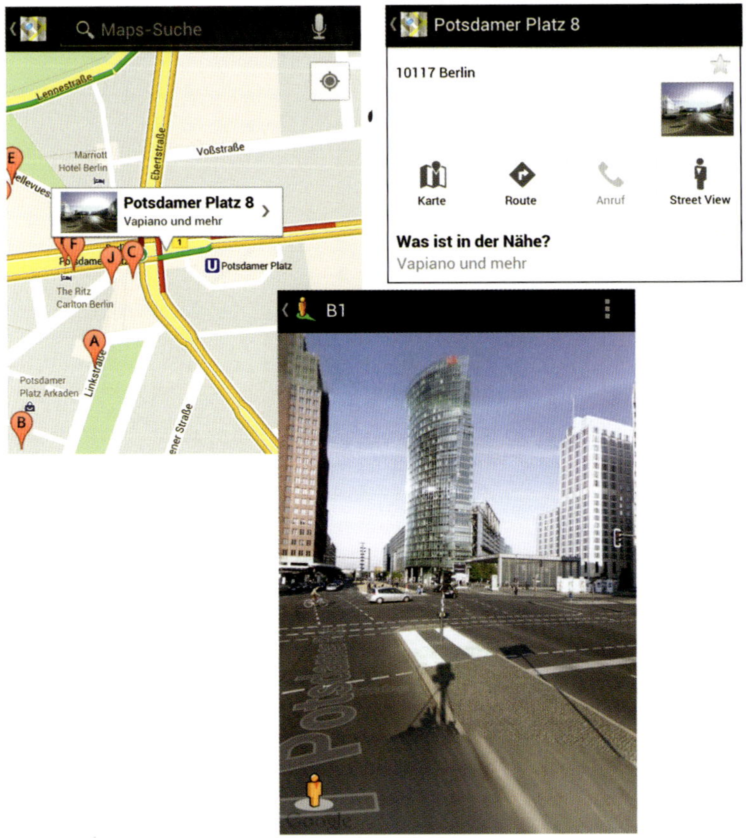

Abbildung 7.7: Per Street View sicher durch unbekannte Gefilde navigieren – Google macht's möglich. Durch Verschieben des orangefarbenen Männchens können Sie einen virtuellen Spaziergang machen.

Ebenfalls beeindruckend ist der Darstellungsmodus dreidimensionaler Gebäude. Der Trick dabei ist, dass Sie dicht genug an die Objekte heranzoomen müssen, am besten mit zwei Fingern via Pinch-to-Zoom. Dann präsentiert sich auch unser Potsdamer Platz als 3D-Modell (Abbildung 7.8).

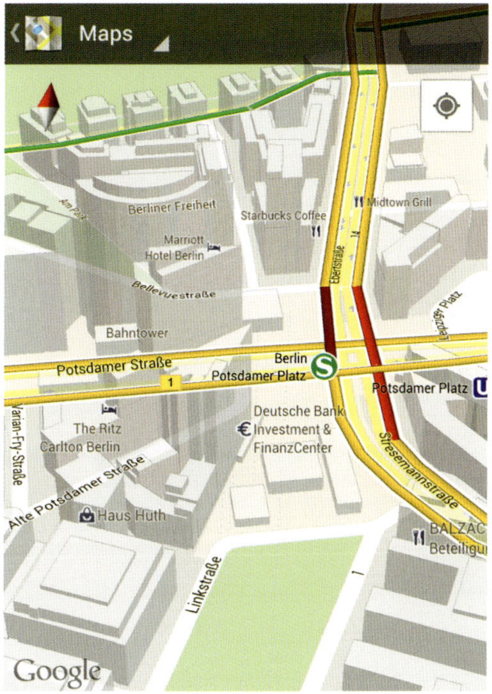

Abbildung 7.8: Zoomt man dicht genug in die Karte hinein, so werden Gebäude in Metropolen dreidimensional dargestellt.

7.2 Navigation

Nachdem Sie gelernt haben, mit den Google Maps umzugehen, folgt nun ein kleiner Workshop zum Thema Navigation. Die Navigationsfunktion können Sie entweder aus dem Google Maps-Menü über die Option *Route* oder direkt als App namens *Navigation* aufrufen.

7.2.1 Navigation zu einem Zielort

1. Starten Sie Google Maps und wählen Sie im Hauptmenü die Option *Route*. Diese ist durch den stilisierten Abbiegepfeil gekennzeichnet.

Alternativ können Sie auch die App *Navigation* starten.

2. Wählen Sie als Startort Ihre aktuelle Position (diese ist in der Regel bereits voreingestellt) und als Zielort einen Ort in der näheren Umgebung.
3. Starten Sie die Routenführung durch Antippen des *Pfeilsymbols* (vgl. Abbildung 7.9).

Einfacher geht's nicht! Das Navigationsprogramm führt Sie nun mithilfe von Sprachanweisungen zum Zielort. Wer mag, kann die Routenführung vor Beginn der Route im Display nachvollziehen. Klicken Sie dazu auf den Eintrag des nächsten Zielpunktes am oberen Displayrand.

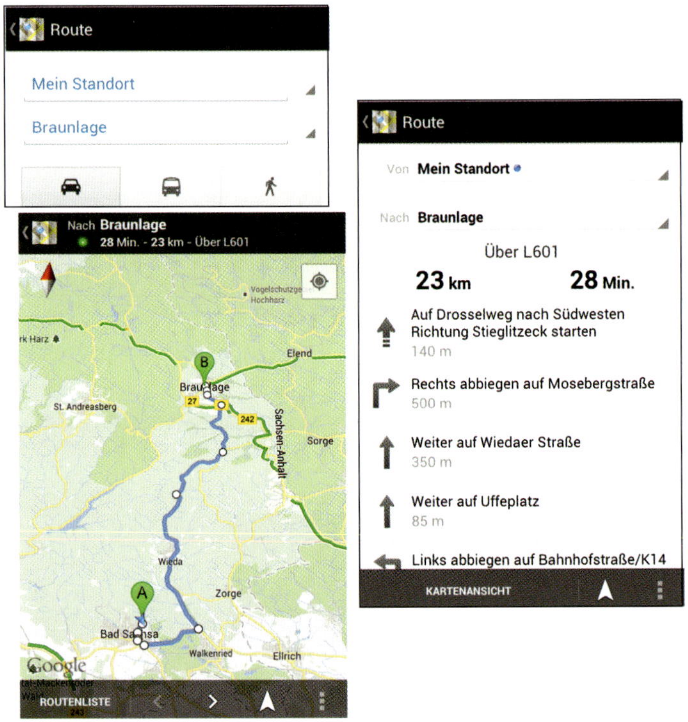

Abbildung 7.9: Zunächst wird die Route berechnet und in Google Maps dargestellt. Sie können sich aber auch in der Listenansicht im Roadbook-Modus einen Überblick über die markanten Abzweigepunkte verschaffen.

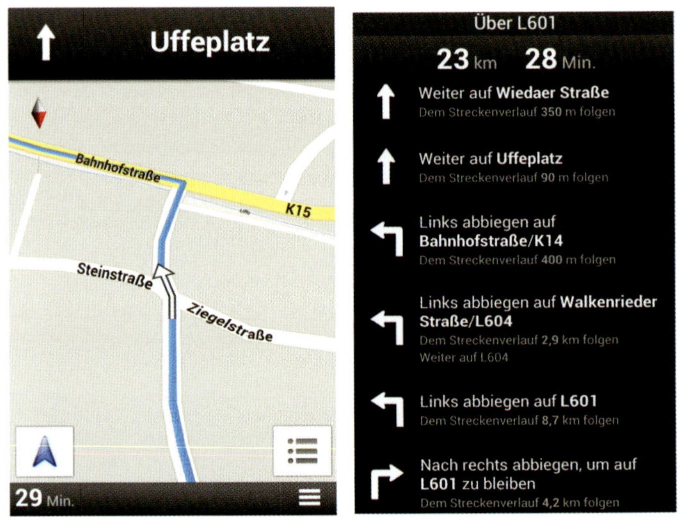

Abbildung 7.10: Die Navigation mit dem Android Smartphone ist dank Google Maps kinderleicht. Durch Antippen des Listensymbols gelangen Sie vom Karten-Modus (linke Bildhälfte) in den Roadbook-Modus (rechte Bildhälfte).

Navigon – die professionelle Lösung

Wenn Sie höhere Ansprüche haben, dann bietet sich die **Navigon**-App von Garmin an, die Sie für ca. 60 Euro in der Europa-Version im Google Play Store erwerben können. Diese professionelle App lässt keine Wünsche offen und bietet unter anderem einen Fahrspurassistent sowie gegen einen kleinen Aufpreis einen wirklich zuverlässigen Live-Staumelder. Der Vorteil der App ist die Offboard-Navigation: Sie laden die kompletten Karten auf Ihr Smartphone und benötigen (im Gegensatz zu Google Maps) zur Navigation keine bestehende Internetverbindung.

Google Play: navigon europe

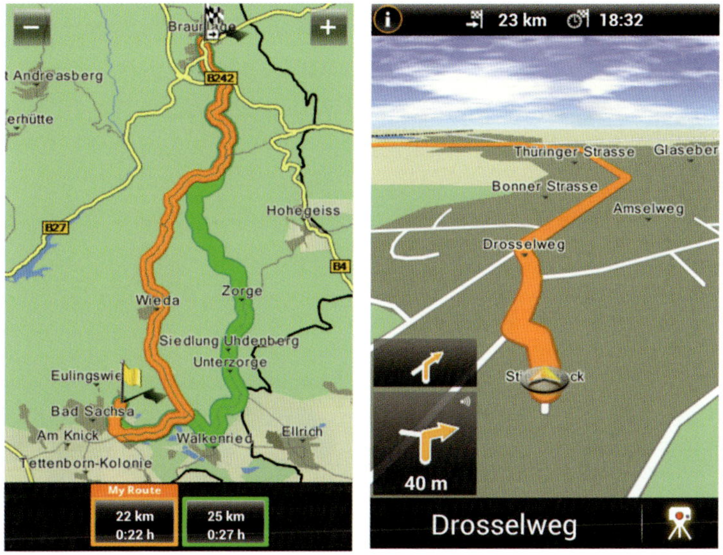

Abbildung 7.11: Die Navigon-App lässt keine Wünsche offen. Sie kann über In-App-Bezahlung um viele nützliche Features erweitert werden. Im linken Bildteil sehen Sie zwei Routen, die alternativ errechnet wurden. Durch Antippen des jeweiligen Routensymbols beginnt die Navigation (rechter Bildteil).

Indoor-Navigation

Google bietet mittlerweile in ausgewählten Ländern an stark frequentierten Spots wie Flughäfen oder Einkaufszentren auch innerhäusige Navigation an: Dabei wird die aktuelle Position anhand der Triangulation von WLAN- bzw. Bluetooth-Signalen bestimmt. So finden Sie schnell das Gate bzw. Butterregal.

7.2.2 Routen planen

Natürlich können Sie am Smartphone auch Routen planen, indem Sie individuell Startort, Zwischenstopps und Zielpunkte angeben. Bei den aktuellen Android-Handys funktioniert das sogar per Spracheingabe: Wählen Sie in der Navigation-App einfach die Funktion *Ziel einsprechen* und diktieren Sie eine Route, z. B. »Pattensen über Peine nach Paris« – die Google Cloud setzt das Ergebnis sofort in eine Route um. Ein Tipp an dieser Stelle: Sollte das Ergebnis der Spracherkennung nicht Ihren Anforderungen entsprechen, so prüfen Sie im Bereich *Einstellungen*, ob die richtige Sprache für die Erkennung ausgewählt wurde.

Die Routenplanung komplexer Routen am Smartphone erfordert allerdings aufgrund des kleinen Displays zuweilen ein gewisses Maß an Leidensfähigkeit – wesentlich praktischer ist die Vorplanung der Route am PC. Gehen Sie dazu folgendermaßen vor:

1. Loggen Sie sich über einen Browser am PC bei Ihrem Google-Konto ein und begeben Sie sich in den Bereich *Maps*.
2. Wählen Sie den Link *Route berechnen* und geben Sie Start und Ziel ein. Möchten Sie Zwischenstopps hinzufügen, so ergänzen Sie die Liste einfach.

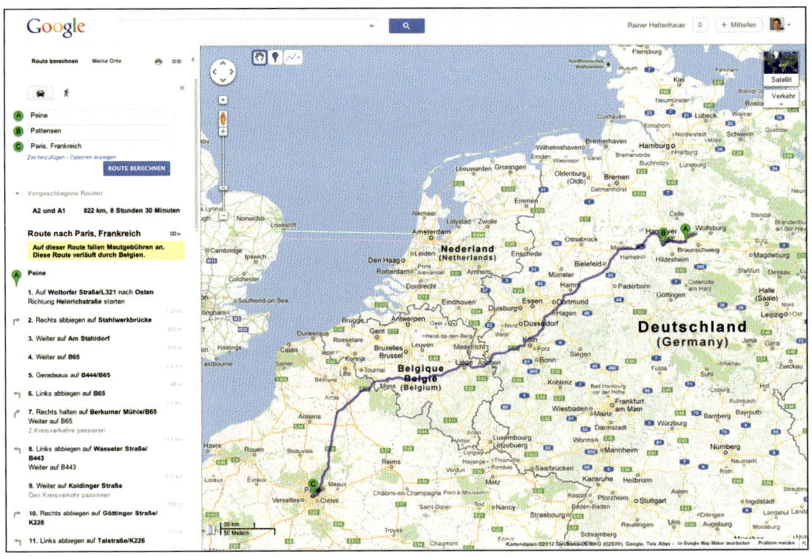

Abbildung 7.12: Die Route wird am PC mit Google Maps vorbereitet. Hier kann man die Routenführung durch Anfassen und Ziehen wie ein Gummiband verändern.

3. Speichern Sie die errechnete Route ab, indem Sie auf der linken Fensterhälfte den Link *Unter „Meine Karten" speichern* anklicken. Dieser befindet sich am unteren Ende der Liste Ihrer Routenplanung.

Haben Sie noch keine eigenen Karten in Ihrem Google-Account abgespeichert, so können Sie an dieser Stelle eine neue Karte anlegen. Vergeben Sie dafür einen aussagekräftigen Namen. Die Karte finden Sie später jederzeit über den Google Maps-Link *Meine Karten* wieder.

Um nun von Ihrem Smartphone aus auf die Karte zugreifen zu können, müssen Sie zunächst online gehen.

4. Starten Sie die Google Maps-Anwendung auf Ihrem Smartphone und tippen Sie auf die Schaltfläche *Ebenen*. Dort finden Sie den Eintrag *Meine Karten*. Wählen Sie dort den Startpunkt Ihrer Route aus und starten Sie die Navigation durch Auswahl der jeweiligen Zwischenstopps in Ihrer Karte.

Abbildung 7.13: Dieselbe Route wird auf dem Smartphone vom Google-Konto als Layer eingeblendet.

7.2.3 Nützliche Apps

Android lässt sich gerade im Bereich Navigation mit pfiffigen Apps beliebig erweitern. Einige möchte ich Ihnen nachfolgend vorstellen.

Stau Mobil

Diese App liefert Ihnen aktuelle Verkehrsinformationen direkt aufs Handy – Onlineanbindung vorausgesetzt.

Google Play: stau mobil

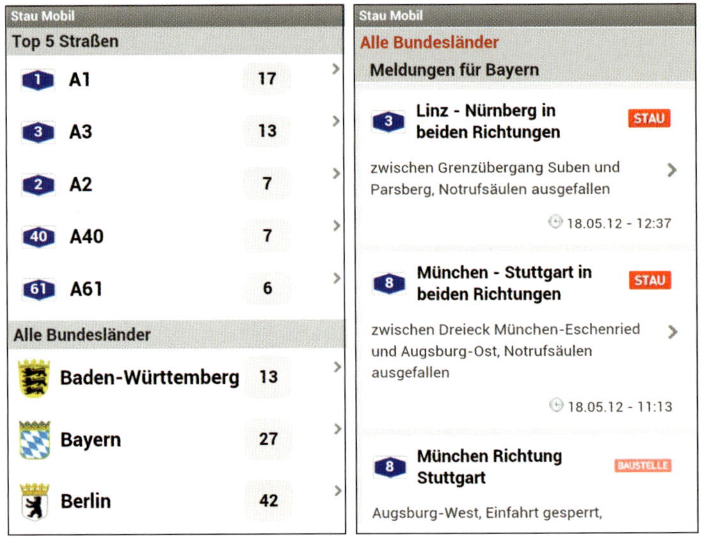

Abbildung 7.14: Stau Mobil zeigt die aktuellen Staus.

Google Play: parkdroid

Parkdroid

Wer kennt das nicht – das Auto wurde bei einem Großereignis (herzliche Grüße an dieser Stelle an alle CeBIT-Besucher!) in den unendlichen Weiten eines Großparkplatzes geparkt und kann nicht mehr wiedergefunden werden. Hier schafft der *Parkdroid* Abhilfe.

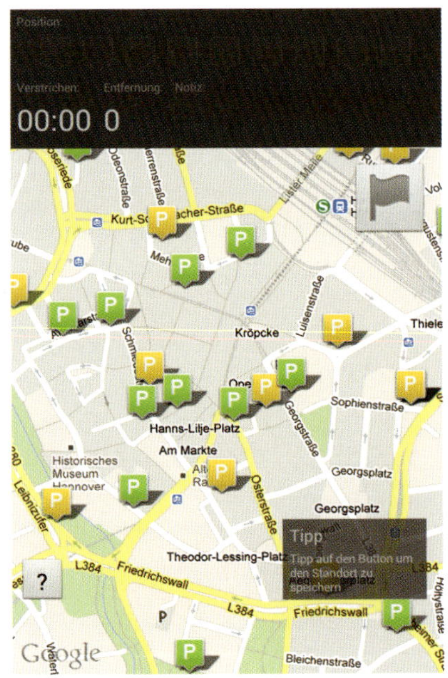

Abbildung 7.15: Der Parkdroid merkt sich nicht nur Ihren Parkplatz – er findet auch freie Parkplätze!

Wikitude Drive

Wikitude war in seinen Anfangstagen ein wirklich innovatives Navigationssystem, wird heute allerdings von kommerziellen Systemen wie z. B. Navigon überholt, die eine ähnliche Funktion anbieten: Die Route wird in Form eines Head-up-Displays in das aktuelle Kamerabild eingeblendet – so kann man quasi durch das Navigationssystem hindurchsehen und sich voll auf den Verkehr konzentrieren. Das Programm kostet in der Deutschland-Version derzeit 9,99 Euro in Google Play.

Google Play: wikitude drive

Abbildung 7.16: Navigation – next generation: Wikitude Drive überlagert die Routenführung mit dem Livebild.

Abbildung 7.17: Auch Navigon bietet mittlerweile einen Fahrspurassistenten in seiner Navigations-App an, allerdings ohne Overlay mit dem realen Bild.

Alternativen

- **NavDroyd**
- **CoPilot Live**
- Für ADAC-Mitglieder: **ADAC Maps**
- **Waze**: Die bekannte Social Mobile Community informiert über aktuelle Verkehrsbehinderungen.

Navigation für Wanderer und Radfahrer

Hochinteressant für Wanderer und Radfahrer sind zwei speziell angepasste Apps, die der ADAC über Google Play anbietet. Diese nennen sich **ADAC Wandern** bzw. **ADAC Radfahren** und bieten neben einem exzellenten Navigationsmodul auch Tourenvorschläge für Radfahrer bzw. Wanderer in ganz Deutschland an.

Google Play: adac wander

Google Play: adac rad

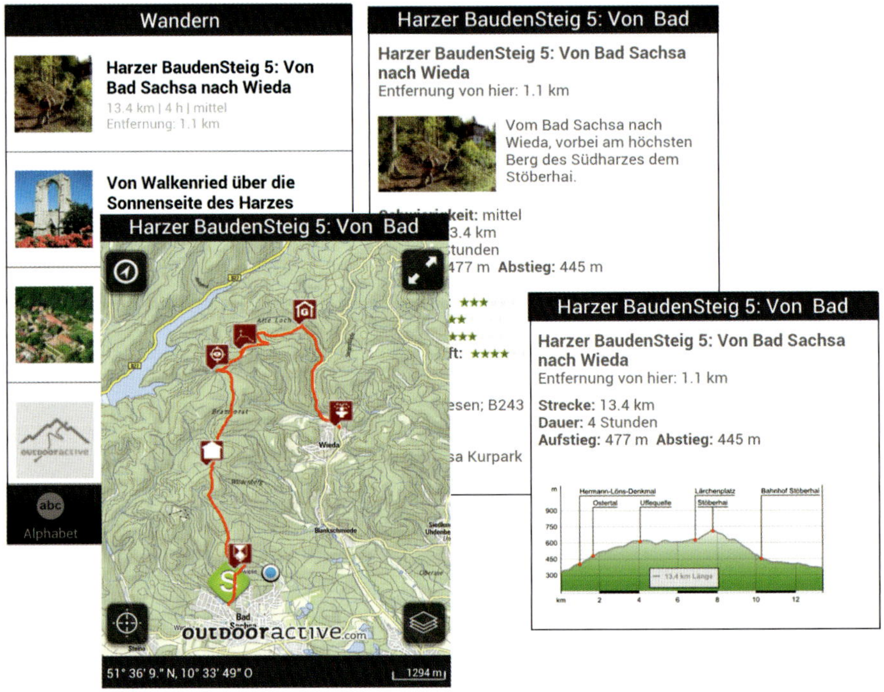

Abbildung 7.18: Die ADAC-Apps für Wanderer und Radfahrer bieten interessante Tourenvorschläge sowie einen GPS-unterstützten Routenplaner. Das professionelle Kartenmaterial wurde von outdooractive.com zur Verfügung gestellt.

Alternativen

- **ViewRanger Outdoors**
- **Scout FahrradnavSoviet Military Maps (Pro)** – Kartenmaterial aus sowjetischen Militärbeständen, insbesondere interessant für Afrika- und Asienreisende
- **Locus Pro** – greifen Sie auf einen riesigen Kartenmaterial-Pool zu.
- ... und sollten Sie sich trotz aller Navigationshilfen einmal in der Wildnis verirrt haben: Der **U.S. Army Survival Guide** hilft Ihnen aus der Klemme!

7.3 Mit dem Androiden auf Reisen

So richtig nützlich ist so ein Smartphone auch im Urlaub: Fahrpläne öffentlicher Verkehrsmittel lassen sich schnell checken, die Wetterprognose für Frischluftfans ist nur einen Fingerzeig entfernt, und Sportler zeichnen ihre Wanderungen, Skitouren oder Segeltörns mit einem Tracking-Programm auf. Lernen Sie nützliche Apps kennen, die Ihnen in der schönsten Zeit des Jahres wertvolle Dienste leisten.

7.3.1 Öffentliche Verkehrsmittel nutzen

Sie sind in einer fremden Stadt und möchten sich mit öffentlichen Verkehrsmitteln fortbewegen. Bevor Sie sich an der Bushaltestelle durch die kryptischen Pläne quälen, sollten Sie sich einmal *Öffi* anschauen – dieses gibt die Fahrpläne der meisten deutschen und europäischen Metropolen wieder – nebst präziser Routenplanung via Bus und Bahn.

Google Play: öffi

Öffi

Das Programm besteht aus drei Teilmodulen: *Öffi Haltestellen* listet Ihnen – GPS-Empfang vorausgesetzt – die in Ihrer Nähe befindlichen Haltestellen öffentlicher Verkehrsmittel auf. *Öffi Netzpläne* stellt Ihnen die Netzpläne der nahe gelegenen öffentlichen Verkehrsmittel zur Verfügung. *Öffi Verbindung* errechnet schließlich die Verbindung zum gewünschten Zielort.

Abbildung 7.19: Öffi sucht Verbindungen und findet Haltestellen in Ihrer Nähe, sofern das GPS aktiviert ist. Natürlich lässt sich die App auch zur Planung von Ausflügen zu Hause nutzen.

Google Play: db navigator

DB Navigator

Den aktuellen Fahrplan der Deutschen Bahn können Sie mit dem DB Navigator einsehen: Geben Sie Start- und Zielort ein, und das Programm sucht eine Verbindung für Sie heraus.

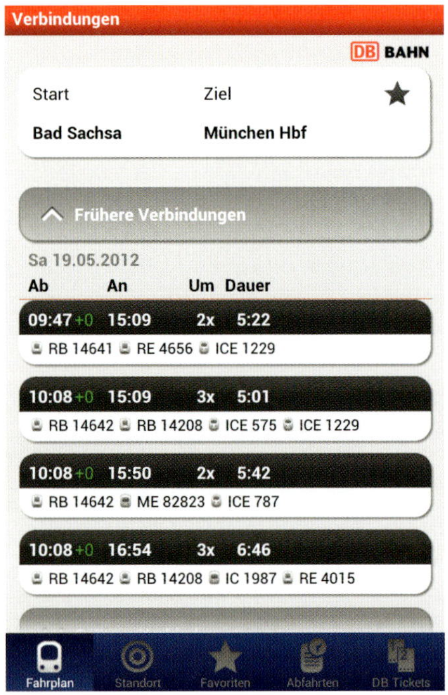

Abbildung 7.20: Der DB Navigator findet alle Zugverbindungen innerhalb von Deutschland.

Tickets online buchen

Bei Bedarf können Sie mit der App über den Punkt »DB Tickets« auch gleich ein Handy-Ticket buchen: Dabei handelt es sich um ein Piktogramm ähnlich den im Buch verwendeten QR-Codes, das vom Schaffner mit einem Scanner eingelesen wird. Voraussetzung hierfür ist allerdings die Installation der DB Tickets-App.

Google Play: db tickets

7.3.2 Informationen vor Ort einholen

Wo finde ich ein gutes Hotel? Welches kulturelle Angebot erwartet mich am Reiseziel? Ihr Android Smartphone gibt Ihnen bereitwillig Auskunft.

Google Play: tripadvisor

Ein Hotel finden

Bewährt hat sich hier insbesondere die App von TripAdvisor. Damit können Sie Hotels und Pensionen in der Nähe finden sowie aktuelle Rezensionen anschauen. Zusätzlich werden von der TripAdvisor-Community Gaststätten und Sehenswürdigkeiten empfohlen.

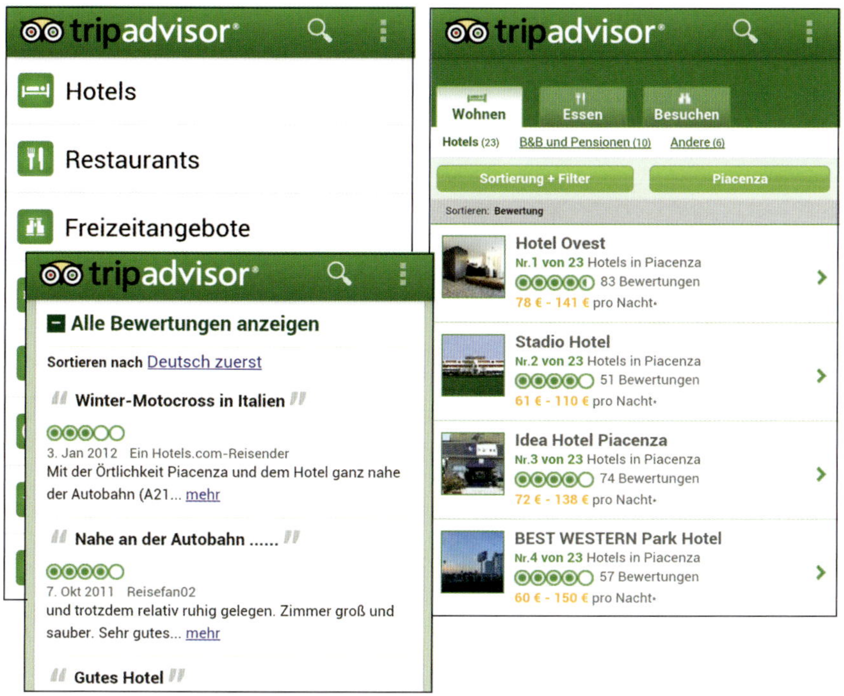

Abbildung 7.21: Mit der TripAdvisor-App finden Sie günstige Quartiere – nebst aussagekräftigen Bewertungen von der Community.

Alternativen

- HRS
- Hotelauskunft
- Günstige Hotels weltweit

Google Play: qype

Die Umgebung erkunden

Was ist los in der Umgebung? Neben den bereits erwähnten Google Places bietet sich das Qype Radar an, um die lokale Szene zu erforschen. Insbesondere die Restaurantkritiken sind empfehlenswert.

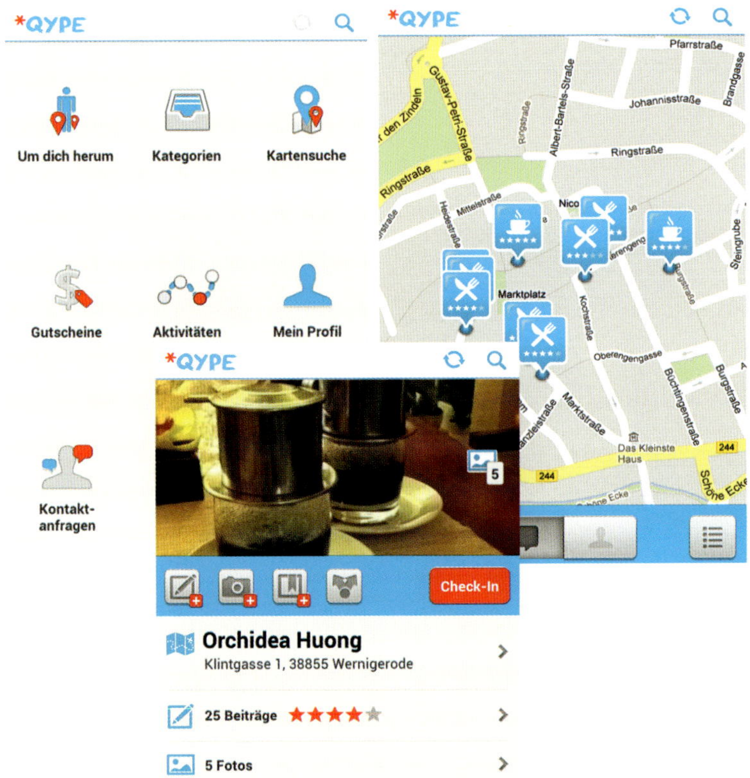

Abbildung 7.22: Über die Qype-Community erhalten Sie Informationen direkt aus der Szene – schauen Sie sich einfach einmal in der Umgebung um.

… und auch das darf nicht fehlen: der schnellste Weg zum Örtchen, wenn's mal pressiert:

Google Play: toiletten finder

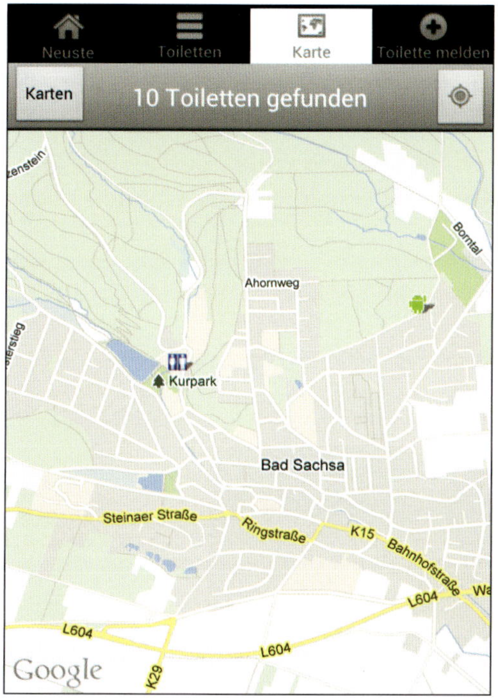

Abbildung 7.23: Die öffentlichen Toiletten im Harz sind dünn gesät – dafür gibt's Wald in Hülle und Fülle. ;-)

Die Welt erkunden – mit dem World Explorer

Wo immer Sie sich auf dieser Welt befinden: Die World Explorer-App listet alle Sehenswürdigkeiten in Ihrer Umgebung auf.

Google Play: world explorer

Google Play: google sky map

Weißt du, wie viel Sternlein stehen? Auch in ausländischen Gefilden beeindrucken Sie Ihre Begleitung durch eine zielsichere Identifizierung des Sternenbilds – Google Sky Map macht's möglich:

Abbildung 7.24: Ein Blick gen Himmel mit dem Smartphone erklärt Ihnen das Sternenbild – dank Google Sky Map. Der integrierte GPS-Chip sorgt dafür, dass die Sterne richtig zugeordnet werden. Sie können sich von der Funktionsweise des Programms überzeugen, indem Sie tagsüber testen, ob die Position der Sonne richtig erkannt wurde.

7.4 Android als Wetterfrosch

Die aktuelle Wettervorhersage an jedem beliebigen Ort mit sich führen – das ist insbesondere dann recht praktisch, wenn man während der Rad- oder Motorradtour Ausblick auf herannahende Niederschlagsgebiete erhält. Und im Urlaub schätzt man den Ausblick auf die nächstgelegene Webcam, um das Wander- oder Skiwetter auf dem Berggipfel zu erkunden.

7.4.1 Wettervorhersageprogramme

Google Play: weather pro

Mein Favorit bei den Wettervorhersage-Apps ist *WeatherPro*. Installieren Sie die App aus Google Play und begeben Sie sich auf einen Rundgang.

Abbildung 7.25: WeatherPro ist eine mächtige Wettervorhersage-App. Sie beinhaltet neben der punktuellen Vorhersage für einen Ort auch den Zugriff auf Satellitenfilme sowie das Niederschlagsradar.

Das Menü der App bietet folgende Untermenüs:

- **Wetter**: Hier finden Sie die Wettervorhersage des zuletzt aufgerufenen Favoriten.
- **Orte**: In diesem Menü definieren Sie Ihre Favoriten bzw. können auf diese zugreifen.
- **Radar**: Das Radar-Menü stellt Ihnen die Daten der aktuellen Niederschlagsprognosen visualisiert zur Verfügung.
- **Satellit**: Hier haben Sie Zugriff auf die aktuellen Satellitenbilder.
- **Mehr**: Hier gelangen Sie einerseits zu den Einstellungen des Programms, können an dieser Stelle andererseits auch weitere Premium-Inhalte durch In-App-Bezahlung freischalten. Dazu gehören z. B. das Prognosevideo für Wolken und Windvorsage sowie die UV-Index-Prognose für Europa.

Alternativen

- **wetter.info**
- **wetter.com**

7.4.2 Niederschlags- und Windvorhersage

Obwohl schon in diversen Wettervorhersageprogrammen integriert, bieten sich spezielle Niederschlagsvorhersage-Apps an, die Zugriff auf einen erweiterten Datenpool bieten. Hier greifen viele Anwender gern auf *Regen-Alarm (Plus)* zurück. Das Programm liefert eine sehr genaue Vorhersage herannahender Niederschlagsgebiete nebst Alarmfunktion, was für Wanderer, Zweirad- und Skifahrer von unschätzbarem Wert ist.

Google Play: Regen-Alarm

Für Sportler, die auf eine genaue Windprognose angewiesen sind, bietet sich darüber hinaus die *Windfinder (Pro)*-App an:

Google Play: windfinder

Abbildung 7.26: Die Regen-Alarm-App zeigt eine Gewitterzelle südlich von Paderborn. Der schwarze Pfeil markiert die eigene Position. Outdoorsportler können einen Alarm konfigurieren, um sich vor Unwettern rechtzeitig in Sicherheit zu bringen.

Abbildung 7.27: Das freut den Surfer: die genaue Wind- und Wellenvorhersage mit der Windfinder-App.

Alternativen/Ergänzungen

- **bergfex/Ski** – die aktuelle Skiwettervorhersage
- **Worldscope Webcams** – Webcam-Browser

Google Play: worldscope webcams

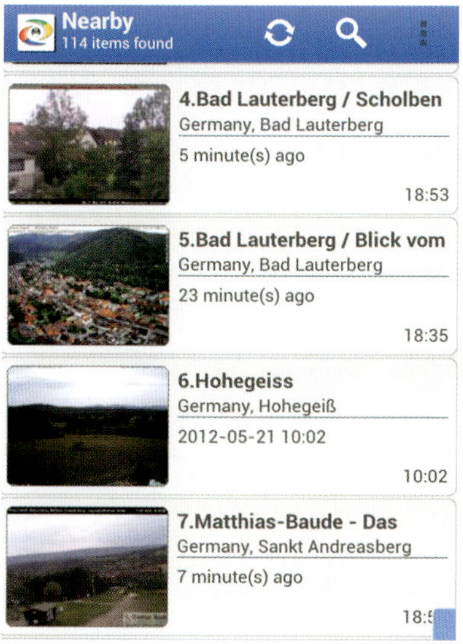

Abbildung 7.28: Mit dem Worldscope Webcams-Browser haben Sie Zugriff auf fast alle Webcams dieser Welt und können sich ein Bild vom aktuell herrschenden Wetter machen. So scheint es momentan nicht ratsam zu sein, einen Spaziergang am Eiffelturm zu unternehmen.

7.5 Das eingebaute GPS als Hilfsgerät

Ihr Smartphone bietet mit seinem eingebauten GPS weitere Möglichkeiten, die damit gesammelten Geodaten in einem neuen Kontext zu nutzen.

7.5.1 Geocaching

Beim Geocaching sucht man kleine „Schätze" (in der Regel billige Plastikfiguren o. Ä.), die Mitglieder der Caching-Community an geheimen Orten versteckt haben. Die Orte werden im Internet auf der Community-Seite durch Angabe der GPS-Koordinaten beschrieben. Android bietet eine Vielzahl von Apps, die den angehenden Geocacher bei der Schatzsuche unterstützen. Im Folgenden stelle ich Ihnen die beliebte Anwendung *c:geo* vor.

Google Play: c:geo

1. Installieren Sie *c:geo* zunächst aus dem Google Play Store.

Zur optimalen Nutzung des Programms schließen Sie sich idealerweise einer Geocaching-Community ein:

2. Begeben Sie sich auf `http://www.geocaching.com/` und registrieren Sie sich dort.

Abbildung 7.29: Auf geocaching.com finden Sie eine aktive Community, die Ihnen Geocaches in Ihrer Nähe anzeigt. Die fehlende deutsche Lokalisierung lässt sich leicht dadurch verschmerzen, dass die Caches selbst in der Sprache des jeweiligen Landes beschrieben sind.

3. Das Programm c:geo bietet Ihnen nun eine einfache Schnittstelle zur Geocaching-Community. Nach dem ersten Programmstart werden Sie aufgefordert, Ihre Logindaten für die geocaching.com-Seite anzugeben.

Achten Sie darauf, dass Ihr GPS-Empfänger aktiviert ist und Sie online sind.

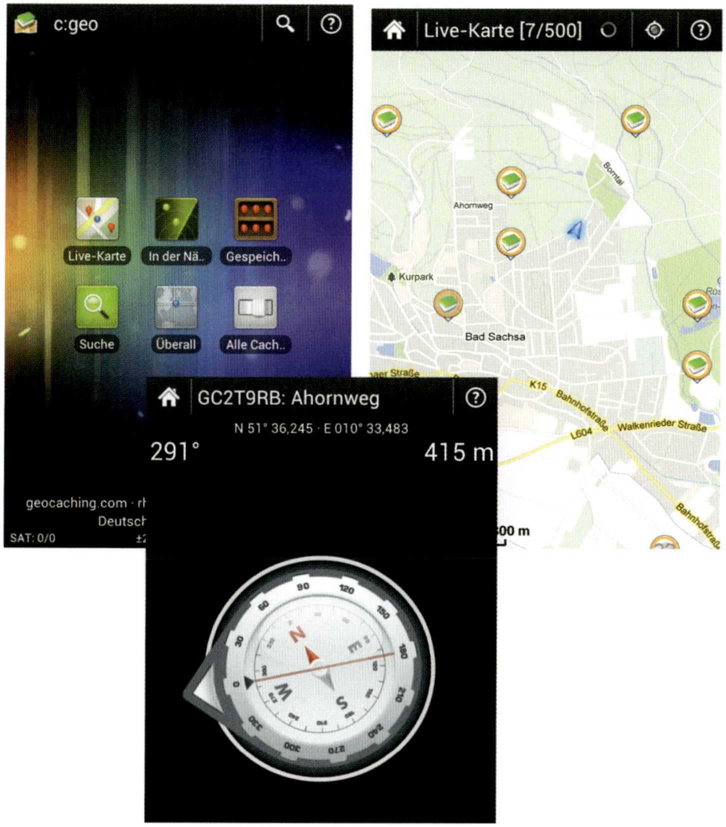

Abbildung 7.30: Drei Ansichten des Geocaching-Programms c:geo: Hauptmenü, Live-Karte, Kompassdarstellung zur Suche des Cache. Im vorliegenden Fall muss sich der Suchende in Richtung »8 Uhr« bewegen, um sich dem Cache zu nähern.

Das Programm bietet die folgenden wichtigen Menüpunkte:

- **Live-Karte**: In dieser Ansicht werden die in der Nähe befindlichen Caches auf der Google Maps-Karte angezeigt.
- **In der Nähe**: Alle in der Nähe befindlichen Caches werden in Listenform dargestellt.
- **Suche**: Hier lassen sich die GPS-Koordinaten von Caches zur Suche direkt eingeben.

Alternativen

- **Geocaching** – offizielle App der Geocaching-Community
- **Geocacher**
- **Columbus**
- **Neongeo**
- **Cache Droid**

- **Schalter »Alle Cache«**: Mit diesem Untermenü können Sie einen Filter für verschiedene Cachetypen setzen.

Zum konkreten Aufspüren eines Cache in Ihrer Nähe gehen Sie am besten folgendermaßen vor:

4. Wählen Sie einen Cache über die *Live-Karte* oder den Menüpunkt *In der Nähe* aus und klicken Sie auf das Kompassrosensymbol. Es erscheint der Caching-Kompass (Abbildung 7.30). Folgen Sie dem Richtungsanzeiger.

Im oberen rechten Bildbereich wird die aktuelle Entfernung zum Cache angegeben, im linken Bereich die Richtung in Grad, bezogen auf die Nordrichtung. Schrumpft die Entfernung auf null, dann befinden Sie sich in unmittelbarer Nähe des Cache. Jetzt heißt es, die Augen aufhalten und den Cache ausfindig machen. Viel Erfolg dabei!

7.5.2 Tracking

Bei Sportarten wie Laufen, Radfahren, Skifahren o. Ä. möchte man gern sein zurückgelegtes Streckenpensum überprüfen. Das Mittel der Wahl ist hier ein Tracking-Programm: Dieses zeichnet zurückgelegte Wege und Geschwindigkeiten mithilfe des GPS auf. Besorgen Sie sich also zunächst ein Tracking-Programm. Ich verwende nachfolgend die App *Meine Tracks* von Google.

Google Play: meine tracks

1. Aktivieren Sie Ihren GPS-Empfänger und starten Sie die App *Meine Tracks*.
2. Wählen Sie im Hauptmenü des Programms den Menüpunkt *Track aufzeichnen*.
3. Legen Sie los mit Ihrer sportlichen Aktivität!

Sie können sich während der Aufzeichnung jederzeit das Höhenprofil sowie die aktuellen Daten anschauen, indem Sie die Pfeile am Kartenrand anklicken (Abbildung 7.31).

4. Nach Abschluss stoppen Sie die Aufzeichnung über das Hauptmenü. Sie können den Track nun zur Weiterverarbeitung auf die SD-Karte Ihres Smartphones oder auch direkt in Ihr Google-Konto exportieren. Die Datei steht Ihnen dann auf Google Drive zur Verfügung.

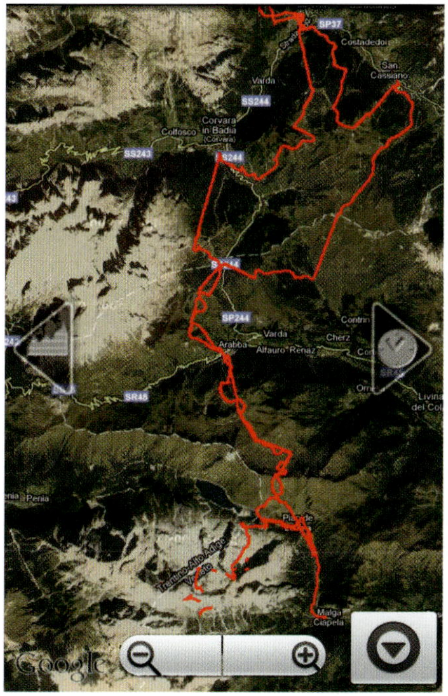

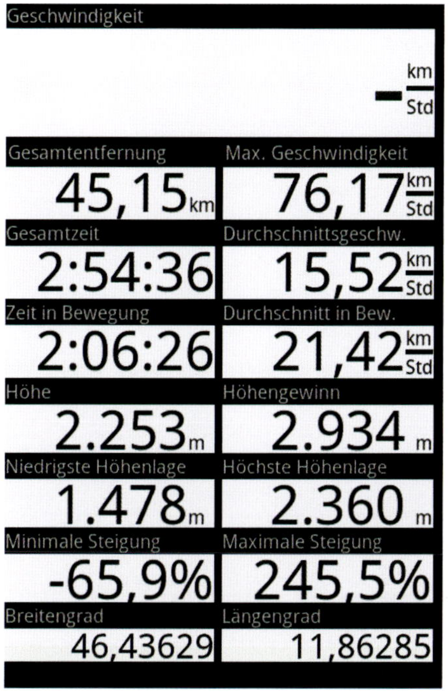

Abbildung 7.31: Meine Tracks im Kartenmodus sowie bei der Darstellung der Bewegungsdetails – im vorliegenden Fall wurde eine Tagestour per Ski von der Sella zur Marmolada aufgezeichnet.

Alternativen

- **SpeedView** – das GPS als Tacho verwenden
- **FlightTrack** – Online-verfolgung von Flugzeugen der bekanntesten Linien
- **BikeComputer** – GPS-Tracking-Tool für Radfahrer
- **Runkeeper** – Fitness-App für Jogger

7.5.3 Geotagging

Wenn Sie Fotos mit der integrierten Smartphone-Kamera erstellen, dann sollten Sie darauf achten, dass der GPS-Empfänger des Geräts aktiviert ist und ein Satellitenfix vorliegt. In diesem Fall wird jedes aufgenommene Bild oder Video mit den aktuellen GPS-Koordinaten versehen, man spricht in einem solchen Fall von *Geotagging*.

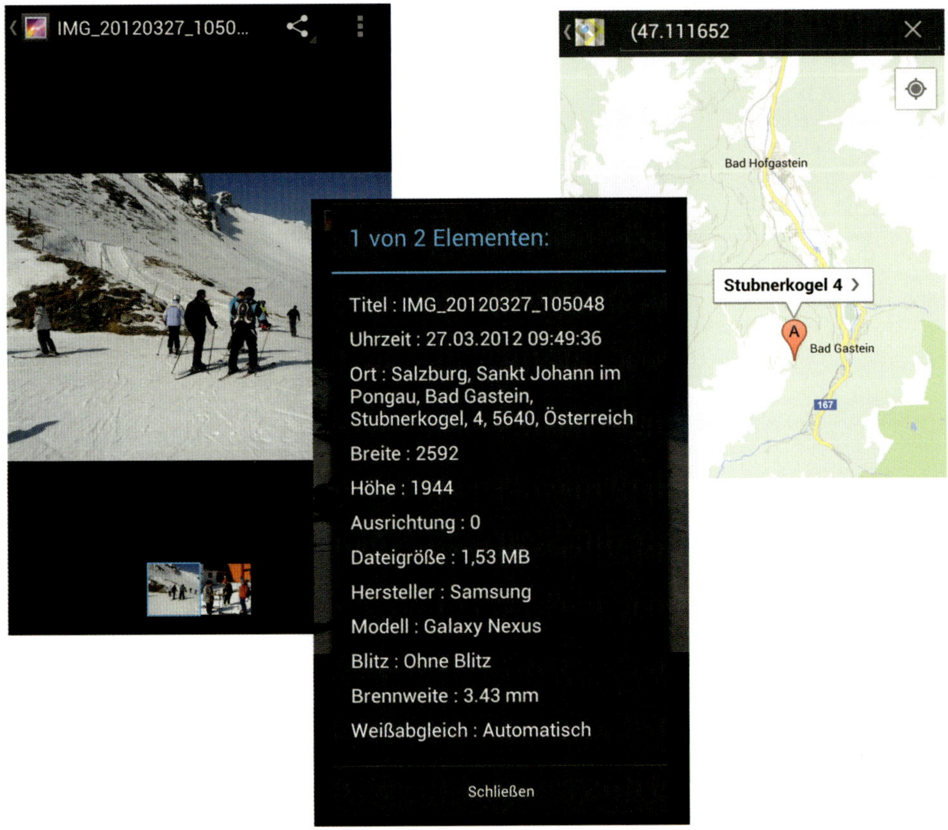

Abbildung 7.32: Ist das GPS Ihres Smartphones aktiviert, so wird jedes Bild mit den geografischen Koordinaten seines Entstehungsorts versehen. Sie haben später auf dem Smartphone die Möglichkeit, sich den Ort in Google Maps anzeigen zu lassen. Wählen Sie dazu im Menü der Galerie den Punkt »Auf Karte anzeigen«.

Wenn Sie später das Bild am PC idealerweise mit Googles Bildbearbeitungssoftware Picasa (`http://picasa.google.de`) betrachten, wird der Aufnahmeort anhand der geografischen Daten rekonstruiert.

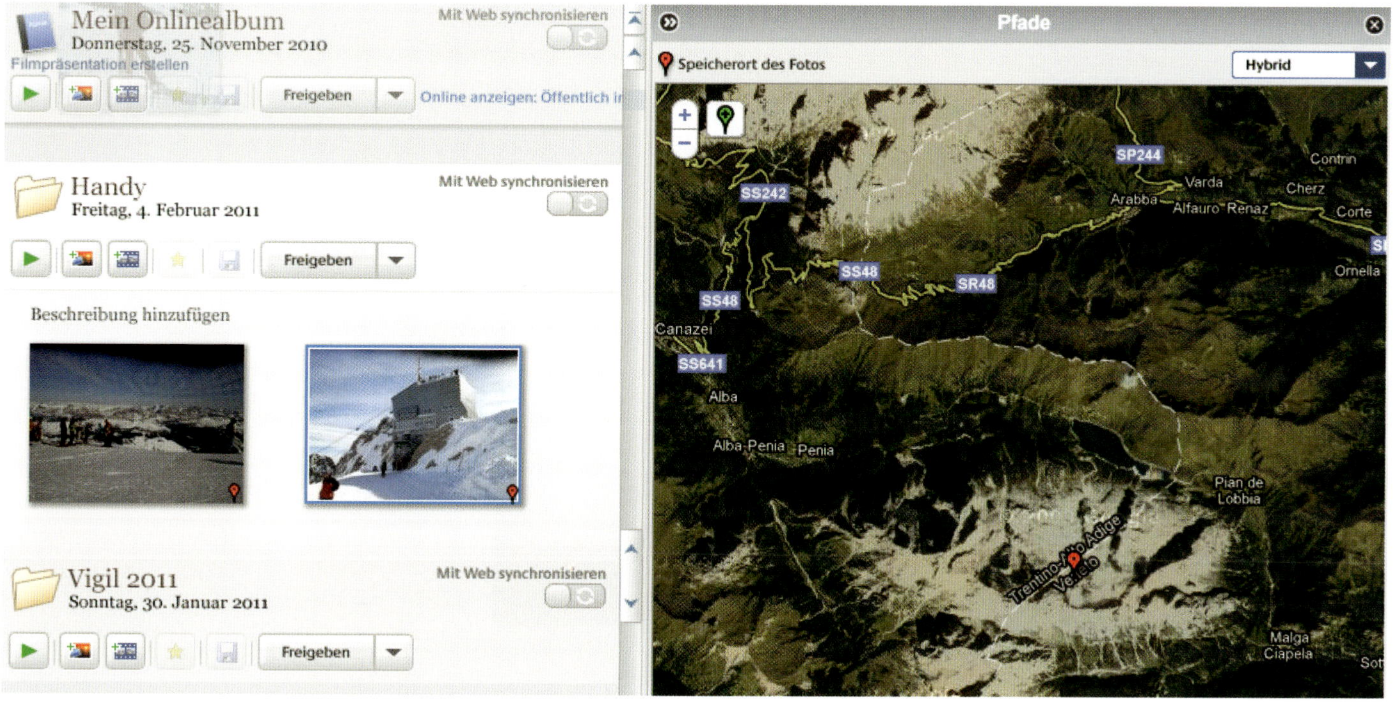

Abbildung 7.33: Der Aufnahmeort geogetaggter Fotos lässt sich nach dem Urlaub mithilfe des Google-Programms Picasa in den Google Maps anzeigen, hier der Gipfel der berühmten Marmolada in Südtirol.

Ohne Musik wäre das
Leben ein Irrtum.

Friedrich Nietzsche

Kapitel 8

Multimedia & Fun

Ihr Android Smartphone ist eine perfekte Medienzentrale für die Hosentasche: Fotos und Videos können aufgezeichnet und vor Ort bearbeitet werden, Ihre komplette CD-Sammlung findet auf dem Speicherchip Platz, und für den langweiligen Interkontinentalflug werden gleich noch ein paar Videos mit draufgepackt. Sogar auf anspruchsvolle Videospiele müssen Sie nicht verzichten.

8.1 Fotos anfertigen und bearbeiten

Abbildung 8.1: Die Linse der integrierten Kamera befindet sich auf der Rückseite des Smartphones. Achten Sie darauf, dass diese in Ihrer Hosen-, Jacken- oder Handtasche nicht in Kontakt mit scharfkantigen Gegenständen kommt – die Folge wäre eine zerkratzte Optik, was künftigen Aufnahmen nicht zuträglich ist.

8.1.1 Die eingebaute Kamera

Es geht nicht mehr ohne: Jedes Android Smartphone ist mit einer eingebauten Fotokamera ausgestattet. Drehen Sie Ihr Telefon einfach einmal um und halten Sie Ausschau nach der Linse (Abbildung 8.1):

Android bietet eine universelle Foto-App namens *Kamera*, die Sie entweder auf dem Homescreen oder im Apps-Menü finden. Es bietet sich in jedem Fall an, die Kamera-App auf einem der Homescreens abzulegen, um für Schnappschüsse schnell Zugriff darauf zu erhalten.

Zum Anfertigen eines Fotos gehen Sie folgendermaßen vor:

1. Starten Sie die Kamera-App durch Anklicken des Icons.
2. Suchen Sie auf dem Display einen passenden Bildausschnitt.
3. Tippen Sie auf dem Bildschirm auf das zu fotografierende Objekt, um die Optik zu fokussieren. Es erscheint ein grüner Rahmen.
4. Tippen Sie auf den Kameraauslöser.

Abbildung 8.2: Die eingebaute Kamera ist idiotensicher: Auf dem Display das zu fotografierende Objekt antippen, bis der Fokusrahmen grün aufleuchtet, danach auf den blauen Knopf auf der rechten Seite tippen: Fertig ist Ihr erstes Foto. Zu den erweiterten Einstellungen gelangen Sie durch Antippen des Schieberegler-Symbols. Dieses befindet sich im vorliegenden Bild rechts neben Grobi. Das darüber befindliche Kreissymbol ist der Zoom-Regler.

Um sich das soeben angefertigte Foto noch einmal anzuschauen, tippen Sie einfach das Miniaturbild in der Nähe des Kameraknopfes an: Sie wechseln dadurch in die Fotogalerie.

Das Kameramenü

Hinter dem Schieberegler-Symbol (vgl. Abbildung 8.2) verbirgt sich das Konfigurationsmenü der App. Sie erhalten nach dem Antippen des Symbols mehr Informationen und Konfigurationsmöglichkeiten:

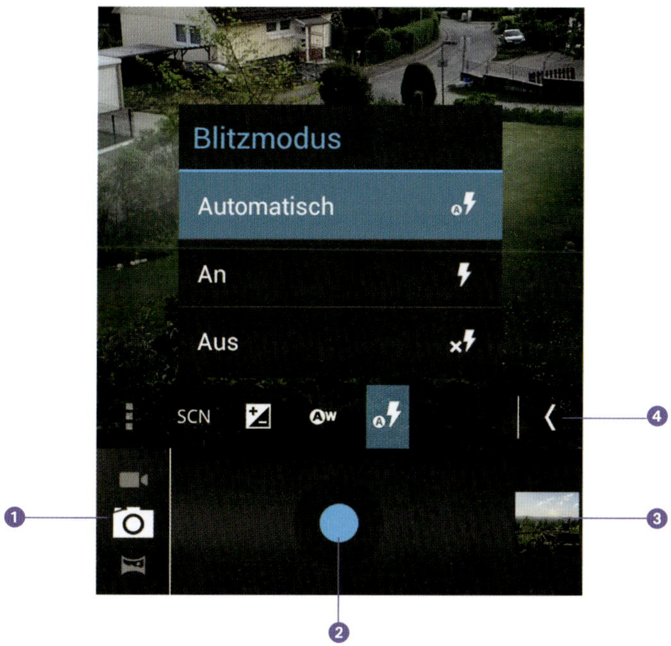

❶ Wechsel von Foto- zu Video- oder Panoramamodus

❷ Auslöser für den jeweiligen Kameramodus

❸ Zugriff auf das letzte Objekt via Galerie

❹ (von links nach rechts): Haupteinstellungen (Auflösung, Geotagging), SCN (Szenenprogramme), Helligkeitsanpassung, Weißabgleich, Blitzmodus

Menütasten verschwunden?

Sollten Sie sich wundern, dass die Standardsofttasten (ab Android-Version 4) in der Kamera-App verschwunden sind, so schauen Sie noch einmal etwas genauer hin: Diese wurden gedimmt und erscheinen als kleine leuchtende Punkte. Ein Antippen des sensitiven Bereichs in der Nähe der Punkte herum bringt die Schaltflächen wieder zum Vorschein.

Alternative Kamera-App

Sehr zu empfehlen für den ambitionierten Smartphone-Fotografen ist die Kamera-App **ProCapture**: Damit lassen sich unter anderem wunderbare Panoramafotos erstellen: Bilderserien werden durch Überlappung direkt in der App zusammengefügt, sodass ein schöner Rundumblick entsteht.

Google Play: procapture

Abbildung 8.3: Mit ProCapture erstellen Sie im Handumdrehen wunderbare Panoramas: Die App zeigt einen Überlagerungsschatten, mit dessen Hilfe Sie angrenzende Bildsegmente optimal überlappen können.

8.1.2 Sichten der Fotos in der Galerie

Nachdem Sie einige Aufnahmen angefertigt haben, können Sie diese in der Mediengalerie einsehen. In diese gelangen Sie entweder direkt aus der Kamera-App oder durch Anklicken des entsprechenden Icons in Ihrem Hauptmenü.

Danach navigieren Sie in einfacher Weise durch Ihre Medien, indem Sie die entsprechenden Ordner antippen (Abbildung 8.4).

Um eine Diashow zu starten, wechseln Sie in ein Album und starten die Diashow durch Antippen des Play-Knopfes (Abbildung 8.5).

Abbildung 8.5: Vorführen der Fotos eines Albums per Diashow. Diese starten Sie durch Antippen des Play-Knopfes.

Über das Menü der Galerie-App haben Sie innerhalb eines Albums zusätzlich die Möglichkeit, Bilder rudimentär zu bearbeiten oder auch per Mail oder Webupload zu veröffentlichen, mehr dazu in den folgenden Abschnitten.

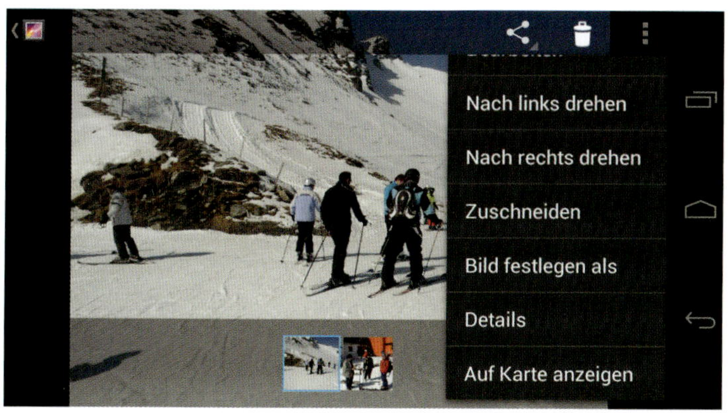

Abbildung 8.6: Das Kontextmenü des Bildes bietet einige einfache Möglichkeiten der Bildbearbeitung. Falls das Bild »geogetaggt« wurde, können Sie sich außerdem den Aufnahmeort über den Punkt »Auf Karte anzeigen« in Google Maps anzeigen lassen.

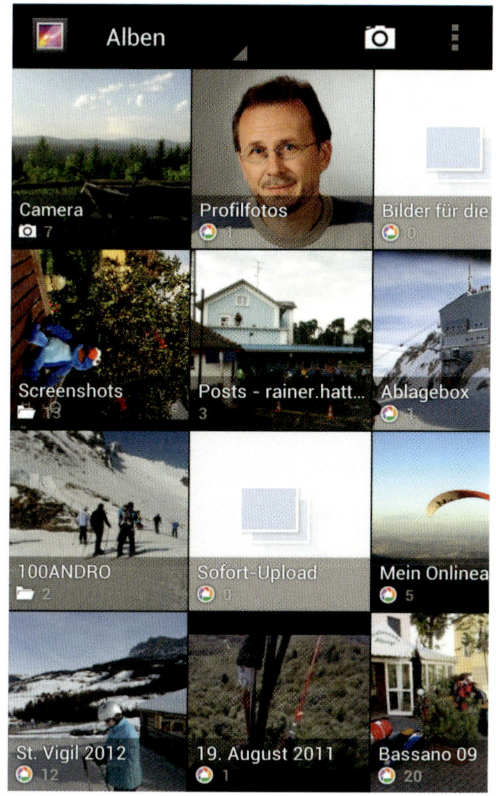

Abbildung 8.4: Die integrierte Galerie bietet einen intuitiven Zugang zu den aufgezeichneten Medien. Sie haben hier unter anderem auch Zugriff zu den Online-Alben Ihres Google-Kontos – vorausgesetzt, Sie sind an das Internet angebunden.

Alternative

- **QuickPic** – ein perfekter alternativer Bildbetrachter

8.1.3 Einfache Bildbearbeitung auf dem Smartphone

Google Play: photoshop express

Die Galerie bietet einige einfache Optionen der Bildbearbeitung an, z. B. das Drehen oder Beschneiden von Aufnahmen, vgl. Abbildung 8.6. Wer etwas mehr Möglichkeiten wünscht, der sollte die kostenlose *Photoshop Express*-App aus dem Google Play installieren:

1. Starten Sie das Programm *Photoshop Express*. Es erkennt automatisch die auf dem Handy gespeicherten Fotos.
2. Wählen Sie das Menü *Edit* und anschließend das Foto, das Sie bearbeiten möchten.

Neben den klassischen Bildkorrekturen (Helligkeit, Kontrast, Farbsättigung) stehen Ihnen auch einige nette Effekte zur Verfügung (Abbildung 8.7).

Abbildung 8.7: Photoshop Express bietet etliche Effekte zur Anwendung direkt auf dem Handy. Sie können damit auch Ihre online abgespeicherten Fotos bearbeiten. Durch Anklicken des grünen Hakens wird der Effekt angewendet. Der Nachteil der App: Die Oberfläche wurde noch nicht in deutscher Sprache lokalisiert.

Alternativen

- **ColorUp** – nachträgliches Einfärben von Fotos
- **FxCamera**
- **PicSay** – Fotoeditor für Anspruchsvolle
- **Papier Kamera** – setzt Fotos sofort in Cartoon-Effekte um

Abbildung 8.8: Selbstporträt mit der Papier Kamera im Gotham Noir-Look – Batman lässt grüßen. Die Oberfläche der App wurde in Papiergestalt realisiert – daher der Name.

8.1.4 Bilder verschicken

Sie möchten Ihren Lieben daheim einen Bildgruß aus dem Urlaub schicken? Kein Problem! Begeben Sie sich dazu einfach in die Mediengalerie:

1. Wählen Sie das zu versendende Bild in der Galerie-App aus.
2. Tippen Sie hier die Schaltfläche *Freigeben* an. Diese ist gekennzeichnet durch eine symbolisierte Verzweigung (Abbildung 8.9).
3. Es öffnet sich eine Liste, die alle Apps auflistet, die einen Onlineversand von Medien unterstützen (Abbildung 8.9).

Nachfolgend werden wir ein Bild per Google Mail verschicken.

4. Wählen Sie aus der Liste die Google Mail-App aus. Es öffnet sich das Fenster des Mailers mit einer vorbereiteten Standardmail, an welche das gewünschte Bild angeheftet wurde. Nun müssen Sie lediglich einen Empfänger auswählen und einen erläuternden Text ergänzen, und schon geht Ihr Bild auf Reisen.

Tipp
Tunlichst sollten Sie im Ausland darauf achten, den Versand von Multimediadateien stets über eine WLAN-Anbindung vorzunehmen: Dadurch vermeiden Sie exorbitante Online-Roamingkosten.

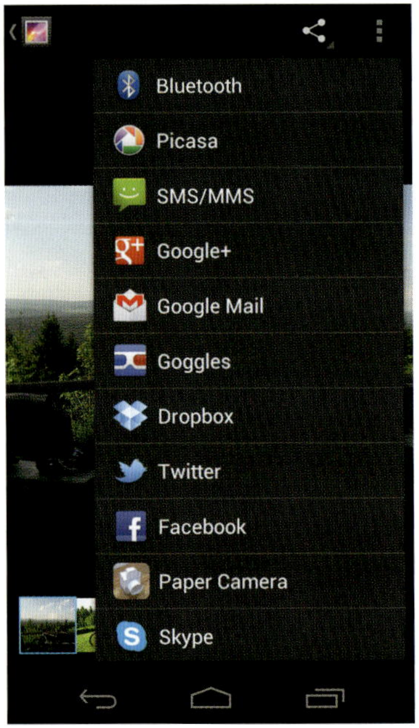

Abbildung 8.9: Der Onlineversand von Medien wird direkt aus der Galerie heraus angeworfen. Damit können Sie die von Ihnen genutzten Plattformen (Google+, Facebook, Twitter) bestücken, aber auch andere Apps auf dem Smartphone mit Input versorgen, sofern diese das unterstützen.

Tipp
Sie haben außerdem die Möglichkeit, Bilder direkt aus einem Dateimanager zu versenden. Tippen Sie dazu einfach länger auf das Bild, und es öffnet sich ein Kontextmenü. Wählen Sie hier den Punkt **Gemeinsam nutzen** und verfahren Sie wie oben beschrieben.

Übrigens: Profis verkleinern Schnappschüsse vor dem Versenden, um Bandbreite zu sparen. Dazu eignet sich das Programm **PicSay**.

Möchten Sie mehrere Bilder verschicken, so sollten Sie Ausschau nach einem mächtigeren Dateimanager wie z. B. dem **Root Explorer** halten. Dieser bietet die Möglichkeit, mehrere Bilder auszuwählen, erfordert dazu allerdings auch Rootrechte, mehr dazu in **Kapitel 10**.

8.1.5 Bilder im Web publizieren

Wenn Sie die Facebook-App auf Ihrem Smartphone installiert haben, dann können Sie leicht, wie im vorangehenden Abschnitt beschrieben, Ihre Bilder direkt zu Facebook hochladen. Perfekt funktioniert auch der Upload in Ihr Picasa-Online-Album, das Ihnen nach der Anmeldung bei Google zur Verfügung steht.

Wählen Sie dazu das entsprechende Bild aus. Im Auswahlmenü für die Bildfreigabe wird nun der Punkt *Picasa* ausgewählt. Das Bild wird durch Betätigen der Schaltfläche *Hochladen* in ein ausgewähltes Online-Album befördert.

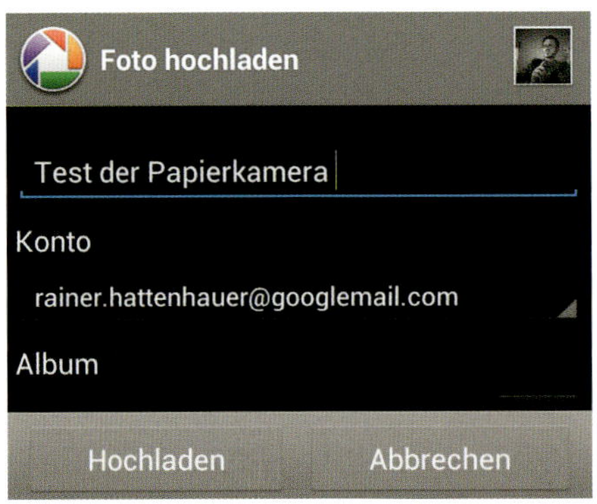

Abbildung 8.10: Bilder können vom Android Smartphone direkt in eines Ihrer Google Picasa-Webalben hochgeladen werden.

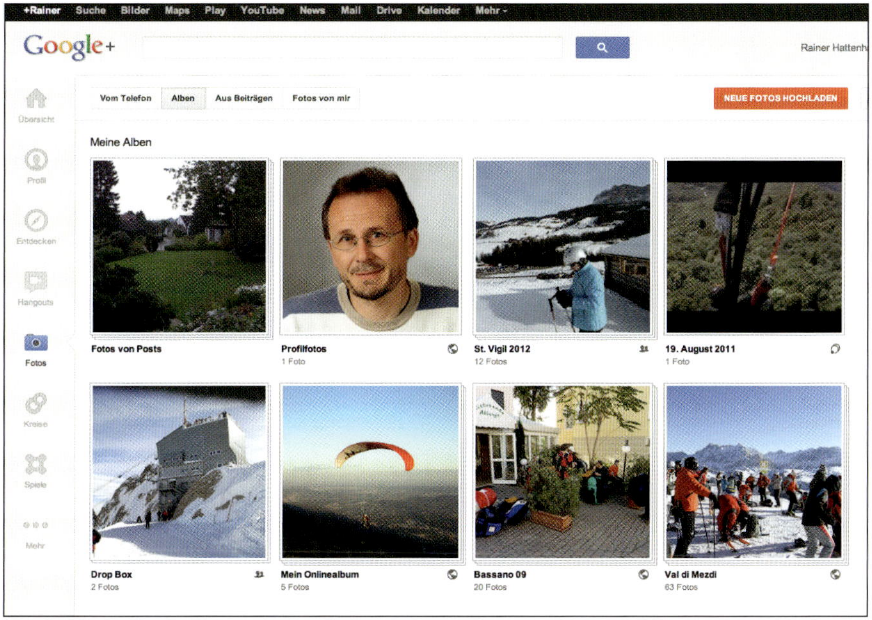

Abbildung 8.11: Die hochgeladenen Fotos stehen Ihnen in Ihrem Google+-Account im Bereich »Fotos« zur Verfügung.

Alternative

- **Instagram** – die perfekte Schnittstelle zum Hochladen der Bilder in Facebook, Twitter & Co.

8.2 Videos – rund um bewegte Bilder

Ihr Android Smartphone lässt sich auch hervorragend als Taschenkino verwenden. Und dank des hochauflösenden Displays moderner Android Smartphones gerät der Genuss des mehrstündigen Hollywood-Blockbusters nicht zur Qual.

8.2.1 Filmwiedergabe

Der integrierte Videoplayer von Android spielt alle gängigen Formate ab. Interessant ist zunächst die Frage, aus welchen Quellen man Filme erhält und wie man den Player damit befüllt.

Material beschaffen bzw. erstellen

Anders als dem Apple-Nutzer steht dem Android-Freund (noch) keine eigene kommerzielle Medienplattform à la iTunes Store zur Verfügung. Zwar ist Google Play auf dem amerikanischen Markt bereits zur Onlinevideothek erweitert worden, die deutschen Nutzer schauen aber dank GEMA und Co. wieder einmal in die Röhre. Es ist also ein wenig Eigeninitiative angesagt, wenn Sie für die Unterhaltung zwischendurch nicht ausschließlich selbst gedrehtes Material verwenden möchten.

Mein persönlicher (im Übrigen legaler) Workflow zum Transport eines Films in ein Android-taugliches Videoformat sieht folgendermaßen aus:

- Den Film oder die Fernsehsendung mit einem digitalen Rekorder oder einer TV-Karte am PC aufzeichnen. Dazu verwende ich unter Windows eine DVB-S2 USB-Videokarte und das Programm ProgDVB (`http://www.progdvb.com/`). Mac-Nutzer sollten sich EyeTV von Elgato (`http://www.elgato.com`) einmal näher ansehen.

Das aufgezeichnete Filmmaterial ließe sich zwar auch direkt auf dem Smartphone wiedergeben, sinnvoller ist es aber, dieses zu komprimieren (und damit Platz zu sparen) und störende Werbung durch Videoschnitt zu entfernen.

- Den Film mit einem der zahlreichen Encoder in ein Android-verträgliches Format umwandeln.

Zur Umwandlung des Films bietet sich die kostenlose Software *Handbrake* an (`http://handbrake.fr/`). Wer ein etwas komfortableres kommerzielles Programm mit Schnittfunktion sucht, wird mit dem *AVS Video Converter* fündig (`http://www.avs4you.com/de/`).

Die Bedienung der vorgestellten Programme ist auf den angegebenen Webseiten ausführlich beschrieben.

Ein echter Vorteil bei Android ist darin zu sehen, dass das freie Betriebssystem eine Vielzahl von Videocodecs beherrscht: Vom DivX-Format über MPEG bis zum H.264-Codec wird alles verarbeitet. Das gute, alte iPhone ist da wesentlich wählerischer und verlangt stets nach H.264-codiertem Material im QuickTime-Container.

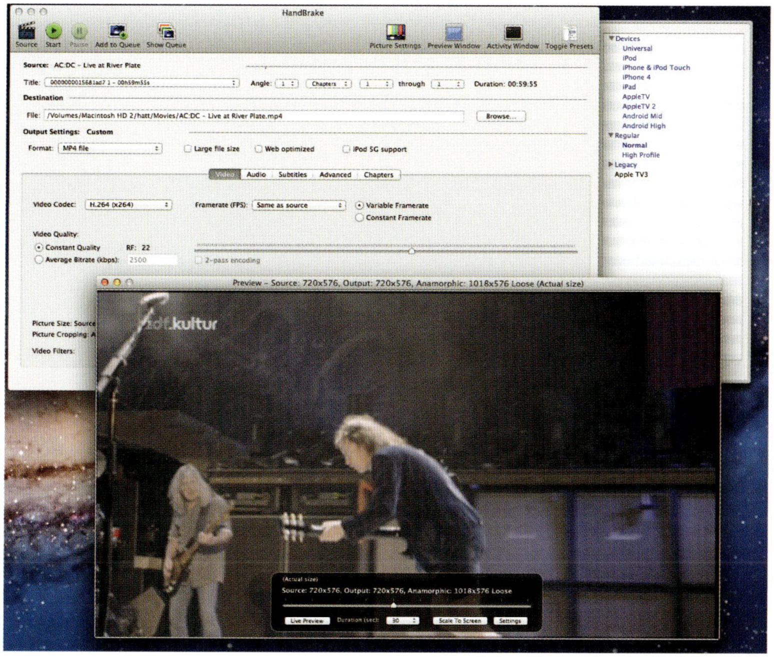

Abbildung 8.12: Videoconverter zur Herstellung von Filmmaterial für mobile Endgeräte gibt es wie Sand am Meer, hier das beliebte Tool Handbrake. Das Programm bietet voreingestellte Profile unter anderem auch für die Android-Plattform an. In der Regel wird das MP4-Format mit dem H.264-Codec verwendet.

Filme auf das Smartphone laden und wiedergeben

Nachdem Sie Ihr Filmmaterial umgewandelt haben, gilt es, dieses auf Ihr Android Smartphone zu befördern. Viele Firmen (z. B. HTC und Samsung) bieten zu diesem Zweck zwar spezielle Programme zur Synchronisation des Smartphones an, ich empfehle Ihnen an dieser Stelle aber den direkten Transfer der Filme über die USB-Schnittstelle auf die SD-Karte des Handys. Der Grund: Die Synchronisationsprogramme der Hersteller versuchen sich in der Regel an einer zeitaufwendigen erneuten Transcodierung des Materials.

1. Für ältere Geräte gilt: Begeben Sie sich zunächst in das Menü *Einstellungen/Drahtlos und Netzwerk/USB-Einstellungen* und kontrollieren Sie, ob hier der Modus *Massenspeicher* aktiviert ist.
2. Kontrollieren Sie in jedem Fall, ob im Bereich *Anwendung/Entwicklung* der *USB-Debugmodus* deaktiviert ist.

3. Verbinden Sie Ihr Smartphone per USB mit Ihrem PC und bestätigen Sie die Meldung *USB-Speicher verbinden*.

Nun können Sie vom Dateimanager des PCs aus auf Ihre Smartphone-Speicherkarte(n) zugreifen. Legen Sie das Video per Drag&Drop auf der Speicherkarte ab. Beachten Sie: Mit Speicherkarte ist sowohl ein optionales externes Medium (meist eine Micro-SD-Karte) als auch der interne Speicher des Handys gemeint. Beide tauchen nach dem Verbinden per USB im Dateimanager auf. Sie können dort auch eigene Ordner erstellen.

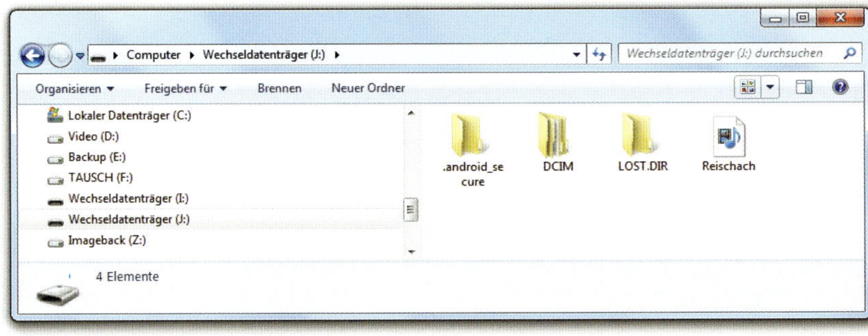

Abbildung 8.13: Die Videodateien werden per Drag&Drop auf den Smartphone-Speicher verschoben. Der Wechseldatenträger J: ist im vorliegenden Fall eine SD-Speicherkarte, I: ist der nicht flüchtige integrierte Flash-Speicher des Smartphones.

Abbildung 8.14: Wiedergabe eines Videos durch einen der zahlreichen Android-Videoplayer. Im vorliegenden Fall handelt es sich dabei um den VPlayer, einen echten »Allesfresser«, was Videoformate anbelangt.

4. Melden Sie den USB-Speicher bei älteren Geräten nach dem Kopieren ab. Ab der Android-Version 4 geschieht dies automatisch.

5. Navigieren Sie nun mit einem Android-Dateimanager zur soeben kopierten Datei oder schauen Sie einfach in der Galerie nach, ob das Video bereits dort erfasst wurde. Das ist in jedem Fall nach einem Neustart Ihres Smartphones der Fall. Starten Sie schließlich das Video durch Antippen.

Der integrierte Videoplayer

Aus der Galerie heraus steht Ihnen der integrierte Videoplayer Ihres Systems zur Verfügung. Navigieren Sie durch Ihre Medien und starten Sie ein Video durch Antippen. Haben Sie mehrere Videoplayer auf Ihrem System installiert, können Sie an dieser Stelle den favorisierten Player auswählen (Abbildung 8.15). Möchten Sie, dass derselbe Player auch in Zukunft gestartet wird, können Sie ihn an dieser Stelle als Standardplayer definieren.

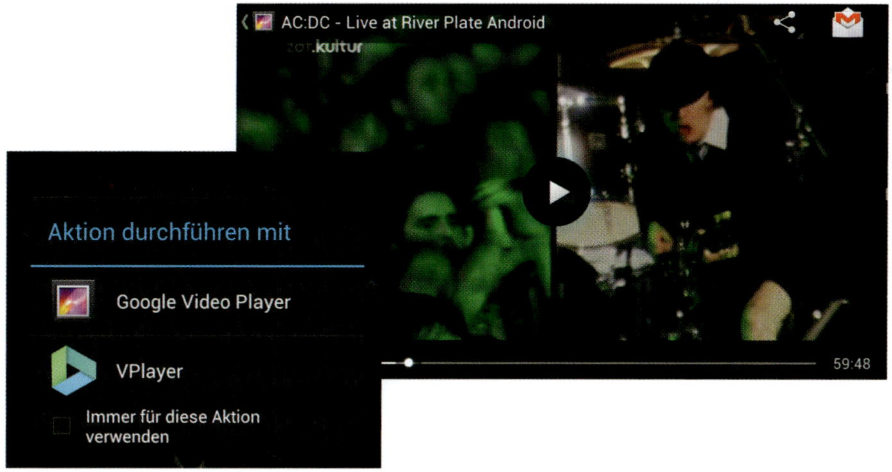

Abbildung 8.15: Der Videoplayer kann auch direkt aus der Mediathek heraus gestartet werden. Im Playerfenster können Sie mithilfe des Fortschrittsbalkens an beliebige Stellen im Film springen.

8.2.2 Filme aufzeichnen, übertragen und schneiden

Die integrierte Smartphone-Kamera lässt sich selbstverständlich auch zur Aufzeichnung von Videos verwenden – und das in der Regel sogar in HD-Qualität. Starten Sie dazu einfach die Kamera-App und tippen Sie im rechten Fensterteil das Symbol für die Auswahl der Kamerafunktion an. Das Smartphone wechselt nach Antippen des Videosymbols in den Videomodus (Abbildung 8.16).

Der Transfer des Videomaterials auf den PC erfolgt wieder über die USB-Schnittstelle. Je nachdem, ob Sie zur Aufzeichnung die interne oder externe Speicherkarte des Smartphones verwendet haben, finden Sie das aufgezeichnete Material unter dem Pfad *DCIM/Camera* des entsprechenden Laufwerkbuchstabens.

Das Videomaterial kann nach der Aufzeichnung durch Antippen des Galerieknopfes im linken oberen Bildbereich (Abbildung 8.16) gesichtet werden.

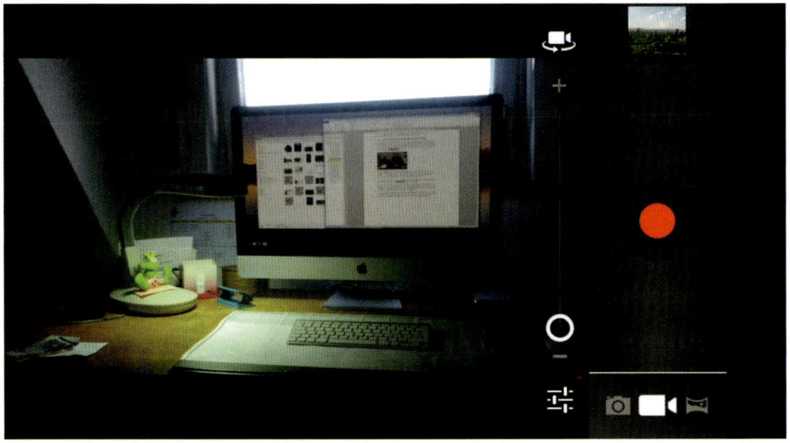

Abbildung 8.16: Die Smartphone-Kamera befindet sich nun im Videomodus. Durch Antippen des Kamerasymbols rechts unten können Sie jederzeit zurück in den Fotomodus wechseln. Die Videoaufzeichnung wird durch Antippen des roten Aufzeichnungsknopfes gestartet, und der spannende Film über mein Büro wird aufgezeichnet.

Zum Schneiden des Materials auf dem PC empfiehlt sich für PC-Benutzer das Programm *AVS Video Editor* (`http://www.avs4you.com/de/`), das auch mit hochauflösendem Material gut umgehen kann und zudem einsteigerfreundlich ist.

Alternative

- **Videocam Illusion** – versehen Sie Ihre Videos direkt bei der Aufzeichnung mit Echtzeiteffekten.

Abbildung 8.17: Das Videomaterial kann mit jedem beliebigen Schnittprogramm auf dem PC oder Mac weiterbearbeitet werden, hier mit Final Cut Pro X unter Mac OS X.

Bloß nicht: Videoschnitt auf dem Handy
Selbst wenn iPhone und Co. mit einer integrierten Videoschnitt-App ausgestattet sind, kann man von dem Einsatz derartiger Software nur abraten: Viel zu umständlich und langsam ist der direkte Videoschnitt des Materials direkt auf dem Smartphone. Es gibt allerdings eine Situation, in der ein solcher Schnitt sinnvoll ist: Zum Trimmen eines Videos vor dem Verschicken ins Netz zu Facebook und Co. In diesem Fall empfehle ich den **AndroVid Videotrimmer**.

Google Play: androvid

Videostreaming über Dropbox
Sie möchten Ihre Urlaubsvideos einem erlauchten Kreis über Internet zukommen lassen? Dann laden Sie diese in Dropbox hoch und geben Sie das entsprechende Verzeichnis frei: Dropbox unterstützt mittlerweile auch Videostreaming.

8.3 Android als iPod

Eine gute Nachricht: Sie müssen auf Ihrem Android Smartphone nicht auf Ihre mühsam zusammengetragene digitale Musiksammlung verzichten – das System ist zur Wiedergabe diverser Tonformate bestens aufgestellt. Der folgende Abschnitt gibt Ihnen Handreichungen, was beim Übertragen und der Wiedergabe von Musikdateien zu beachten ist.

8.3.1 Musik überspielen

Auch hier gilt wie bereits beim Videokapitel beschrieben: Am einfachsten funktioniert die Übertragung der Mediendateien per Drag&Drop über die USB-Schnittstelle.

1. Verbinden Sie Ihr Smartphone wie bereits mehrfach beschrieben per USB-Schnittstelle mit Ihrem PC.
2. Erstellen Sie auf der externen Speicherkarte einen Ordner namens *Music*. Der Name ist im Übrigen frei wählbar.
3. Kopieren Sie mit dem Dateimanager des PCs die gewünschten Musikdateien in den soeben erstellten Ordner.

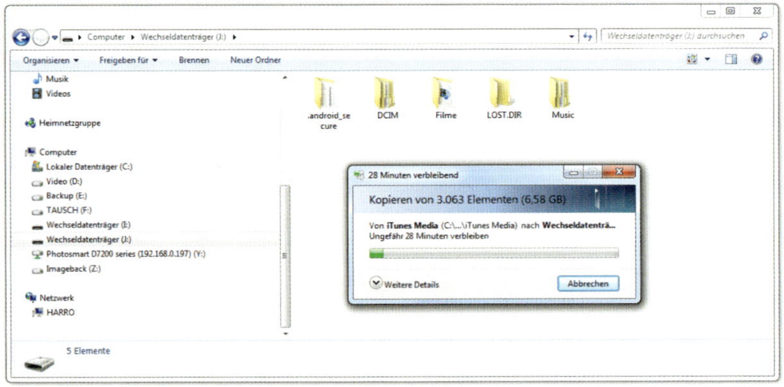

Abbildung 8.18: Musik wird per Drag&Drop auf die Speicherkarte des Smartphones befördert – was je nach Umfang Ihrer Sammlung und Geschwindigkeit der Schnittstelle durchaus eine gewisse Zeit in Anspruch nehmen kann.

Das war's schon! Die Musikstücke findet die MP3-Player-Anwendung Ihres Android Smartphones nun automatisch.

8.3.2 iTunes und Android synchronisieren

Auch das geht mittlerweile problemlos: Synchronisieren Sie Ihre iTunes-Playlisten auf dem PC mit Ihrem Android Smartphone mit *iSyncr*. Sie finden die App sowohl für Mac als auch für den PC im Google Play Store. Die kostenlose Lite-Version besitzt einen eingeschränkten Funktionsumfang: Mit ihr lassen sich maximal 20 Titel abgleichen.

Google Play: iSyncr

1. Installieren Sie zunächst die App aus dem Google Play Store für Ihr bevorzugtes Betriebssystem und starten Sie die App.
2. iSyncr bedingt, dass auf dem Computer, auf welchem iTunes läuft, ein zusätzliches Programm zur Synchronisation installiert wird. Sie finden den Link im nächsten Schritt der Setup-Prozedur und können sich diesen an Ihre eigene Mailadresse schicken lassen. Zum Zeitpunkt der Drucklegung des Buches befand sich die benötigte Desktopsoftware auf `http://www.jrtstudio.com/iSyncr/iSyncrDesktop`.
3. Nach der Installation verrichtet das Programm auf dem PC im Hintergrund seinen Dienst und arbeitet als Server. Es werden sowohl Ihre iTunes- als auch Ihre Amazon-Musikbibliothek automatisch erfasst.

4. Schließen Sie nun Ihr Smartphone per USB-Kabel an den PC an und starten Sie iSyncr. Sie haben jetzt die Möglichkeit, Ihre komplette iTunes Bibliothek oder auch nur ausgewählte Playlisten mit Ihrem Android-Gerät zu synchronisieren.

Die Titel landen nach der Synchronisation auf dem Flash-Speicher Ihres Smartphones und stehen für die Wiedergabe in beliebigen Player-Apps zur Verfügung. Eine Anmerkung zu iSyncr: Der Abgleich über die USB-Schnittstelle kann je nach Umfang Ihrer Bibliothek recht lange dauern. Zur Beschleunigung des Vorgangs können Sie die Synchronisation auch über ein optionales Wi-Fi-Modul vornehmen.

Alternative
- TuneSync

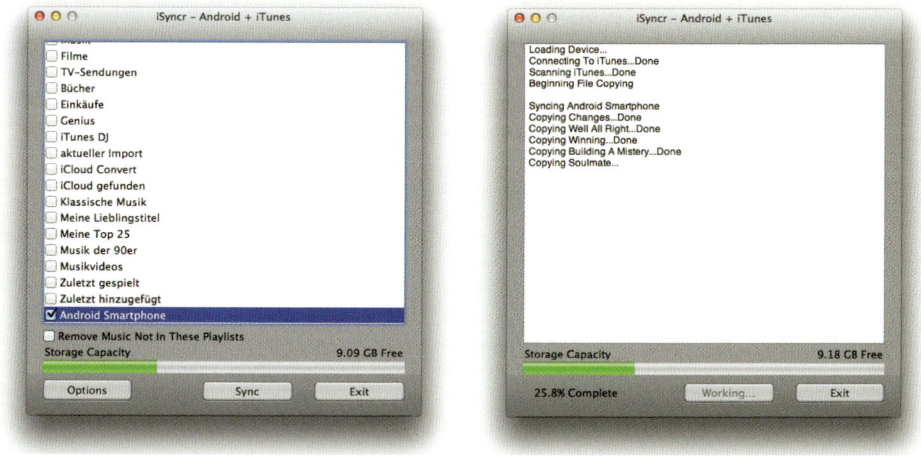

Abbildung 8.19: Mit iSyncr können Sie Ihre iTunes Bibliothek mit Ihrem Android Smartphone über Playlisten abgleichen.

8.3.3 Musik wiedergeben

Android bietet mit der *Play Music*-App eine leistungsfähige eingebaute Musikwiedergabesoftware. Starten Sie das Programm aus der Programmliste. Wurden neue Musikstücke in das Medienverzeichnis übertragen, dann sucht das Programm (Onlineverbindung vorausgesetzt) nach weiteren Informationen im Internet, z. B. Albumcovern.

Nach dem ersten Start präsentiert das Programm alle Titel der Mediathek. Sie können dabei zwischen verschiedenen Ansichten wählen (Abbildung 8.20):

- **Neueste**: Hier werden die zuletzt importierten Stücke aufgelistet.
- **Musiker**: Liste aller Interpreten
- **Alben**: Musik, geordnet nach Alben
- **Titel**: Musik, geordnet nach Titeln
- **Playlists**: Bereich der Playlisten. An dieser Stelle können Sie auch neue Wiedergabelisten erstellen.
- **Genre**: Musik, geordnet nach Genre

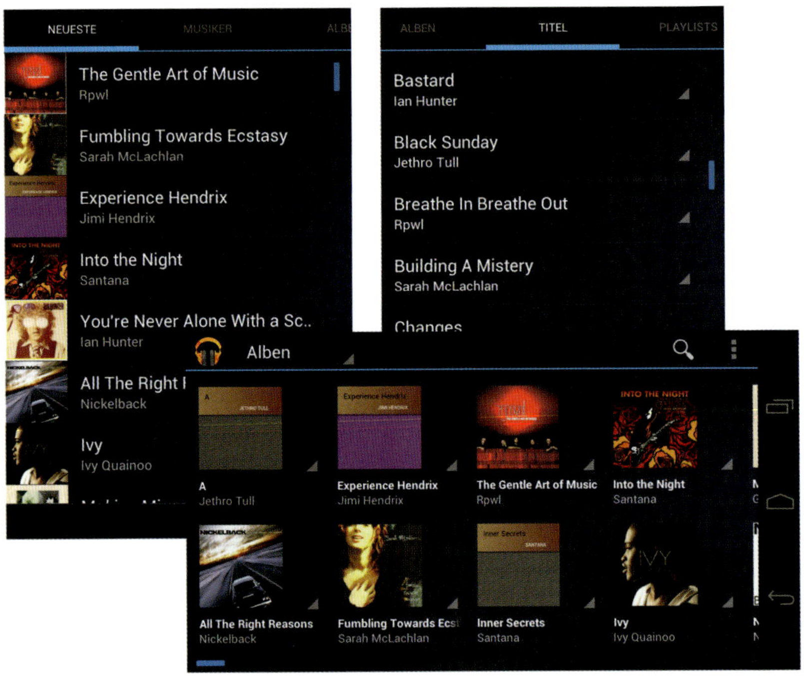

Abbildung 8.20: Verschiedene Ansichten des Musikplayers. Einige Albencover wurden noch nicht mit der Google-Musikdatenbank im Internet abgeglichen.

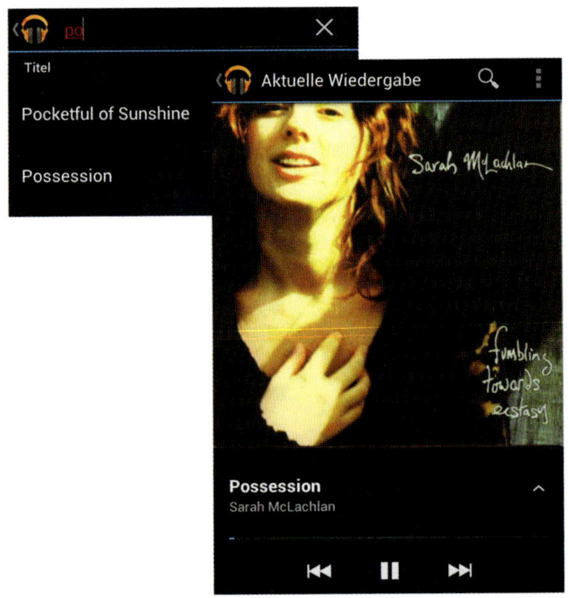

Abbildung 8.21: Musiksuche und Musikwiedergabe im Android-MP3-Player

Genug der grauen Theorie: Tippen Sie einen Titel aus Ihrer Musiksammlung an, und die Wiedergabe beginnt. Suchen Sie ein bestimmtes Stück, so verwenden Sie am besten die Suchfunktion, die sich im Hauptmenü des Players verbirgt (Abbildung 8.21).

Der Musikplayer verbleibt als eines der wenigen Hauptprogramme des Android-Systems nach dem Start permanent im Hintergrund. Er lässt sich erst schließen, wenn die Musikwiedergabe von Ihnen durch Stoppen des aktuell laufenden Titels beendet wurde. Danach können Sie das Programm wie gewohnt verlassen.

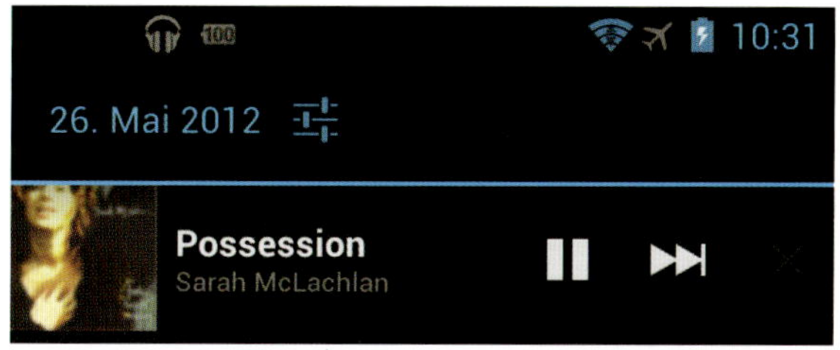

Abbildung 8.22: Die Musikwiedergabe läuft im Hintergrund, beachten Sie dazu das Kopfhörersymbol in der Statusleiste. Zum Beenden der Musikwiedergabe wechseln Sie durch Herunterziehen der Statusleiste zum Programm, stoppen die Wiedergabe und verlassen das Programm durch Antippen des Kreuzes.

Musik für Android Smartphones einkaufen

Prinzipiell können Sie in jedem Onlinemusikshop Audiodateien für Ihr Handy erwerben. Neben den Platzhirschen iTunes und Amazon bieten sich auch der Ubuntu One Musicstore und Musicload für den Download kopierschutzfreier Musik an. Über die Amazon MP3-App können Sie ähnlich wie bei iTunes auf dem iPhone auch von unterwegs aus Musik kaufen.

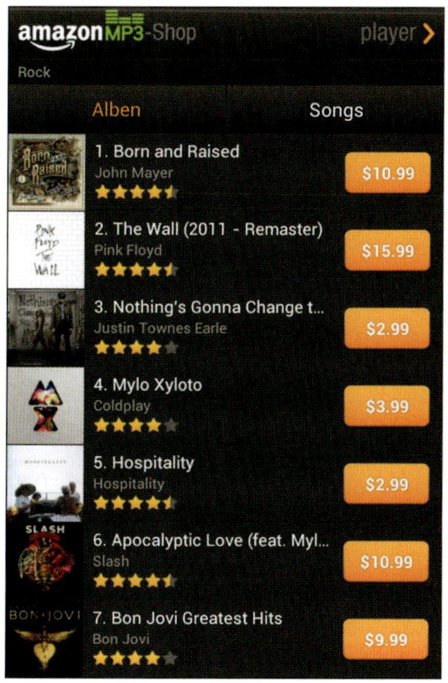

Abbildung 8.23: Mit der Amazon MP3-App können Sie unterwegs Musik von Amazon einkaufen. Die Dollarpreise werden zum aktuellen Kurs in Euro umgerechnet. Der Nachteil des mobilen Einkaufs: Wenn Sie per Mobilfunkverbindung an das Internet angebunden sind, kostet der Download Transfervolumen.

Alternativen

- **PowerAmp** – leistungsfähiger Player mit einer Vielzahl an Funktionen
- **Winamp** – bekannter Musikplayer

8.3.4 Webradio

Im Internetzeitalter findet man eine unüberschaubare Anzahl von Radiosendern, die Webcasts ausstrahlen. Voraussetzung zur Nutzung ist die Installation einer Webradio-App.

Google Play: raute musik

Viele Sender bieten mittlerweile eine eigene Android-App an, um ihren Stammhörern den Zugang zu ihrem Programm auch bzw. gerade über das Internet zu ermöglichen. Als Beispiel hören wir nachfolgend einmal bei *RauteMusik.FM*, Europas größtem Internetradio, hinein.

1. Installieren Sie die *RauteMusik.FM*-App aus dem Google Play Store.
2. Starten Sie anschließend den *RauteMusik Player* und wählen Sie einen Kanal aus, der Musik anbietet, die Ihrem Geschmack entspricht.
3. Der Player startet sofort mit der Wiedergabe. Sie können sich nun unter anderem die Playlist (also die in letzter Zeit gespielten Stücke) des Kanals näher anschauen oder aber per Fingerwisch zu einem anderen Kanal wechseln (Abbildung 8.24).

Bloß nicht: Radio über GPRS/UMTS hören
Sparen Sie sich das Geld und hören Sie Webradio nur, wenn Sie per WLAN an das Internet angeschlossen sind. So schonen Sie das Freivolumen für die Datenübertragung bei Ihrem Mobilfunkprovider.

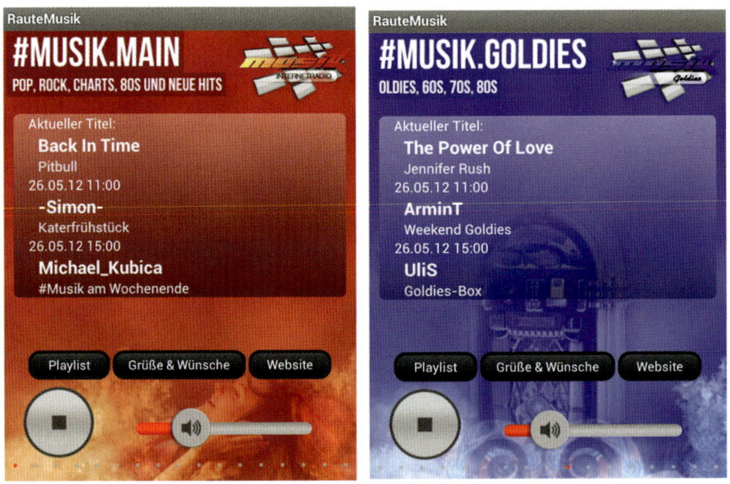

Abbildung 8.24: Durch Wischen mit dem Finger nach links bzw. rechts wechseln Sie bei RauteMusik.FM die Kanäle.

Alternativen

- **TuneIn Radio** – Sehr beliebt ist auch die TuneIn-Radio-App. Diese bietet eine große Zahl von Streamingangeboten regulärer Radiosender an.

Google Play: tunein

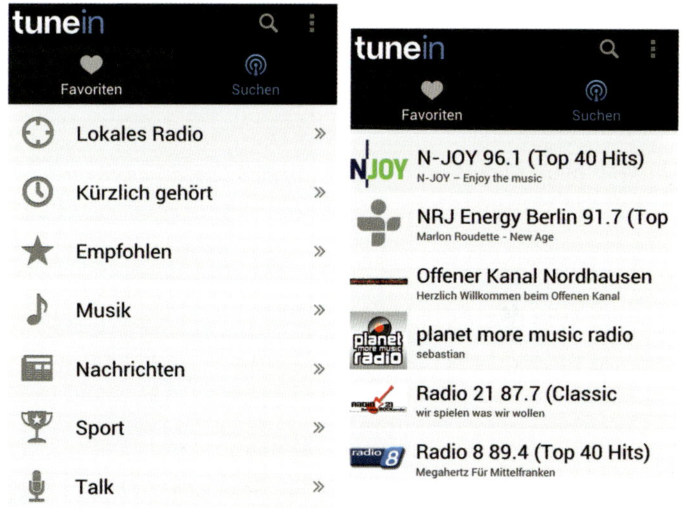

Abbildung 8.25: Die TuneIn-Webradio-App bietet eine Vielzahl lokaler Sender zum Mithören im Web an.

8.3.5 Streamingdienste

Immer beliebter werden Streamingdienste, welche die Wunschmusik ihrer Kunden direkt per Internetstream auf das Smartphone befördern. Der Platzhirsch in Deutschland ist der beliebte Dienst *Spotify*.

Google Play: spotify

1. Installieren Sie die Spotify-App aus dem Play Store und starten Sie die App.
2. Sie können sich nach dem Start entweder mit Ihren Facebook-Kontodaten bei Spotify anmelden oder sich neu für den Dienst registrieren lassen.
3. Nun haben Sie die Gelegenheit, in einem riesigen Pool von Songs zu stöbern. Selbst Raritäten lassen sich entdecken und hören.

Auf dem Weg zur Kulturflatrate
Spotify, Simfy, Sony Music Unlimited, Napster, Deezer ... alle genannten Dienste bieten mehr oder weniger die oftmals geforderte Kulturflatrate: Einmal im Monat zahlen, so viel Musik hören, wie es nur geht. Und wer sich mit einigen wenigen Werbespots abfinden kann, erhält den Musikgenuss sogar kostenlos.

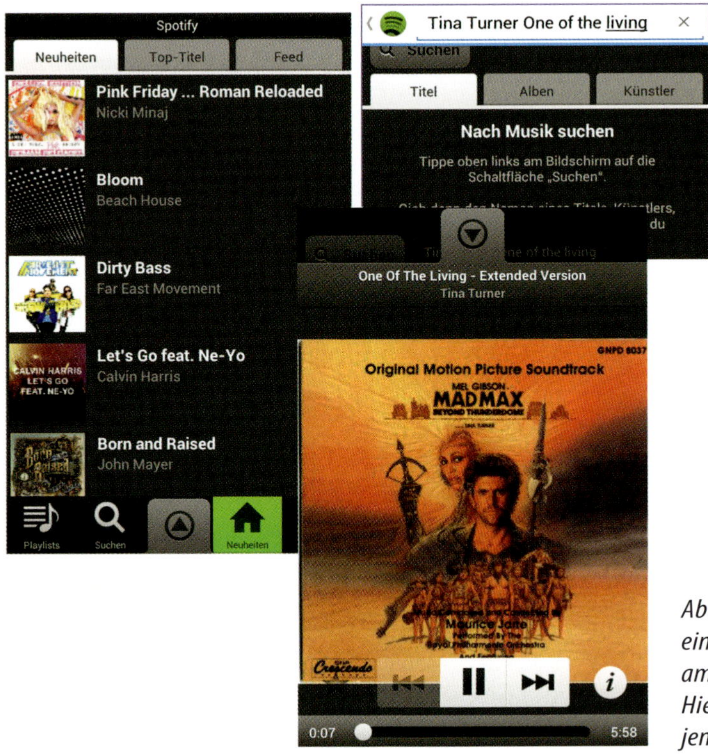

Abbildung 8.26: Spotify besitzt einen riesigen Fundus an streambaren, frei wählbaren Titeln. Hier finden Sie auch Perlen jenseits des Mainstreams.

»Wo ist der Haken?«, werden Sie sich fragen. Nun, in der kostenlosen Variante werden die gewünschten Musikstücke in regelmäßigen Abständen von Werbung unterbrochen. Wenn Sie das stört, so haben Sie die Gelegenheit, für 5 Euro einen Account bei Spotify zu erwerben, der eben diese Werbung unterdrückt. Im Premium Account für 9,90 Euro erwerben Sie sogar das Recht, Ihre Wunschmusik zum Offlinehören herunterzuladen.

8.3.6 Musik aus dem Radio identifizieren

Sicher kommt Ihnen die folgende Situation bekannt vor: Sie hören ein neues Musikstück im Radio, das Ihnen sehr gefällt, aber der Moderator auf der anderen Seite weigert sich hartnäckig, den Interpreten und/oder Titel bekanntzugeben. Ein klassischer Fall für die App *SoundHound*: Damit identifizieren Sie nahezu alles, was Ihnen vor die Ohren kommt.

1. Laden Sie SoundHound aus dem Google Play Store und installieren Sie das Programm.
2. Schalten Sie Ihr Radio oder Ihre Stereoanlage ein, wählen Sie Ihren Lieblingssender und starten Sie die App *SoundHound*.
3. Halten Sie Ihr Smartphone in Richtung der Schallquelle und tippen Sie auf die Schaltfläche *Welcher Song ist das?*.
4. SoundHound zeichnet nun ein Klangprofil des aktuellen Liedes auf und übermittelt dies anschließend an einen Server im Internet. Dieser führt die Identifizierung des Stücks durch – wieder einmal ein typisches Anwendungsbeispiel für Cloud Computing.

Google Play: sound hound

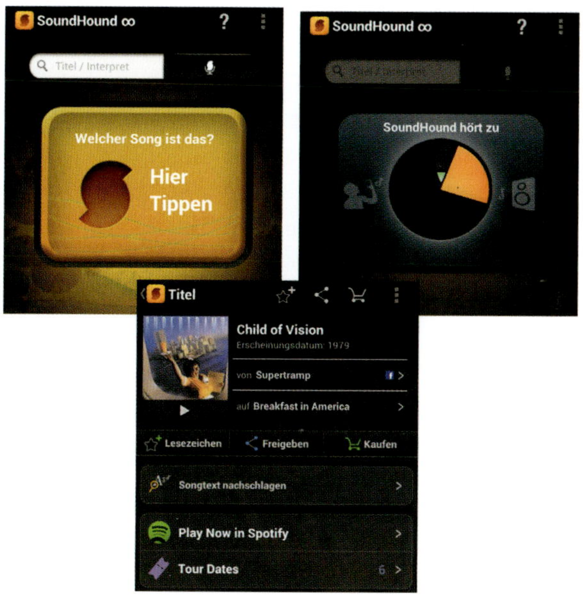

Abbildung 8.27: SoundHound identifiziert alle erdenklichen Songs beliebiger Tonquellen.

Alternative
Shazam ist eine gute Alternative zu SoundHound. Diese App verfügt über erweiterte Möglichkeiten, den Text eines Liedes synchron zur Musik wiederzugeben (Abbildung 8.28).

Google Play: shazam

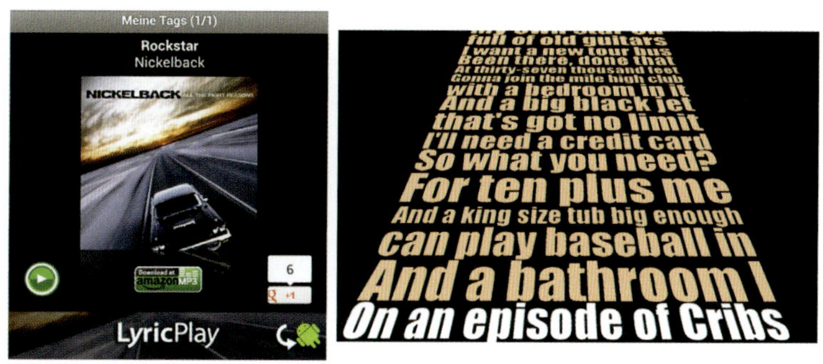

Abbildung 8.28: Das Tool schlechthin für Karaoke-Fans: Shazam liest Ihnen auf Wunsch den Liedtext vor – synchron zum erkannten Musikstück.

8.4 Das Smartphone als mobile Playstation

iPhone und iPod touch haben es vorgemacht, Android zieht nach: Ihr Smartphone eignet sich ganz hervorragend zum Spielen! Touchscreen und Beschleunigungssensor ermöglichen die Umsetzung neuartiger Spiele, die äußerst intuitiv zu steuern sind.

Natürlich ist es im Rahmen des vorliegenden Buches unmöglich, einen vollständigen Überblick zu geben, was sich so alles auf dem Android-Spielemarkt tut. Das folgende Teilkapitel ist daher eher als ein »Best of« meiner persönlichen Favoriten zu verstehen, wenn es mal wieder darum geht, Wartezeiten totzuschlagen. Zu diesem Zweck stelle ich zu jedem klassischen Spielgenre Vertreter vor, die ich persönlich besonders ins Herz geschlossen habe. Vorsicht ist hier aber allemal geboten: Einige Kandidaten sind extrem suchterregend.

8.4.1 Spiele für Android beschaffen

Woher nehmen und nicht stehlen? Der Google Play Store ist voll von spannenden Spielen, die in der Regel als Testversionen sogar kostenlos angeboten werden. Sehen Sie im Play Store nach, welche Spiele derzeit die Charts anführen.

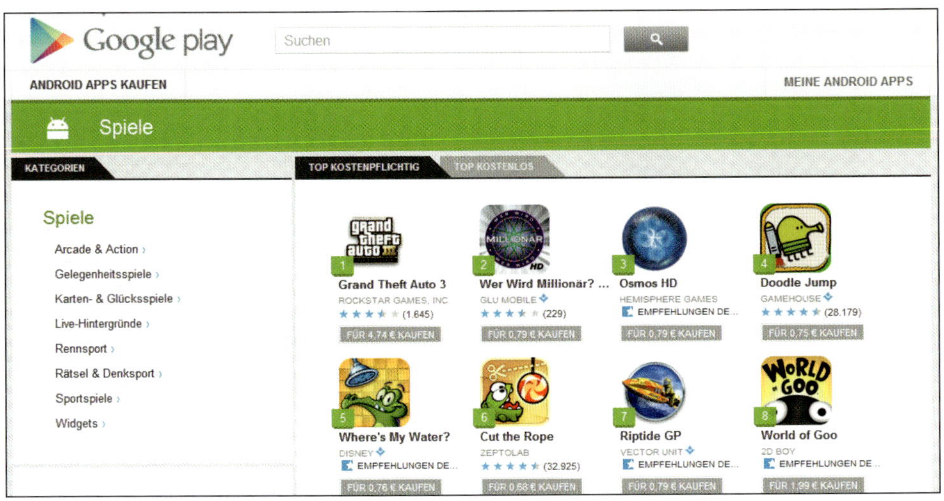

Abbildung 8.29: Der Google Play Store bietet in der Kategorienansicht einen Überblick, was auf dem Spielesektor derzeit »in« ist.

Einen Überblick über die aktuelle Spieleszene bietet aber auch die Android-Website AndroidPit. Begeben Sie sich einmal auf `www.androidpit.de` in den Bereich *Apps* und wählen Sie dort den Punkt *Alle Games* (Abbildung 8.30).

Die Spiele können Sie nach Begutachtung der Kritiken über eine spezielle App auch direkt bei AndroidPit herunterladen. Dies hat den Vorteil, dass Sie dort auch PayPal als Bezahlmethode wählen können.

Eine andere Quelle ist der Spielevertreiber Gameloft (`http://www.gameloft.de/`). Hier erwerben Sie Apps durch Anforderung eines Downloadlinks per SMS an Ihr Smartphone. Nach Anklicken des Links in der SMS wird das Spiel ohne den Umweg über den Google Play Store direkt auf Ihr Handy geladen. Die Abrechnung erfolgt dann über Ihr Mobilfunkkonto.

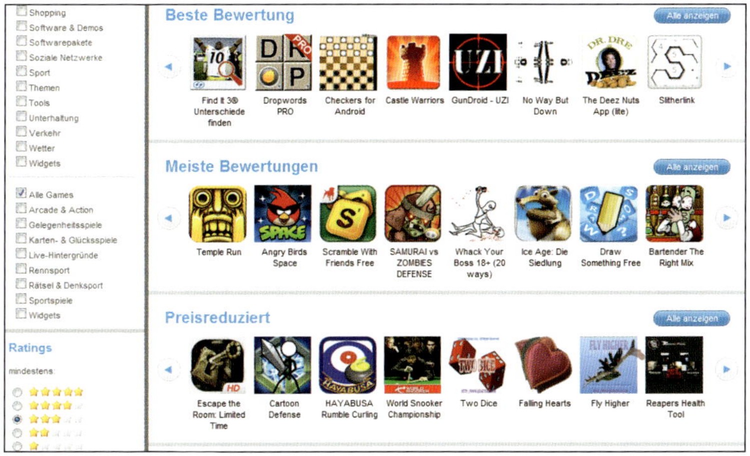

Abbildung 8.30: AndroidPit liefert ebenfalls ein Ranking der beliebtesten Android-Spiele.

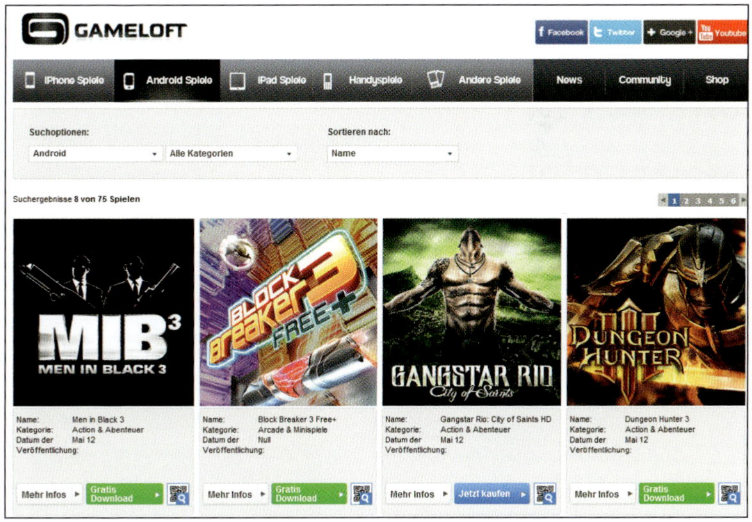

Abbildung 8.31: Gameloft bietet eine Vielzahl topaktueller, anspruchsvoller Android-Spiele zum Download an. Die Abrechnung erfolgt per SMS über Ihr Mobilfunkkonto.

8.4.2 Geschicklichkeit

Labyrinth

Google Play: labyrinth lite

Bei diesem Spiel geht es darum, virtuelle Kugeln, die sich in einem Labyrinth befinden, auf dem Smartphone-Display zu balancieren und zu einem vordefinierten Zielpunkt zu rollen. Ein ganz ähnlich konzipiertes Taschenspiel konnte mir zu Schulzeiten langweilige Unterrichtsstunden versüßen (Abbildung 8.32).

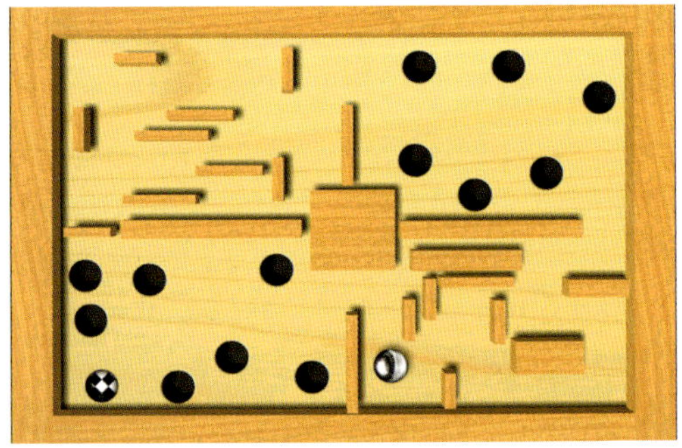

Abbildung 8.32: Durch Kippen des Smartphones wird die Kugel in die gewünschte Richtung dirigiert. Der Zielpunkt ist durch ein Karomuster gekennzeichnet. Interessant ist hier außerdem das haptische Feedback per Vibration.

Apparatus

Google Play: apparatus

Bei *Apparatus* ist Ihr technisches Geschick gefragt. Bauen Sie kleine, verrückte Maschinen, um mit deren Hilfe einen Ball in eine Kiste zu befördern (Abbildung 8.33).

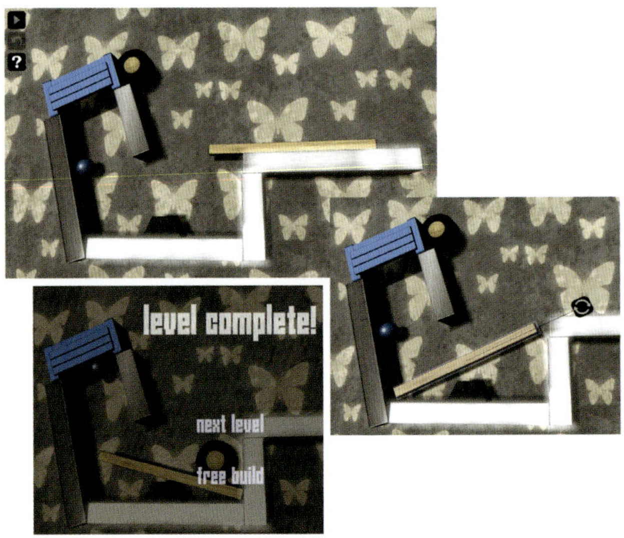

Abbildung 8.33: »Apparatus« bietet knifflige Puzzles an: Im vorliegenden Fall muss der blaue Ball mit dem Sprungbrett in den Kasten befördert werden. Dazu bedient man sich des schwarzen Gewichts und lässt dieses auf das Brett fallen.

Abbildung 8.34: World of Goo – bauen Sie mit klebrigen Bällen Gebilde zu einem Absaugrohr. Kleine Textschilder in jedem Level geben Tipps zur Lösung.

Anspieltipp
Konstruieren Sie Brücken aus kleinen, glibbrigen Bällen: **World of Goo** ist ein echter Süchtigmacher.

8.4.3 Wissen

Quizspiele liegen voll im Trend. Wie schön, dass man mit einem Android Smartphone eine komplette, interaktive Quizshow in der Jackentasche mit sich führen kann. Mir persönlich hat beispielsweise *Wer wird reich?* schon so manche Vertretungsstunde gerettet.

Wer wird reich

Ein Klassiker unter den Android-Quizspielen ist das Programm *Wer wird reich*. Jegliche Ähnlichkeit zu einer beliebten Fernsehquizsendung ist natürlich rein zufälliger Natur. ;-).

Google Play: wer wird reich

Anspieltipps

- **Allgemeinwissen** – Quizfragen zur Allgemeinbildung
- **Trivial Droid** – Trivial Pursuit für Freunde der englischen Sprache
- **Math Workout** – Gehirnjogging mit Zahlen
- **Wer wird Millionär?** – das Original

Abbildung 8.35: Wer wird reich? – Testen Sie Ihre Allgemeinbildung.

8.4.4 Sportspiele

Google Play: skispringen

Als Skisport-Fan hat es mir die Skisprung-App *Skispringen 2012* besonders angetan. Sie können damit einen Skispringer über eine virtuelle Schanze fliegen lassen.

In der kostenlosen Testversion stehen Ihnen immerhin drei Schanzen für das Training zur Verfügung.

Gesteuert wird das Spiel entweder durch Antippen zweier sensitiver Touchflächen oder durch Neigung des Smartphones. Dabei ist darauf zu achten, dass die Neigungssensor-Indikatoren stets im grünen Bereich liegen (Abbildung 8.36).

Abbildung 8.36: Der Traum meiner Kindheit: einmal eine richtige Schanze heruntersausen.

8.4.5 Adventurespiele/Jump & Run

Ein kostenloses Adventure mit Actioneinlagen à la Jump and Run gefällig? Bitte sehr – hier ist *Temple Run*!

Sie steuern die Abenteuerfigur durch Kippen des Displays bzw. durch Wischen mit dem Finger. Ziel ist es, durch die verschiedenen Level hindurchzuhetzen und so viele Juwelen wie möglich einzusammeln.

Anspieltipps

- **PES Pro Evolution Soccer 2012** – für Freunde des runden Leders
- **Flick Golf** – Golf auf dem Smartphone
- **Virtua Tennis** – entspannen Sie sich bei einer Runde Tennis.

Abbildung 8.37: Indiana Jones lässt grüßen: Jagen Sie als Abenteurer durch die wunderschöne Dschungelkulisse von Temple Run.

Market: temple run

Anspieltipps

- **Dungeon Hunter 3** – klassisches Rollenspiel (erhältlich über Gameloft)
- **N.O.V.A. 2** – ein Weltraumabenteuer

8.4.6 Arcade

Market: angry birds

Natürlich darf ein echter Klassiker aus dem Bereich Arcade nicht fehlen: *Angry Birds* hat seinen weltweiten Siegeszug auch auf den Android Smartphones angetreten. Schießen Sie mit einer Schleuder arme Vögel durch die Gegend und versuchen Sie, einen Turm zum Einstürzen zu bringen.

Abbildung 8.38: Vorsicht, Suchtgefahr! Angry Birds (hier in der Variante »Space«) raubt Ihnen Stunden, wenn nicht gar Tage Ihres Lebens.

Anspieltipps

- **Frozen Bubble** – lassen Sie bunte Murmeln mithilfe einer Kanone platzen.
- **Doodle Jump** – vom iPhone bekannter Klassiker
- **Where's my Water** – ein Bestseller von Disney Games
- **Cut the Rope** – füttern Sie ein Monster, indem Sie Seile geschickt durchschneiden.
- **Plants vs. Zombies** – ein typisches Tower-Game: Schützen Sie Pflanzen vor herannahenden Zombies.
- **Fruit Ninja** – zerteile Früchte mit einem Ninja-Katana.

Abbildung 8.39: »Kill Bill« in einer harmlosen Variante: Zerteilen Sie Früchte mit einem Ninja-Schwert durch Wischbewegungen.

8.4.7 Rennspiele

Das letzte Spiel, das ich Ihnen im Bereich der Android-Spiele vorstellen möchte, ist ein nicht alltägliches Rennspiel: Bei *Riptide GP* jagen Sie mit einem Wetbike über verschiedene Wasserparks. Gesteuert wird das Gefährt erneut durch Neigung Ihres Smartphones.

Market: riptide gp

Abbildung 8.40: Riptide GP – das rasante Rennspiel mit Wetbikes – besticht mit ausgefeilter Grafik und intuitiver Steuerung.

Anspieltipps

- **Racing Moto** – kostenloses Motorrad-Rennspiel
- **Need for Speed** – ein klassisches Autorennspiel

Hubraum ist durch nichts zu ersetzen –
– ausser durch noch mehr Hubraum.

Alte KFZ-Mechaniker-Weisheit

Kapitel 9

Android ausreizen: Apps & mehr

Pimp your Android – mit den richtigen Apps mutiert Ihr Androide vom langweiligen 08/15-Telefon zum digitalen Schweizer Taschenmesser. Wohl dem, der bei den unzähligen Apps, die mit der Zeit den Speicher bevölkern, noch den Überblick behält und von Zeit zu Zeit aufräumt. Und wer keine Konfektionsware mag, richtet darüber hinaus sein digitales Heim nach dem eigenen Geschmack ein.

9.1 Apps verwalten

Ob Sie es wollen oder nicht: Der Speicher Ihres Android Smartphones füllt sich mit der Zeit durch die Unmengen von Apps, die Sie »nur mal so zum Spaß« installiert haben. Hier gilt es, den Überblick zu bewahren und von Zeit zu Zeit einmal aufzuräumen. Diese Thematik, aber auch alternative Möglichkeiten, Apps zu installieren, werden im folgenden Abschnitt besprochen.

9.1.1 Den Überblick bewahren

Wo erhalten Sie Einblick, wie viele und welche Apps auf Ihrem Smartphone installiert sind? Begeben Sie sich zu den *Einstellungen* und wählen Sie im Bereich *Gerät* den Menüpunkt *Apps*.

Im Apps-Bereich finden Sie einen Überblick, welche Apps derzeit Ihr Smartphone bevölkern (Abbildung 9.2).

Schnell zu den Einstellungen wechseln
Ab Android-Version 4.0 gelangen Sie schnell zu den Einstellungen, wenn Sie die Statusleiste herunterziehen und die Schieberegler-Schaltfläche neben dem Datum antippen (Abbildung 9.1).

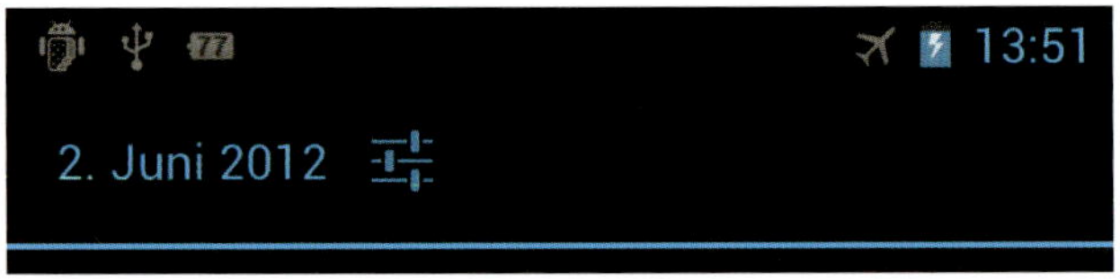

Abbildung 9.1: Durch Herunterziehen der Statusleiste gelangen Sie zum Schiebereglersymbol (dieses befindet sich im vorliegenden Fall neben dem Datum), welches Sie direkt zu den Einstellungen führt.

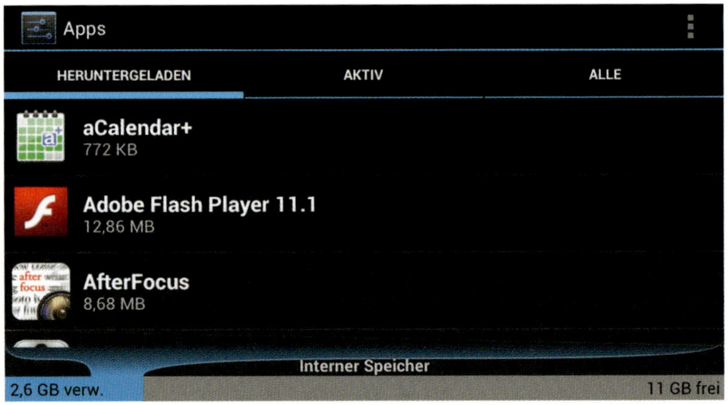

Abbildung 9.2: Überblick über heruntergeladene bzw. installierte Apps. Über das Kontextmenü (Schaltfläche in der oberen rechten Ecke) können Sie die Apps entweder nach Name oder Größe sortieren lassen.

Sie wechseln im Apps-Einstellungsmenü durch Antippen der entsprechenden Reiter in folgende Unterbereiche:

- **Heruntergeladen**: Hier finden Sie alle externen Apps, die Sie aus dem Play Store oder anderen Quellen auf Ihrem Smartphone installiert haben.
- **Aktiv**: Hier werden alle Apps gelistet, die momentan im Hintergrund ihren Dienst verrichten.
- **Alle**: Unter dieser Rubrik versammeln sich sämtliche Apps, die sich auf dem Smartphone befinden, also auch die Apps des Android-Systems.

Interessant ist der Bereich der aktiven Apps: Hier lassen sich Akku- und Speicherfresser ausmachen, die die Leistungsfähigkeit des Smartphones beeinträchtigen können. Dazu zählen insbesondere auch Dienste, die im Hintergrund ihre Arbeit verrichten.

Schauen wir uns einmal im Bereich der aktiven Anwendungen um: Wechseln Sie dazu auf das Untermenü *Aktiv* (Abbildung 9.3).

Anwendungen und Dienste

Was unterscheidet Anwendungen von Diensten? Kurz gesagt: Ein Dienst ist ein Hintergrundprozess, der im Gegensatz zur Anwendung auch dann läuft, wenn er nicht explizit gestartet wurde. Ein Beispiel: Der Rotationssensor Ihres Telefons bedingt, dass im Hintergrund ein Dienst läuft, der erkennt, ob Sie Ihr Telefon drehen. Er reagiert darauf und dreht im Bedarfsfall den Bildschirm.

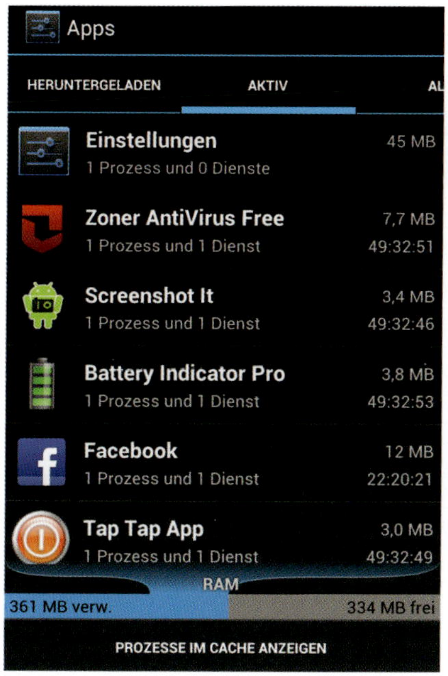

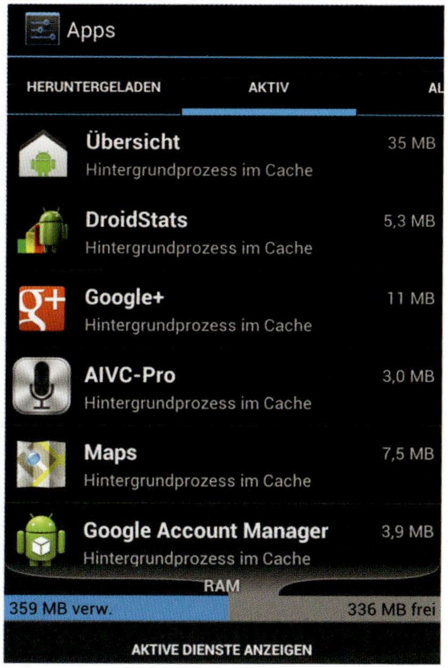

Abbildung 9.3: Der Bereich »Aktiv« gibt einen Einblick darüber, welche Apps bzw. Dienste derzeit den Arbeitsspeicher Ihres Smartphones belegen. Mittels »Prozesse im Cache anzeigen« bzw. »Aktive Dienste anzeigen« können Sie zwischen zwei verschiedenen Aspekten wechseln.

Ein praktisches Beispiel:

1. Starten Sie eine App, z. B. Google Mail.
2. Verlassen Sie die App unmittelbar nach dem Start nicht per *Zurück*-Schaltfläche, sondern über die *Home*-Schaltfläche.
3. Die App verrichtet nun noch als Hintergrundprozess ihren Dienst. Wechseln Sie über die Schaltfläche *Letzte Anwendungen* zurück zur App, so nimmt diese ihre Arbeit genau an der Stelle wieder auf, an der Sie sie verlassen haben.
4. Nach einer Weile der Inaktivität räumt das Betriebssystem die App aus dem Arbeitsspeicher. Dies können Sie ebenfalls anhand der Prozessliste kontrollieren.

Solange die App im Hintergrund läuft, existiert ein Eintrag der App in der Prozessliste. Wird die App längere Zeit nicht benötigt, so schmeißt das Betriebssystem diese automatisch aus dem Speicher und setzt dadurch Ressourcen frei.

Die drei magischen Schaltflächen

Machen Sie sich die Bedeutung der drei Haupt-Steuerschaltflächen stets klar:

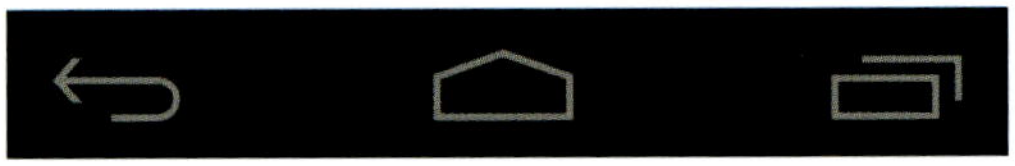

Abbildung 9.4: Die Haupt-Steuerschaltflächen des Android-Systems (von links nach rechts): Zurück, Home, Letzte Anwendungen

- **Zurück:** Dadurch verlassen Sie die App sauber, und alle temporären Daten werden gelöscht.
- **Home:** Über die Home-Schaltfläche gelangen Sie momentan zu Ihrem Startbildschirm. Die App läuft noch so lange im Hintergrund, bis das System sie irgendwann selbstständig beendet, um Ressourcen zu sparen.
- **Letzte Anwendungen:** Dadurch wechseln Sie zu der Liste der zuletzt geöffneten Anwendungen. Sie können damit auch zwischen geöffneten Anwendungen hin- und herspringen, diese werden nicht automatisch beendet.

9.1.2 Anwendungen löschen/stoppen

Je mehr Anwendungen Sie auf Ihrem Smartphone installieren, desto größer ist die Gefahr, dass permanent laufende Hintergrunddienste Ihr Gerät ausbremsen. Von Zeit zu Zeit kann es daher notwendig sein, Ihren Androiden von überflüssigen, weil nicht genutzten Apps zu befreien.

Am schnellsten erledigen Sie das direkt aus der Apps-Übersicht heraus:

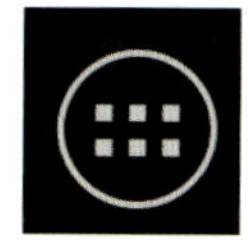

1. Wechseln Sie durch Betätigen der entsprechenden Schaltfläche vom Homescreen in den Apps-Bereich.
2. Suchen Sie die zu löschende App und lassen Sie diese per Drag&Drop mit gedrücktem Finger auf die am oberen Bildschirm erscheinende Fläche *Deinstallieren* fallen.

Fertig! Der Nachteil dieses Verfahrens: Manche Apps legen noch weitere Daten im Flash-Speicher des Smartphones ab, die durch den beschriebenen Löschvorgang nicht erfasst werden.

Zum rückstandsfreien Löschen einer App gehen Sie folgendermaßen vor:

1. Schieben Sie die zu löschende App über das Symbol *App-Info* (Abbildung 9.5).

Es erscheint nun das Info-Übersichtsmenü zur entsprechenden App (Abbildung 9.6).

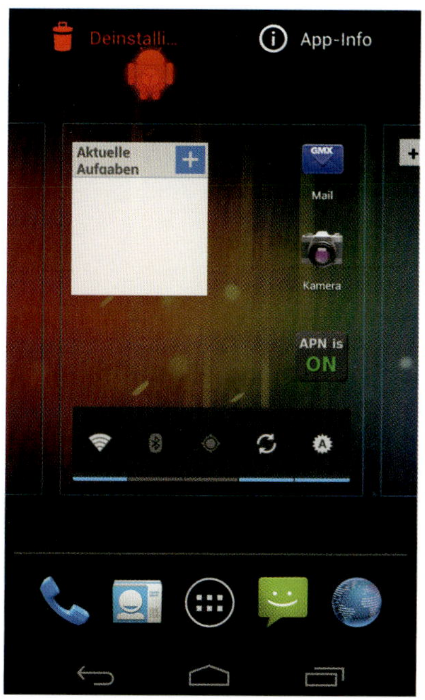

Abbildung 9.5: Apps lassen sich schnell per Drag&Drop aus der Apps-Übersicht entfernen. Wenn Sie das Programm-Icon über den Bereich »App-Info« schieben, haben Sie zusätzlich die Möglichkeit, etwaige verbliebene Daten rückstandsfrei zu löschen.

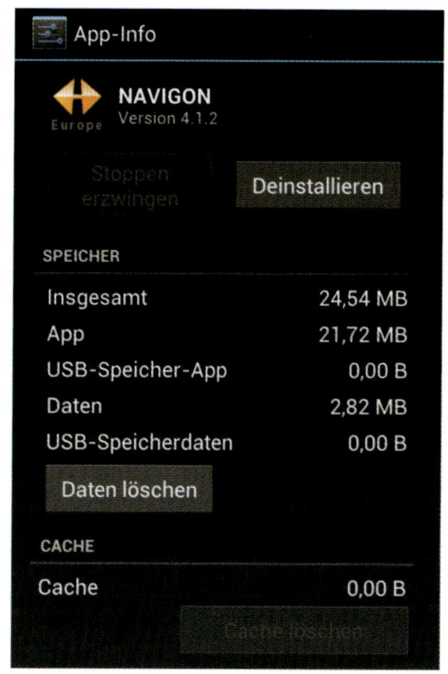

Abbildung 9.6: Im Übersichtsmenü können Sie überflüssige Daten einer App löschen.

Abbildung 9.7: Stoppen Sie einen Prozess über das Menü der aktiven Apps.

2. Betätigen Sie hier die Schaltfläche *Daten löschen*.
3. Tippen Sie anschließend die Schaltfläche *Deinstallieren* an.

Dadurch wird die App rückstandsfrei vom Smartphone entfernt. Alternativ gelangen Sie übrigens zum Übersichtsmenü, indem Sie die zu löschende App in der Übersicht (siehe Abbildung 9.2) antippen.

An dieser Stelle haben Sie im Übrigen auch die Möglichkeit, »wild gewordene« Apps zu stoppen:

4. Wählen Sie die betroffene App aus der Liste der aktiven Apps aus.
5. Tippen Sie die Schaltfläche *Stoppen erzwingen* bzw. *Beenden* an.

9.1.3 Installationsvorgänge überwachen

Aufgrund der Tatsache, dass Android sich anschickt, das gute Windows als Viren- und Trojanerschleuder zu überholen, sollten Sie Folgendes kontrollieren, damit es kein böses Erwachen gibt:

- Falls nicht schon vor der Installation geschehen: Welche **Rechte** genehmigt sich die installierte App? Begeben Sie sich dazu in das *App-Info*-Menü (vgl. Abbildung 9.6) und scrollen Sie dort per Finger bis an das untere Ende der Seite. Hier werden noch einmal alle Berechtigungen aufgelistet, welche die App benötigt (Abbildung 9.8).

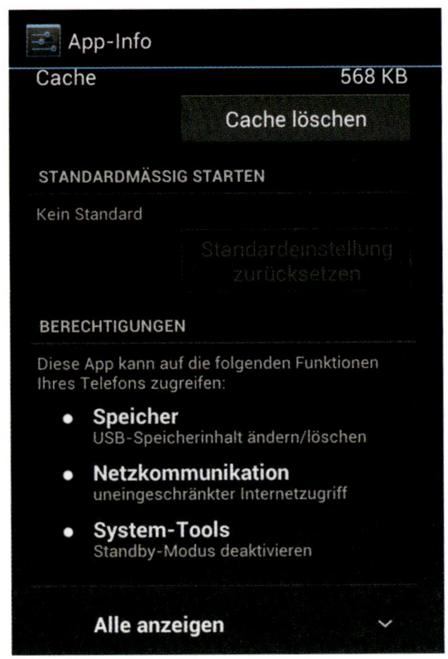

Abbildung 9.8: Über das »App-Info«-Menü lassen sich die eingeforderten Berechtigungen einer App nachträglich einsehen.

- Achten Sie darauf, dass in den Einstellungen im Bereich *Nutzer/Sicherheit/Geräteverwaltung* die **Installation von Apps unbekannter Herkunft** untersagt wird (Abbildung 9.9).
- Stellen Sie schließlich sicher, dass der **USB-Debugmodus** deaktiviert wurde. Auch dieser stellt für Angreifer eine willkommene Schwachstelle dar (Abbildung 9.9).

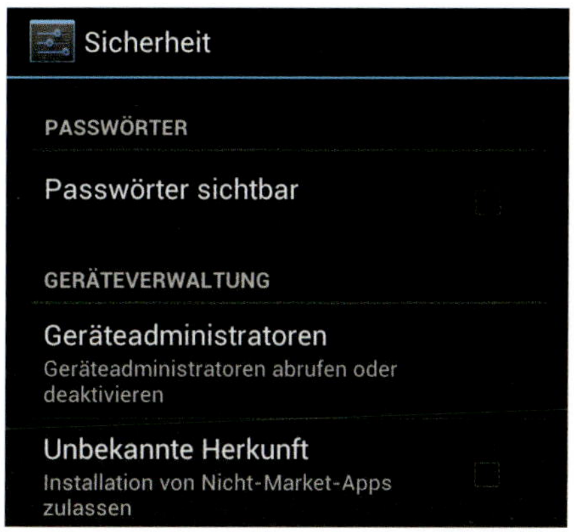

Abbildung 9.9: Tragen Sie zur Steigerung der passiven Sicherheit bei und kontrollieren Sie die Optionen für die Installation von Apps, die nicht aus Google Play stammen (links, hier bereits deaktiviert) sowie das USB-Debugging (rechts, hier noch aktiviert).

9.2 Den Speicher im Blick

Wie viel Speicher belegen Ihre Apps? Müssen Anwendungen von Zeit zu Zeit gestoppt werden, um den Akku nicht unnötig zu belasten? Was hat es mit diesen merkwürdigen Task-Managern auf sich? Einiges haben Sie bereits im vorherigen Abschnitt erfahren, der folgende Abschnitt liefert weitere Antworten.

9.2.1 Die Speicherbelegung analysieren

Sehen wir zunächst mit Bordmitteln nach, wie voll der Speicher unseres Smartphones bereits ist. Dies wird bei aktuellen Geräten ab der Android-Version 4 direkt vom Betriebssystem unterstützt.

RAM vs. Flash-Speicher: Who is who?
Beim Speicher Ihres Android Smartphones wird zwischen dem schnellen, flüchtigen RAM-Speicher und dem Flash-Speicher unterschieden. In den Ersteren werden die App-Daten zur Laufzeit abgelegt, Letzterer ist der Speicherort der installierten Programme. Der typische RAM-Speicher eines Android Smartphones beträgt bei aktuellen Modellen ca. ein Gigabyte, der Flash-Speicher kann je nach Modell bis zu 64 Gigabyte umfassen. Dort werden neben den Apps auch die Medien (Musik, Filme, Bilder) abgelegt. Der Flash-Speicher kann bei vielen Modellen durch eine externe (Micro)SD-Karte erweitert werden.

Begeben Sie sich dazu in den Bereich *Einstellungen/Gerät/Speicher*. Es erscheint die aktuelle Flash-Speicher-Belegung, übersichtlich geordnet nach Kategorien.

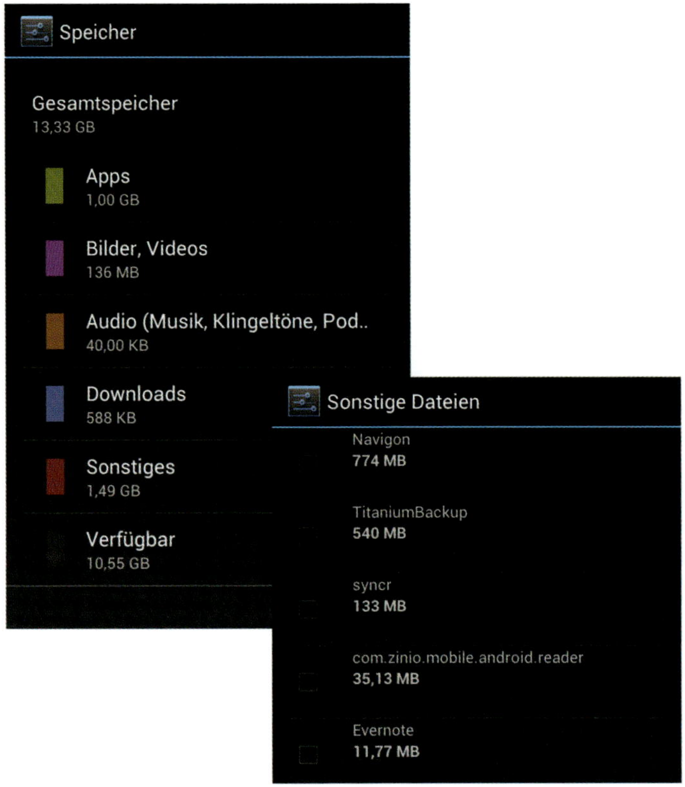

Abbildung 9.10: Verschaffen Sie sich einen Überblick über die Flash-Speicher-Belegung Ihres Android Smartphones. Sie wechseln in eine Unterkategorie durch Antippen des entsprechenden Eintrags. Im vorliegenden Fall legt die Navigon-App im Bereich »Sonstige Dateien« 774 Megabyte an Daten ab. Es handelt sich dabei um Kartenmaterial für die Offline-Navigation.

Die aktuelle RAM-Speicher-Belegung erfahren Sie hingegen im Bereich *Einstellungen/Gerät/Apps/Aktiv* (Abbildung 9.11). Beachten Sie, dass getreu der Linux-Philosophie diverse Prozesse im sogenannten Cache zwischengespeichert werden, um Programme schneller starten zu lassen.

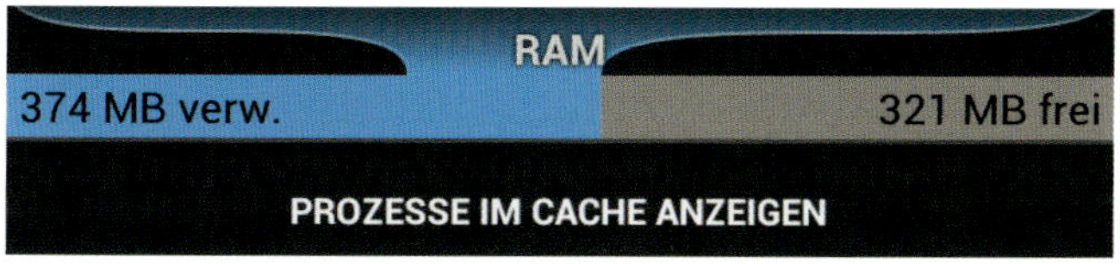

Abbildung 9.11: Die aktuelle Belegung des Hauptspeichers

Google Play: diskusage

Zur grafischen Darstellung des belegten Flash-Speichers eignet sich für Besitzer älterer Android-Geräte auch das *DiskUsage*-Tool. Installieren Sie dieses zunächst aus dem Google Play Store.

1. Starten Sie das DiskUsage-Tool.
2. Wählen Sie zunächst den Speicherbereich auf dem Smartphone, der gescannt werden soll. Zur Auswahl stehen der App-Speicher, die interne SD-Speicherkarte und ggf. die externe Speicherkarte.
3. Die Speicherbelegung wird anschließend grafisch dargestellt. Tippen Sie mit dem Finger auf die Sie interessierenden Bereiche. Dadurch wird die Darstellung in den Bereich hineingezoomt.

Somit können Sie bequem die Speicherfresser identifizieren. Sie zoomen in die Speicherbelegung eines Programms durch Antippen des Programmnamens, ein Tipp auf den linken Bereich der App zoomt wieder hinaus. Auf diese Weise können Sie den SD-Karten-Bereich analysieren und so z. B. große Mediendateien identifizieren und bei Bedarf löschen.

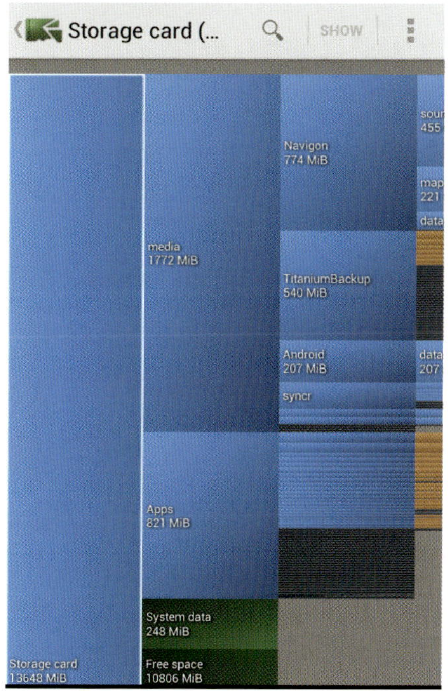

Abbildung 9.12: Analyse der Speicherbelegung mit dem DiskUsage-Tool. Obwohl eine Vielzahl von Programmen installiert wurde, sind von den ca. 13 GByte des Flash-Speichers immerhin noch 10 GByte frei.

9.2.2 Mehrere Anwendungen ausführen: Multitasking

Das kennen Sie bereits von Ihrem PC: Dort ist es problemlos möglich, mehrere Anwendungen parallel zu betreiben, z. B. die Textverarbeitung, das Mailprogramm und den Internetbrowser. Das Ganze nennt sich *Multitasking*. Beachten Sie: Streng genommen laufen die Programme nicht parallel ab: Der Prozessor arbeitet für den winzigen Bruchteil einer Sekunde ein Programm ab und wechselt blitzschnell zum nächsten. Wie sieht es damit auf dem Smartphone aus? Führen Sie folgenden Test durch:

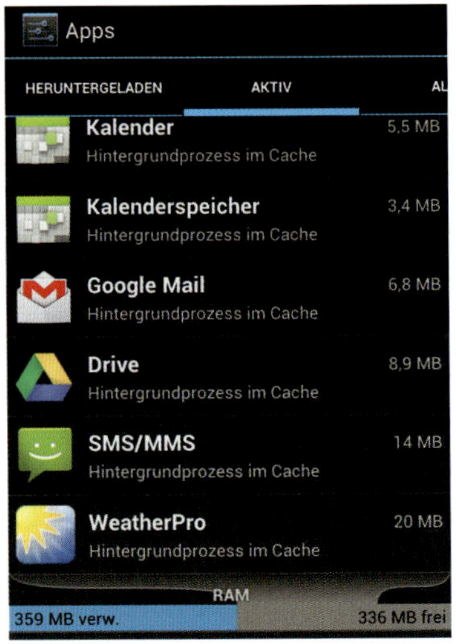

Abbildung 9.13: Über das Apps-Menü gewinnen Sie einen Einblick darüber, welche Apps derzeit den RAM-Speicher belegen.

1. Starten Sie den Internetbrowser und rufen Sie eine Webseite auf.
2. Beenden Sie nun den Internetbrowser nicht durch das Drücken der *Zurück*-Taste, sondern betätigen Sie stattdessen die *Home*-Taste. Dadurch verbleibt der Browser im Anwendungsspeicher und läuft im Hintergrund weiter.
3. Starten Sie weitere Anwendungen und verlassen Sie auch diese mit dem *Home*-Knopf.

Die gestarteten Apps laufen nun im Hintergrund. Wie können Sie diese einsehen und beenden?

4. Begeben Sie sich in den Bereich *Einstellungen/Gerät/Apps*. Wählen Sie hier die Darstellungsoption *Aktiv/Prozesse im Cache anzeigen*.

Sie gewinnen nun einen Überblick darüber, welche Anwendungen den Hauptspeicher Ihres Smartphones aktiv bevölkern.

Im diesem sogenannten Task-Manager haben Sie nun die Möglichkeit, Anwendungen gezielt zu beenden. Tippen Sie dazu die entsprechende App in der Liste an.

Abbildung 9.14: Über den Task-Manager können Anwendungen manuell beendet werden. Dies ist (wie die Warnmeldung schon zeigt) mehr oder weniger sinnvoll, da sich in der Regel das Android-System selbst um das Terminieren eines nicht mehr benötigten Prozesses kümmert.

Braucht man eine zusätzliche vollautomatische Task-Manager-App?
Viele Benutzer »schwören« auf einen intelligenten Task-Manager, der ohne Rücksicht auf Verluste den Speicher von Apps und deren Daten freiräumt, falls diese einmal nichts zu tun haben. In den Zeiten vor Android 2.2 war ein derartiger Manager auch notwendig, da gestartete Apps sich ohne weiteres Zutun des Benutzers im RAM festsetzten und mit der Zeit das System ausbremsten. Besonders beliebt war in diesem Zusammenhang der **Advanced Task Killer**. Tun Sie sich und Ihrem Smartphone den Gefallen und lassen Sie die Finger von derartigem »Schlangenöl«: Die aktuellen Android-Systeme bringen eine exzellente Taskverwaltung mit, sodass Zusatzprogramme eher kontraproduktiv sind.

9.2.3 Apps auf die externe Speicherkarte auslagern

Mittlerweile managt Android die Installation von Apps automatisch: Wenn möglich, werden Apps, die viel temporäre Daten anlegen, in den zumeist erweiterbaren SD-Speicher des Smartphones abgelegt. Wenn Sie selbst bestimmen möchten, welche App in den Erweiterungsspeicher platziert werden soll, bietet sich *Apps 2 SD* an.

Google Play: apps 2 sd

9.3 Der Google Play Store und Alternativen

Im folgenden Teilabschnitt sehen wir uns die Standardquelle aller Android-Apps einmal etwas genauer an: Der Google Play Store (kurz *Google Play*) ist der Dreh- und Angelpunkt, wenn es darum geht, Apps auf Ihr Smartphone zu befördern. Aber es gibt auch andere Softwarequellen jenseits von Google Play …

9.3.1 Entschlüsselt: Google Play und die QR-Codes

Sie haben im Verlauf der Lektüre des Buches schon unzählige Apps aus Google Play auf Ihrem Smartphone installiert. Dabei haben Sie in der Regel QR-Codes eingesetzt. Was geschieht nach dem Einscannen der Codes?

Die Codes enthalten einen Browserlink zu Google Play, der folgende Struktur hat (nachfolgend wurde als Beispiel der QR-Code für die Spotify-App gewählt):

```
market://details?id=com.spotify.mobile.android.ui
```

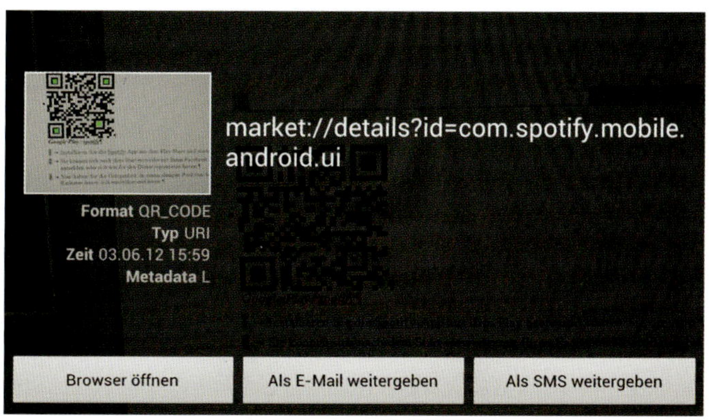

Abbildung 9.15: Nach dem Einscannen eines QR-Codes wird der Link zur App zunächst entschlüsselt.

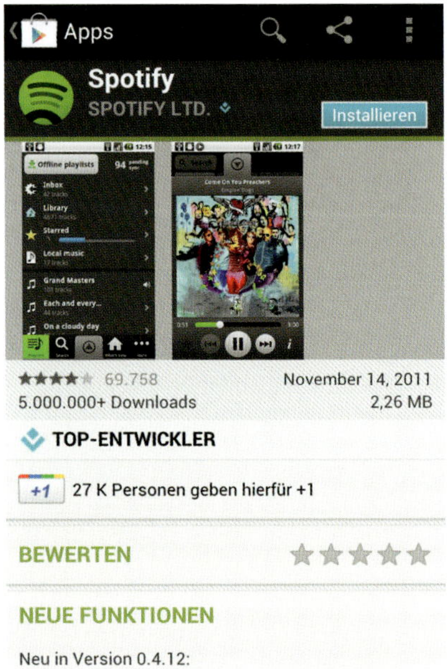

Abbildung 9.16: Nach dem Einscannen des QR-Codes gelangen Sie in den Google Play Store.

Die Bestandteile der Adresse haben folgende Bedeutung:

- `market://`: Dies ist das Google-eigene Protokoll für Google Play-Anwendungen (Apps). Man beachte: Früher nannte sich der Google Play Store *Market*, daher die Bezeichnung des Protokolls.
- `details?id=`: Ein Programm wird über seinen Google Play-Bezeichner gesucht.
- `com.spotify.mobile.android.ui`: die Adresse bzw. Bezeichnung des Programms innerhalb von Google Play. Beachten Sie, dass es sich hierbei um eine URL mit umgekehrter Bezeichnungsreihenfolge handelt, also anders, als man es bei »normalen« Internetadressen gewoÜber den Link *Browser öffnen* gelangen Sie schließlich über den integrierten Google Play-Browser zur App im Google Play Store (Abbildung 9.16).

Vor der Installation einer jeden App sollten Sie stets überprüfen, welche Rechte diese beansprucht. Diese Informationen erhalten Sie nach Betätigen der Schaltfläche *Installieren*.

Es besteht die Möglichkeit, die App bei Bedarf zu aktualisieren. Im vorliegenden Fall (Abbildung 9.18) wurden die automatischen Updates für die App nicht aktiviert. Das ist dann sinnvoll, wenn man z. B. unterwegs nur über eine schmalbandige Internetanbindung verfügt. Eine Alternative wäre, das Update über die Google Play Store-Einstellungen auf WLAN-Verbindungen einzuschränken.

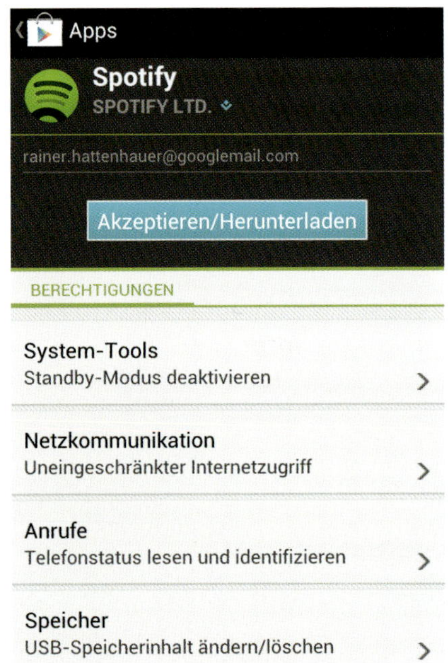

Abbildung 9.17: Achten Sie darauf, welche Rechte eine App beansprucht.

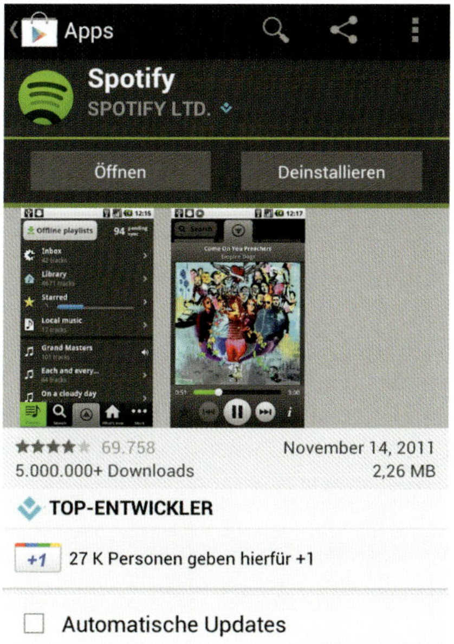

Abbildung 9.18: Ansicht der (im vorliegenden Fall bereits installierten) Spotify-App im Google Play Store. Das automatische Update wurde für die App deaktiviert.

9.3.2 Apps via PC-Browser installieren

Auch das ist möglich: Sie loggen sich per PC-Browser auf Ihrem Google-Konto ein, suchen sich Apps bequem über den PC-Zugang aus und installieren diese ferngesteuert auf Ihrem Android Smartphone.

1. Begeben Sie sich via PC-Browser zum Google Play Store (`https://play.google.com/`).
2. Loggen Sie sich dort mit Ihrem Google-Account ein, indem Sie dem Link *Anmelden* folgen.
3. Schauen Sie sich zunächst einmal um. Über den Link *Meine Android Apps* können Sie sich alle Anwendungen anzeigen lassen, die Sie über Ihr Google-Konto auf Ihrem Android Smartphone installiert haben. Umgekehrt ist Ihr Android Smartphone eindeutig Ihrem Google-Account zugeordnet.

Abbildung 9.19: Den Google Play Store per PC durchforsten

Besitzen Sie mehrere Geräte, die dem gleichen Konto zugeordnet sind, so erscheint an dieser Stelle eine Sammlung sämtlicher Apps, die Sie bislang auf allen Ihren Geräten installiert haben.

Abbildung 9.20: Über den Link »Meine Android Apps« finden Sie sämtliche Apps, die Sie jemals installiert haben.

Abbildung 9.21: Sie kaufen eine App, indem Sie die blaue Kaufen-Schaltfläche anklicken. In dem grünen Bereich erfahren Sie, ob die App zu Ihrem verwendeten Gerät kompatibel ist.

4. Halten Sie über die Suchfunktion nach einer App Ausschau, die Sie gern installieren möchten.
5. Bereiten Sie im PC-Browser die Installation auf dem Smartphone vor, indem Sie auf die Schaltfläche *Für XX € kaufen* klicken (Abbildung 9.21. Das »XX« steht hierbei für den aktuellen Preis der App).
6. Es öffnet sich ein Fenster, welches die benötigten Berechtigungen für die App und ggf. eine Auswahl Ihrer Geräte anzeigt. Wählen Sie das gewünschte Gerät aus und betätigen Sie, wenn Sie damit einverstanden sind, die Schaltfläche *Weiter* (Abbildung 9.22).

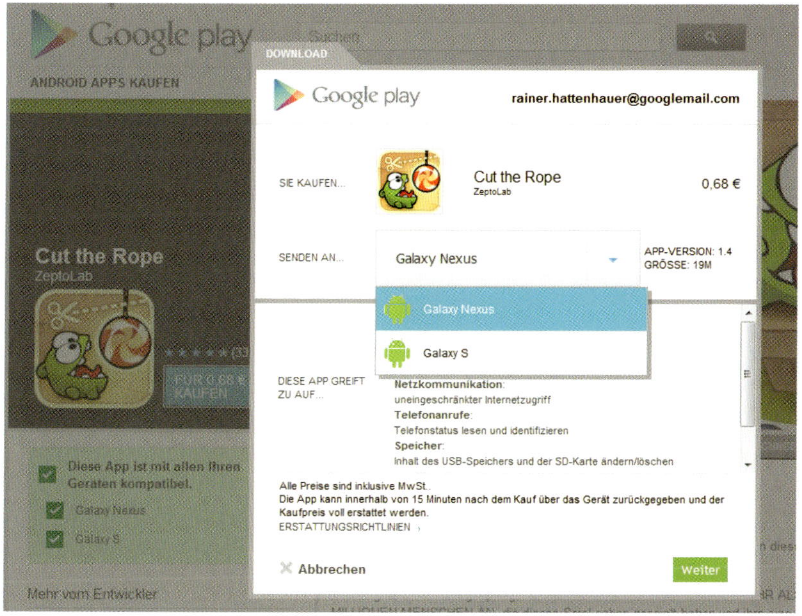

Abbildung 9.22: Android-Apps werden per Browserinterface auf dem PC schnell gefunden und lassen sich per Knopfdruck auf dem gewählten Smartphone »ferninstallieren«.

Kurze Zeit später beginnt der Download und die Installation auf Ihrem Gerät.

Vorsicht bei der Webinstallation

Eine kleine Warnung ist an dieser Stelle dennoch angebracht: Installieren Sie über das beschriebene Webinterface nur Anwendungen, deren Herkunft eindeutig ist. Der Sicherheitsmechanismus der Webinstallation ist momentan noch nicht ganz optimal: Einige schwarze Schafe haben schon versucht, auf diese Weise Schadcode auf das Smartphone einzuschleusen. Google hat zwar zur Abwehr derartiger Angriffe mittlerweile ein ausgeklügeltes Sicherheitssystem im Play Store installiert, aber Vorsicht ist bekanntermaßen die Mutter der Porzellankiste.

Update und Deinstallation von Apps

Auf der Google I/O Konferenz im Sommer 2012 wurde ein neues Feature in die Webversion des Play Stores integriert: Sie können Ihre Smartphone Apps nun vom heimischen PC Browser auch updaten und deinstallieren. Sollte das betreffende Smartphone dabei nicht online sein, so wird der Auftrag nachgeholt, sobald eine Netzanbindung vorliegt.

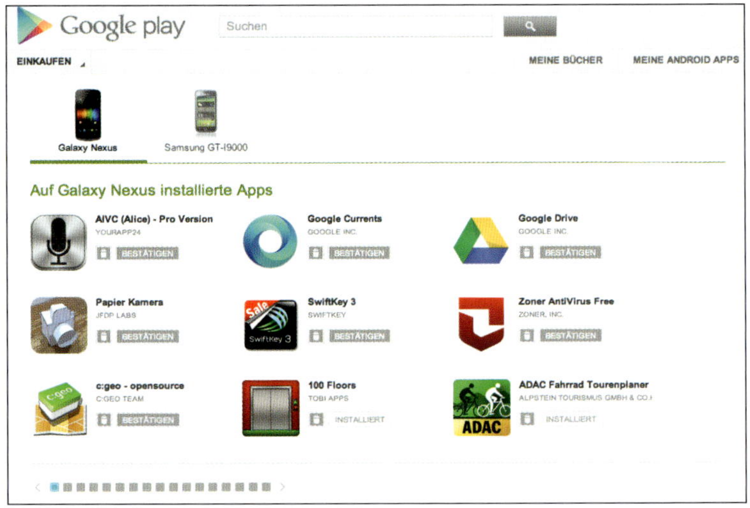

Abbildung 9.23: Sie können Ihre Apps auch per PC-Browser verwalten, d.h. updaten oder deinstallieren. Apps, für die eine Aktualisierung zur Verfügung steht, befinden sich am Anfang der App-Liste. Die Übersetzung aus dem Englischen ist im vorliegenden Fall noch nicht sonderlich ausgereift: Das Update wird über die Schaltfläche »Bestätigen« angeworfen.

9.3.3 Alternative Installationsquellen

Es gibt auch Apps jenseits des Google Play Stores. Diverse Anbieter vertreiben einzelne Installationsdateien in Form sogenannter APKs (*Android Application Package*). Dieser Vertriebsweg bietet sich insbesondere dann an, wenn Sie keine Kreditkarte besitzen. Lernen Sie nachfolgend unter anderem den Umgang mit APKs kennen.

Eine APK-Datei installieren

Als Beispiel nehmen wir nachfolgend eine beliebige APK-Datei. Woher Sie die bekommen? Nun, z. B. mithilfe des *APK-Downloaders* direkt aus Google Play.

APKs direkt aus dem Google Play Store

Der APK Downloader ist eine Erweiterung des Google-Browsers Chrome. Damit können Sie beliebige (freie) Apps direkt aus dem Google Play Store auf den PC herunterladen. Die Installation des APK Downloaders ist allerdings schon recht komplex, sodass ich an dieser Stelle auf eines der vielen Tutorials im Web verweisen möchte. Suchen Sie per Google einfach einmal nach den Begriffen **apk downloader**.

Abbildung 9.24: Mit dem APK Downloader können Sie Apps direkt auf dem Google Play Store in Form von APK-Dateien herunterladen.

Natürlich können Sie APKs auch von anderen Anbietern erhalten. Zur Installation eines APKs gehen Sie folgendermaßen vor:

1. Kopieren Sie die APK-Datei in ein Verzeichnis auf Ihrem Smartphone. Vom PC aus kann das z. B. über eine USB-Verbindung erfolgen. Haben Sie die Datei hingegen per Smartphone-Browser heruntergeladen, so finden Sie diese mithilfe der App *Downloads*.
2. Aktivieren Sie temporär die Installation von Quellen unbekannter Herkunft (*Einstellungen/Sicherheit/Geräteverwaltung/Unbekannte Herkunft*).
3. Öffnen Sie die Datei durch Antippen in dem entsprechenden Verzeichnis. Dadurch wird diese installiert (Abbildung 9.25).
4. Vergessen Sie nicht, anschließend die Sicherheitseinstellungen wieder zurückzusetzen.

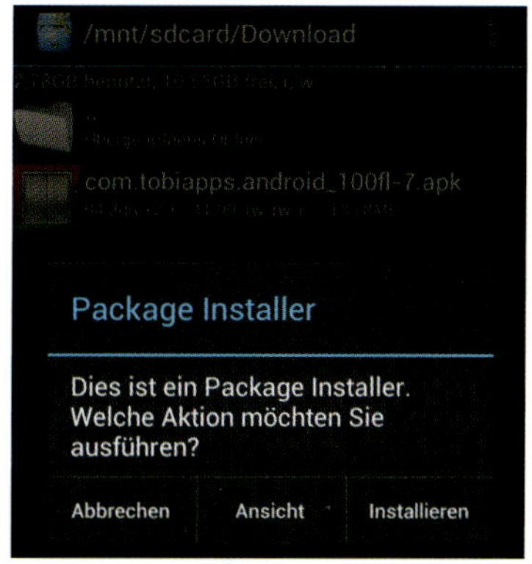

Abbildung 9.25: APKs werden in der Regel über einen Dateimanager installiert, hier mit dem Root Explorer.

AndroidPIT

Eine beliebte Anlaufstelle ist der AndroidPIT App Center. Apps, die Sie über AndroidPIT erwerben, können bequem via *PayPal* von Ihrem Bankkonto abgebucht werden. Alternativ können Sie auch *Click and Buy* verwenden. Im Gegensatz zum Play Store haben Sie sogar 24 Stunden Zeit, eine App bei Nichtgefallen zurückzugeben. Gehen Sie zur Nutzung des AndroidPIT App Center folgendermaßen vor. AndroidPIT bietet auf seiner Homepage eine App in Form einer APK-Datei an, deren Installation nachfolgend beschrieben wird.

1. Erstellen Sie einen Account auf `www.androidpit.de`.
2. Begeben Sie sich per Smartphone-Browser auf `androidpit.de` und installieren Sie das AndroidPIT App Center. Dieses wird Ihnen im Mobilbrowser gleich auf der Startseite angeboten.
3. Nach dem Download der App Center-Datei liegt diese als APK im Bereich *Downloads* vor. Installieren Sie das Paket wie im vorherigen Abschnitt beschrieben.
4. Suchen Sie im App Center nach Anwendungen und installieren Sie diese. Der Preis für die App wird Ihnen je nach Wahl per *PayPal* oder *Click and Buy* in Rechnung gestellt.

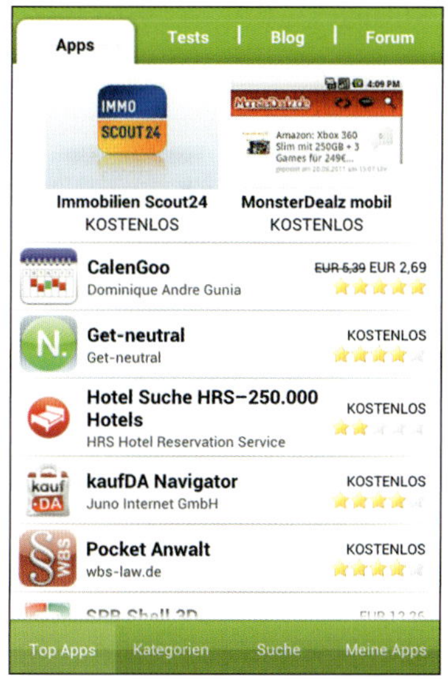

Abbildung 9.26: Im AndroidPIT App Center können Sie Anwendungen per Click and Buy oder PayPal erwerben.

Abbildung 9.27: pdassi.de verfügt über eine geordnete Oberfläche, auf der das Stöbern nach Apps Spaß macht.

Weitere Quellen für Apps

- **Facebook App Store** – besonders beliebte Apps der Facebook-Community
- **AppBrain** – Metasuchmaschine für Apps
- **App aware** – soziales Netzwerk zum Thema Apps

pdassi

Einen Blick wert ist auch stets die Android-Abteilung von `pdassi.de`: Hier können Sie ebenfalls eine Vielzahl von Android-Apps zu günstigen Preisen erwerben (Abbildung 9.27).

Amazons Appstore

Zum Zeitpunkt der Drucklegung des Buches stand er für Deutschland in den Startlöchern, mittlerweile ist er Realität: Amazons Appstore, der insbesondere auch auf das Amazon Tablet Kindle Fire zugeschnitten wurde. Smartphone-Besitzer mit gültigem Amazon-Konto finden hier jede Woche eine kostenlose App. Darüber hinaus können etliche Apps zunächst über das Feature *Test Drive* im Amazon App Store virtuell begutachtet werden.

Abbildung 9.28: In Amazons Appstore gibt es jeden Tag eine App zum kostenlosen Download – zum Zeitpunkt der Drucklegung dieses Buches allerdings vorerst nur für den amerikanischen Raum.

9.4 Android personalisieren

Ihnen gefällt die Standardoberfläche Ihres Androiden nicht, Sie wünschen sich ein klein wenig mehr »Persönlichkeit« oder zumindest etwas anderes? Dann sollten Sie sich einmal den folgenden Abschnitt zur Personalisierung Ihres Smartphones näher ansehen.

Abbildung 9.29: Personalisieren Sie Ihren Hintergrund.

9.4.1 Live Wallpapers

Das statische Hintergrundbild zu öde? Abhilfe schafft hier die Installation einer Live-Wallpaper auf Ihrem Smartphone. Sie können einen derartigen Hintergrund auswählen, indem Sie im Homescreen-Bereich länger mit dem Finger auf eine freie Stelle drücken und anschließend *Hintergrundbild/Live-Hintergründe wählen*.

Sie haben an dieser Stelle auch die Möglichkeit, ein eigenes Hintergrundbild aus Ihrer Galerie und aus der Hintergrundbildsammlung oder einen Live-Hintergrund auszuwählen. Ich entscheide mich an dieser Stelle für den letzten Punkt (Abbildung 9.29).

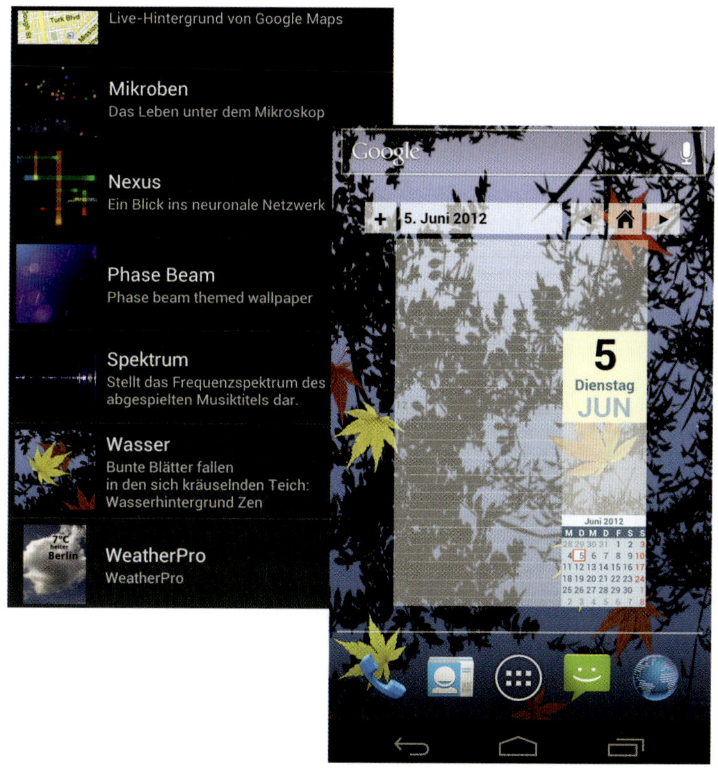

Abbildung 9.30: Wählen Sie einen der zahlreichen Live-Hintergründe aus, im vorliegenden Fall wurde »Wasser« verwendet. Einige Apps bringen eigene Live-Hintergründe mit. Bei der WeatherPro-App wird z. B. das aktuelle Wetter in animierter Form als Hintergrund dargestellt.

Google Play: photo fx live wallpaper

Einen anderen, nett animierten Bildschirmhintergrund bietet Ihnen die App *Photo FX Live Wallpaper*. Damit können Sie Bilder aus der eigenen Bildgalerie für eine Diashow auswählen, die dann einen ständig wechselnden Hintergrund für Ihr Smartphone bilden.

9.4.2 Profile verwenden und verwalten

Google Play: profile scheduler

Das ist wohl eines der Dinge, die frischgebackene Android Smartphone-Besitzer im Vergleich zu ihrem guten, alten klassischen Handy am meisten vermissen: die Möglichkeit, Nutzungsprofile für verschiedene Umgebungen anzulegen. Nichts ist störender für die Umwelt als das laut klingelnde Smartphone in der Opernaufführung oder im Kinosaal. Android wäre aber nicht Android, wenn es nicht mindestens eine App gäbe, die sich des Problems annimmt: In diesem Fall schafft der *Profile Scheduler* Abhilfe.

Starten Sie die App nach der Installation. Sie können nun zwischen vordefinierten Profilen auswählen und diese nach Ihren Vorlieben anpassen. Dazu tippen Sie das Profil länger an. Der Clou: Das Ganze funktioniert auch zeitgesteuert, d. h. mit einem sogenannten Scheduler. Dadurch lässt sich z. B. programmieren, wann das Nachtprofil aktiviert wird.

Tasker
Mit der **Tasker**-App können Sie Abläufe automatisieren. So wird das Smartphone beispielsweise in Abhängigkeit von der geografischen Position (Büro, Kino, Heim) automatisch in unterschiedliche Modi geschaltet. Der Tasker verfügt im Gegensatz zum Profile Scheduler über wesentlich mehr Konfigurationsmöglichkeiten.

Abbildung 9.31: Der Profile Scheduler lässt keine Wünsche offen: Erstellen Sie eigene, frei definierbare Benutzerprofile.

9.4.3 Alternative Launcher

Sie möchten etwas ganz Individuelles? Dann verändern Sie Ihren Desktop doch einfach mit einem alternativen Launcher! Ein Launcher entspricht auf dem Smartphone in etwa dem Desktop eines PCs. Mein persönlicher Favorit ist der *GO Launcher*.

Google Play: go launcher

Nach der Installation und dem ersten Start erscheint Ihr Desktop in einem völlig neuen Gewand. Die Konfigurations- und Erweiterungsmöglichkeiten dieser alternativen Oberfläche sind so unglaublich vielfältig, dass Sie am besten selbst einmal mit dieser fantastischen Umgebung herumexperimentieren. Im Play Store finden Sie zusätzlich weitere, interessante Themen-Dateien für den GO Launcher.

Sollte Ihnen die GO Launcher-Oberfläche nicht gefallen: Sie können diese problemlos wie in Abschnitt 9.1.2 beschrieben wieder deinstallieren.

Alternativen

- Launcher Pro
- ADW Launcher
- SPB Shell 3D
- Zeam Launcher

Abbildung 9.32: Der GO Launcher bietet eine vielseitige Oberfläche, die bis ins Detail frei konfigurierbar ist. Per Pinch-to-Zoom gelangen Sie in den Desktop-Überblick-Modus. Im Bereich der Apps können Sie die Speicherbelegung analysieren und durch Antippen des Besensymbols den Speicher automatisch säubern lassen.

Die meisten Probleme
entstehen bei ihrer Lösung.

Leonardo da Vinci

Kapitel 10

Tipps, Tricks & Troubleshooting

Im letzten Abschnitt finden Sie ein kleines Sammelsurium von klassischen Problemen, auf die frischgebackene Android Smartphone-Besitzer stoßen, nebst Lösungshinweisen. Zusätzlich wurden wichtige Tipps zusammengestellt, die das Leben mit dem Androiden erleichtern. Und da es das »perfekte« Smartphone wohl auch in Zukunft nicht geben wird, finden Sie außerdem eine Anleitung zur Selbsthilfe, wenn's mal klemmen sollte.

10.1 Die Akkulaufzeit optimieren

Den ersten Schock, den ein Smartphone-Anwender bekommt, wenn er sich intensiver mit seinem neuen Spielzeug beschäftigt, ist die vermeintlich geringe Akkulaufzeit. Verrichteten die klassischen Handys sang- und klanglos mehrere Tage, wenn nicht gar Wochen, ihren Dienst mit einer Ladung, so müssen die Hightechgeräte spätestens nach ein, zwei intensiven Arbeitstagen an die Steckdose. Der Grund ist klar: Sie tragen mit dem Smartphone ein Gerät in Ihrer Jackentasche, dessen Rechenleistung einen Prozessor erfordert, der noch vor 10 Jahren in einen voluminösen Tower verpackt hinter dem Schreibtisch sein Dasein fristete. Ein Beispiel gefällig? Das sagenumwobene Spiel *Quake 3 Arena*, welches vor gut 12 Jahren jegliche PC-Hardware in die Knie zwang, läuft in einer angepassten Version heute problemlos auf jedem besseren Smartphone. Googeln Sie mal nach *Epic Citadel*.

Dennoch gilt: Wenn man ein wenig an den Werkseinstellungen des Smartphones an den richtigen Stellen herumschraubt, gelingt es oft, die Laufzeit signifikant zu steigern. Der folgende Abschnitt gibt einige Anhaltspunkte.

10.1.1 Den Akku richtig laden und kontrollieren

Es beginnt damit, wie Sie den Akku des Smartphones laden. Moderne Lithium-Ionen- bzw. Polymer-Akkus leiden zwar nicht an dem gefürchteten Memory-Effekt. Dieser trat bei den früher üblichen NiCd-Akkus bei Teilentladungen auf und reduzierte die Gesamtkapazität des Akkus innerhalb kürzester Zeit. Dennoch sind einige Punkte beim Laden zu beachten:

- Laden Sie den Akku vor der ersten Nutzung des Smartphones vollständig auf. Nur so kann die Ladeelektronik kalibriert und später die korrekte Kapazität angezeigt werden.
- Lassen Sie die Akkukapazität nie unter 20 Prozent der Vollladung fallen. Den prozentualen Ladungsstand kontrollieren Sie am besten mit einer zusätzlichen App, z. B. *Battery Indicator*.

Google Play: battery indicator

- Vermeiden Sie nach Möglichkeit den vollgeladenen Zustand über einen längeren Zeitraum, d. h., ziehen Sie Ihr Gerät unmittelbar nach dem Laden wieder vom Ladegerät ab und nutzen Sie es.
- Die Haltbarkeit eines modernen Akkus liegt je nach Nutzungshäufigkeit zwischen einem und drei Jahren. Bei den meisten Android Smartphones kann der Akku (im Gegensatz zum iPhone) günstig getauscht werden. Der Preis für einen Akku beläuft sich zwischen 10 und 20 Euro – ein verschwindend geringer Betrag im Vergleich zu den Anschaffungskosten. iPhone-Besitzer dürfen übrigens für einen offiziellen Tausch des fest verbauten Akkus 79 Euro beim Apple Support berappen.

Abbildung 10.1: Battery Indicator (hier die kostenpflichtige Pro-Version) zeigt den aktuellen Status Ihres Akkus an. Die App liefert zusätzlich ein kleines Symbol in der Statusleiste, das je nach Ladezustand seine Farbe wechselt.

10.1.2 Stromfresser identifizieren und eliminieren

Was zehrt am Akku? Die folgende Liste zeigt zunächst die prominentesten Strom-Schmarotzer:

- **Das Display**: Es steht auf Platz 1 der Stromverbraucher. Leuchtkraft hat ihren (energetischen) Preis. Es gilt also, das Display bei Nichtbenutzung automatisch abschalten zu lassen. Je kürzer die Standby-Zeit, desto besser. Die Standby-Zeit stellen Sie unter *Einstellungen/Display/Ruhezustand* ein. Ein Wert von 15 Sekunden reicht in den meisten Fällen vollauf (Abbildung 10.2).
- **Der Mobilfunk-Modus**: GSM statt UMTS ist die Devise. Der Datenturbo UMTS bzw. 3G frisst viel Akku. Aktivieren Sie 3G nur, wenn Sie auf schnelle Downloads angewiesen sind. Die Telefoniequalität ist in beiden Fällen gleich gut. Und verwenden Sie nach Möglichkeit nicht den Dual-Modus, in welchem ständig nach einer 3G-Verbindung gesucht wird. Auch das beansprucht den Akku überdurchschnittlich. Sie kontrollieren den Verbindungsmodus zum Funknetz über *Einstellungen/Drahtlos und Netzwerk/Mehr/Einstellungen für Mobilfunknetze/Nur 2G Netzwerke* (Abbildung 10.3).

Abbildung 10.2: Dreh- und Angelpunkt aller Energiesparmaßen ist das Display.

Abbildung 10.3: Verwenden Sie nach Möglichkeit nur den 2G- bzw. GSM-Modus, wenn Sie unterwegs sind.

- **Häufige Synchronisierung vermeiden**: Klingt widersinnig, denn warum sollten Sie die Synchronisation Ihres Smartphones vernachlässigen? Fakt ist, dass das Gerät bei jeder Synchronisation aus dem Tiefschlaf geholt und Strom verbraucht wird. Tipp: Synchronisieren Sie das Gerät bei Bedarf manuell.

Die Synchronisation können Sie im Bereich *Einstellungen/Konten und Synchronisierung* aktivieren bzw. deaktivieren.

- **GPS nur bei Bedarf aktivieren**: Ein weiterer Kandidat, der die Akkulaufzeit schmälert, ist der eingebaute GPS-Empfänger Ihres Smartphones. Dieser sollte nur bei Bedarf aktiviert werden.
- **Überflüssige Hintergrundprogramme beenden**: Zwar verfügt Android mittlerweile über ein exzellentes Taskmanagement (vgl. *Kapitel 9*), dennoch sollten Sie von Zeit zu Zeit den integrierten Task-Manager starten (*Einstellungen/Apps/Aktiv*) und nachschauen, was sich noch so im Hintergrund herumtreibt.

Akkuverbrauch im Griff
Mithilfe der App **Juice Defender** können Sie die Akkulaufzeit Ihres Androiden optimieren. Insbesondere kann die App so eingestellt werden, dass Datenverbindungen nur selektiv aufgebaut werden.

Google Play: juice defender

Stromsparwidget und Profile verwenden
Legen Sie am besten das **Stromsteuerungs-Widget** auf einen Ihrer Homescreens: Dieses ist in den meisten Android-Versionen enthalten und gestattet das selektive Ausschalten der prominentesten Stromfresser.

Abbildung 10.4: Schalten Sie überflüssige Stromverbraucher per Stromsteuerungs-Widget aus. Im vorliegenden Fall ist nur das WLAN-Modul (ganz links) aktiviert, ausgeschaltet sind (von links folgend) Bluetooth sowie die Synchronisation. Ganz rechts ist die automatische Helligkeitssteuerung des Displays aktiviert.

Übrigens: Clevere Nutzer bedienen sich eines Profilmanagers und erstellen ein spezielles Profil zum Betrieb des Smartphones mit minimalem Energieverbrauch. Mehr über Profilmanager finden Sie in **Kapitel 9**.

10.2 Passive Sicherheit

Der folgende Abschnitt befasst sich mit Maßnahmen, welche Dieben die Freude an einem gestohlenen Smartphone vermiesen sollen. Der klassische Sicherheits-Dreisatz lautet: *Finden – Sperren – Löschen* und soll nachfolgend behandelt werden.

Beginnen wir aber zunächst mit etwas Trivialem: der Bildschirmsperre.

10.2.1 Die Bildschirmsperre einrichten

Mit der Bildschirmsperre werden Sie konfrontiert, sobald sich Ihr Smartphone in den Ruhezustand begibt. In der Standardeinstellung müssen Sie lediglich einen sogenannten Slider verschieben, um das Smartphone zu entsperren (Abbildung 10.5).

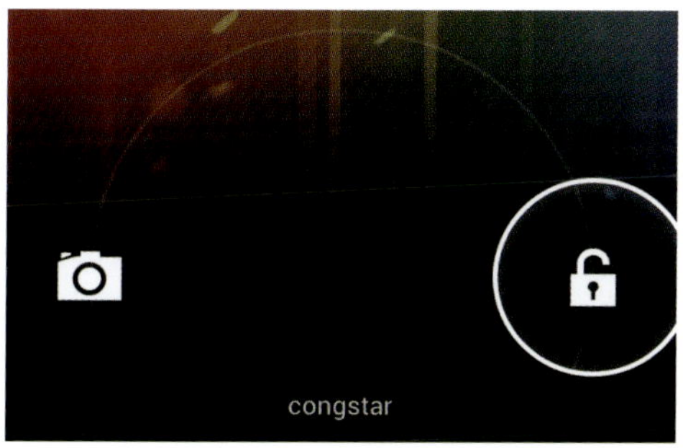

Abbildung 10.5: Kein wirkliches Hindernis für Diebe: In der Standardkonfiguration ist das Smartphone durch das Schieben des Sliders schnell entsperrt.

Solange das Smartphone also nicht vom »Finder« explizit heruntergefahren wird und dieser nach einem Reboot die PIN der SIM-Karte eingeben muss, kann munter mit dem Gerät auf Ihre Kosten telefoniert werden. Abhilfe schafft die Einrichtung einer anspruchsvolleren Bildschirmsperre:

1. Begeben Sie sich in den Bereich *Einstellungen/Sicherheit* und wählen Sie dort den Menüpunkt *Bildschirmsperre*.
2. Wählen Sie aus den angebotenen Möglichkeiten eine sinnvolle, sichere Bildschirmsperre aus (Abbildung 10.6).

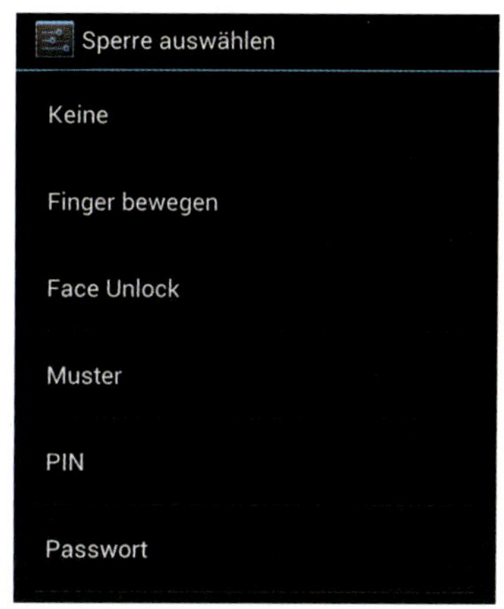

Abbildung 10.6: Wählen Sie eine sichere Bildschirmsperre aus.

Zur Auswahl stehen die folgenden Optionen:

- **Keine**: Deaktivierung der Bildschirmsperre (nicht zu empfehlen).
- **Finger bewegen**: die als Standard gesetzte Sperre mit Slider, keine wirkliche Sicherung.
- **Face Unlock**: Nur bei aktuellen Smartphones: Entsperren Sie das Smartphone durch alleiniges Anschauen (Abbildung 10.7). So richtig sicher ist dieses Verfahren auch nicht: Ein Foto Ihres Gesichts überlistet den Sperrmechanismus ebenfalls.

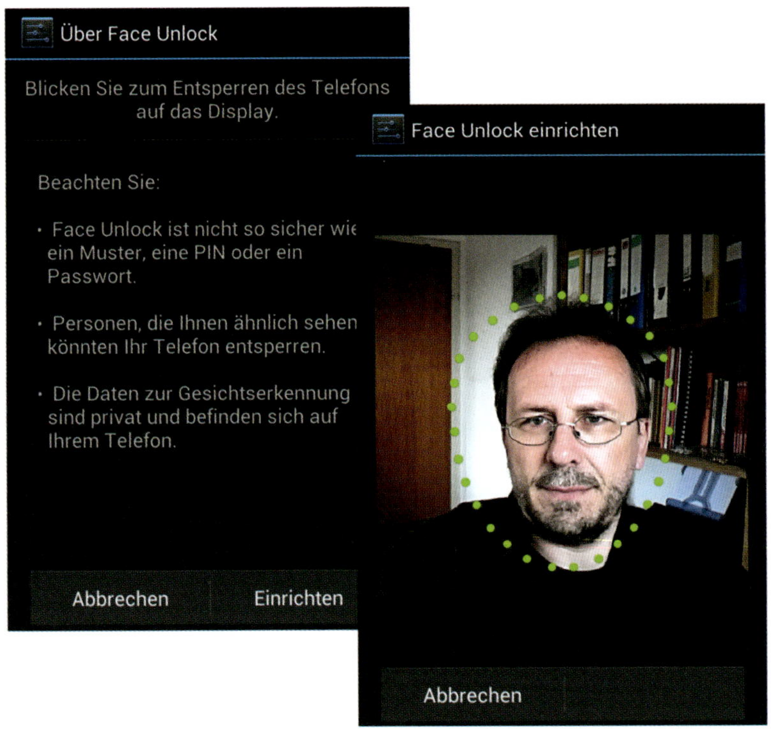

Abbildung 10.7: Per Face Unlock entsperren Sie Ihr Smartphone durch alleiniges Anschauen. Sollte das z. B. infolge von Party-Spätfolgen einmal nicht klappen, so haben Sie immer noch die Möglichkeit, das Gerät mit einem während der Einrichtung definierten Entsperrcode zu entsichern.

- **Muster**: Zeichnen Sie ein Muster, indem Sie die vorgegebenen Punkte beliebig miteinander verbinden (Abbildung 10.8). Dieses lässt sich allerdings relativ schnell anhand der Fingerfett-Rückstandsspuren auf dem Display rekonstruieren und stellt somit keinen wirksamen Schutz dar.
- **PIN**: der Klassiker: Entsperren durch eine Zahlenkombination. Relativ sicher.
- **Passwort**: ebenfalls klassisch: Entsperren durch Eingabe eines Passworts. Ebenfalls sicher, aber unhandlich.

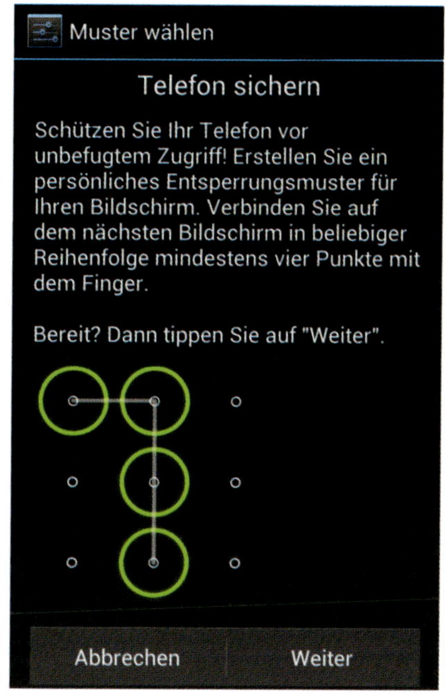

Abbildung 10.8: Ebenfalls beliebt: die Sicherung über ein zuvor definiertes Entsperrmuster.

10.2.2 Ein verlorenes Smartphone wiederfinden

Es muss ja nicht gleich ein Dieb sein, der Sie von Ihrem Smartphone getrennt hat: Ein unaufmerksamer Moment, und das gute Stück fällt unbemerkt aus Ihrer Jackentasche in die freie Natur. Dann ist man gut beraten, die folgende App auf dem Gerät installiert zu haben.

Where's My Droid

Der Klassiker zum Auffinden verloren gegangener Smartphones ist die App *Where's My Droid*. Diese bietet auch in schier unmöglichen Situationen eine Option, die das Auffinden Ihres guten Stücks ermöglicht. Die Idee: Sie schicken eine SMS an den Androiden, und mithilfe bestimmter Codewörter kann das Klingeln des Smartphones ferngesteuert aktiviert werden. Der Clou: Das funktioniert auch dann, wenn das Telefon stummgeschaltet ist. Der GPS-Chip des Smartphones wird ebenfalls ferngesteuert aktiviert und die aktuelle Position des verlorenen Stücks anschließend per SMS übermittelt. Die Pro-Version der App ist frei von Werbung und bietet erweiterte Konfigurationsmöglichkeiten.

Google Play: wheres my droid (pro)

Nach der Installation muss die App für den ersten Einsatz konfiguriert werden.

1. Starten Sie die Anwendung .Sie gelangen unmittelbar in die Konfigurationsübersicht (Abbildung 10.9).
2. Richten Sie zunächst die Klingelfunktion über den Menüpunkt *Klingelfunktion einrichten* ein.

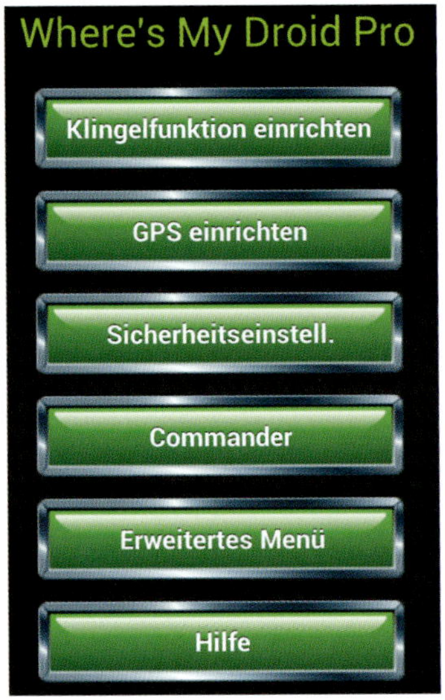

Abbildung 10.9: Der Einrichtungsdialog von »Where's My Droid«, hier die Pro-Version. Als besonderes Schmankerl steht Ihnen über die Webseite des Entwicklers (www.wheresmydroid.com) der Commander zur Verfügung: Damit können Sie Ihr verlorenes Smartphone sogar fernsteuern bzw. wichtige Informationen auslesen.

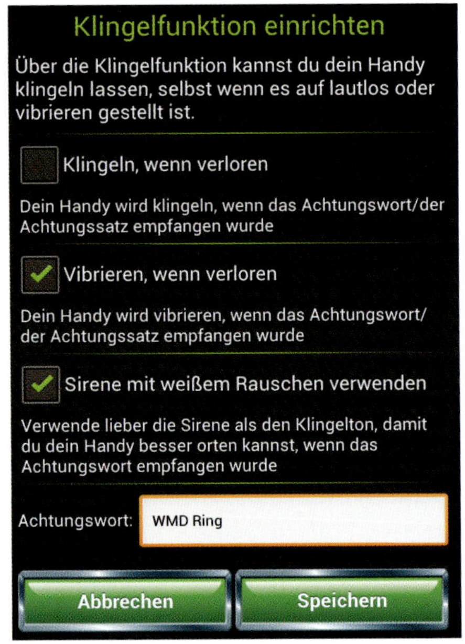

Abbildung 10.10: Über das Achtungswort wird das Klingeln des Smartphones aktiviert, wenn eine SMS mit der entsprechenden Zeichenfolge eingeht. Die Standardzeichenfolge lautet »WDM Ring«. Als Signal empfiehlt sich die Option »Sirene mit weißem Rauschen verwenden«.

3. Die Klingeldauer können Sie in den erweiterten Optionen ebenfalls einstellen. Die Zeitspanne reicht von 30 Sekunden bis 5 Minuten.
4. Nun kommt der wichtige Punkt: Im Bereich *Achtungswort* definieren Sie einen kleinen Text oder ein kleines Schlüsselwort, auf den bzw. das die App reagieren soll und das Klingeln am Smartphone aktiviert.
5. Definieren Sie analog im Menü *GPS* ein Achtungswort, um die GPS-Position des Smartphones zu versenden (Abbildung 10.11).

Zeit für einen Funktionstest. Diesen sollten Sie in jedem Fall durchführen, um sich von der Wirksamkeit des Verfahrens zu überzeugen.

6. Schalten Sie das Smartphone, das gesucht werden soll, zunächst stumm.
7. Verschicken Sie eine SMS an Ihr Smartphone, die am Anfang die Schlüsselphrase enthält (im obigen Fall: *WMD Ring*). Groß- und Kleinschreibung spielen dabei keine Rolle.

Die Stummschaltung am Smartphone wird aufgehoben, und das Telefon klingelt gemäß der Zeitvorgabe.

Abbildung 10.12: Das Smartphone wurde per SMS aktiviert und klingelt munter vor sich hin. Das Anklicken der Fläche »Found Phone!!« deaktiviert das Klingeln. Beachten Sie, dass das Telefon trotz Stummschaltung durch das System klingelt.

Noch eindrucksvoller ist die Möglichkeit, sich die aktuelle GPS-Position des Smartphones per SMS-Antwort zuschicken zu lassen. Dies setzt allerdings voraus, dass der GPS-Empfang des Smartphones zuvor aktiviert wurde – was die App mittlerweile aber auch automatisch erledigt, sofern sie entsprechend konfiguriert wurde. Es empfiehlt sich dennoch, sicherheitshalber den GPS-Empfang am Smartphone stets aktiviert zu halten: Dadurch erfolgt der notwendige GPS-Fix schneller. Der Energieverbrauch des GPS-Systems aktueller Android Smartphones hält sich übrigens mit ca. 0,5 Milliwatt im Standby in Grenzen.

8. Aktivieren Sie zunächst den GPS-Empfang am Smartphone über *Einstellungen/Standortdienste/GPS Satelliten*.

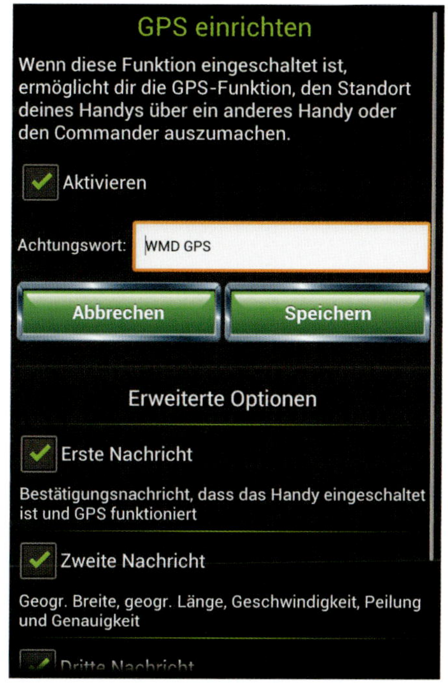

Abbildung 10.11: Die GPS-Fernsteuerung wird ebenfalls über ein definiertes Achtungswort aktiviert. Im vorliegenden Fall werden in Folge vier verschiedene Nachrichten verschickt, die unter anderem die GPS-Koordinaten des Smartphones an den Empfänger übermitteln.

Where's My Droid nicht installiert – was nun?
In diesem Fall gibt es einen letzten Ausweg, falls das Smartphone online ist: Installieren Sie das Programm aus dem Android Google Play per PC-Browser nachträglich auf Ihrem Gerät. Wie das geht, können Sie in **Kapitel 9** nachlesen.

Alternativen
Diverse Security-Suites bieten mittlerweile ebenfalls Lokalisierungsfunktionen an, z. B.:

- **avast! Mobile Security**
- **Lookout Security & Antivirus**
- **Kaspersky Mobile Security**

9. Versenden Sie von einem anderen Handy aus eine SMS mit dem GPS-Schlüsselwort (Standard: *WMD GPS*) an Ihr »verlorenes« Smartphone.

Haben Sie nun ein wenig Geduld. Zunächst wird versucht, die genaue Position des verlorenen Smartphones über eine GPS-Peilung in Erfahrung zu bringen. Ist die Peilung erfolgreich, wird die Position per Rück-SMS an das Handy, von dem die Aktivierungs-SMS aus gesendet wurde, geschickt. Selbst wenn der GPS-Empfang am gesuchten Smartphone nicht zur Positionsbestimmung geführt hat (etwa weil sich das Smartphone in einem Gebäude befindet), wird die aktuelle Netzzelle, in dem das Handy eingebucht ist, zur (natürlichen ungenaueren) Positionsbestimmung verwendet. Immerhin bekommt man dadurch eine grobe Ahnung, wo sich das Smartphone befindet.

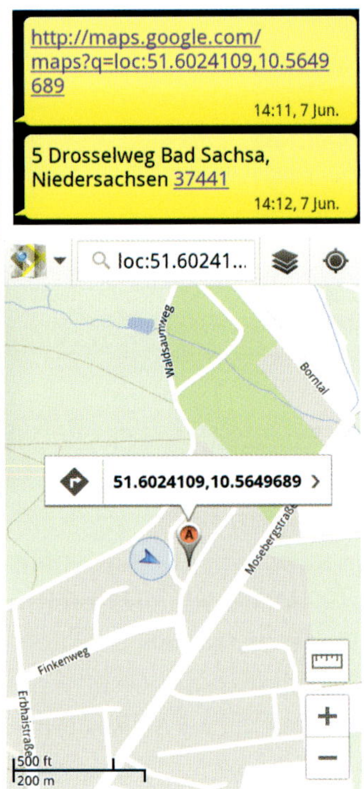

Abbildung 10.13: Chronik einer Suche (von links oben nach rechts unten): Das verlorene Smartphone sendet zunächst die Meldung, dass die GPS-Peilung aktiviert wurde. Kurze Zeit später trudeln drei weitere Kurznachrichten ein: die genauen Koordinaten, die Adresse gemäß Google Maps sowie ein Link zur Position in Google Maps. Damit lässt sich der Standort des Handys direkt in Google Maps auf dem Ortungsgerät anzeigen.

10.2.3 Das Smartphone aus der Ferne sperren

Mithilfe von *Where's My Droid* können Sie Ihr Smartphone im Falle eines Diebstahls auch von der Ferne aus sperren oder löschen. Begeben Sie sich dazu ins Menü *Sicherheitseinstellungen* und wählen Sie zur Konfiguration der Sperr- bzw. Löschfunktion den entsprechenden Menüunterpunkt. Dabei wird zunächst ein Geräteadministratorkonto erstellt, mit dessen Hilfe dann die ferngesteuerte Sperrung/Löschung erfolgt (Abbildung 10.14).

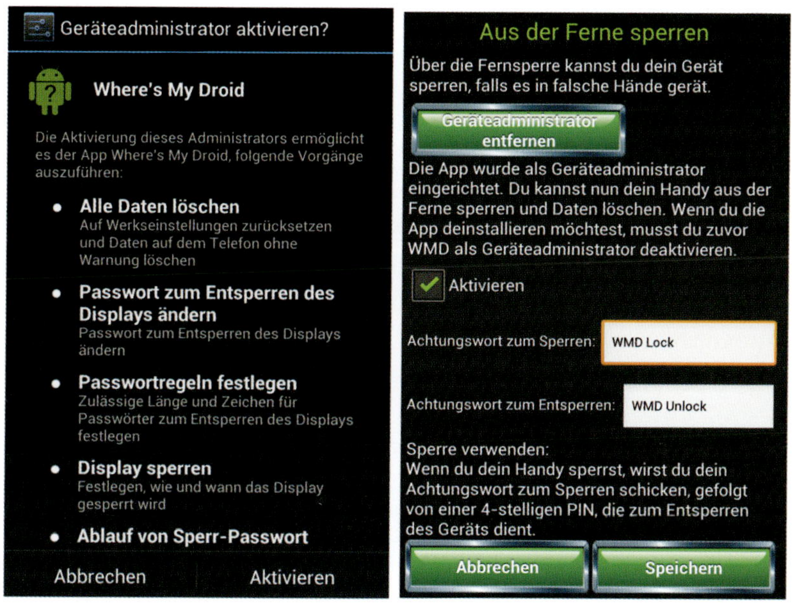

Abbildung 10.14: Sie können Ihr Gerät auch per Fernsteuerung sperren bzw. löschen.

Einige Smartphone-Hersteller wie HTC und Samsung bieten nach der Registrierung der Hardware ebenfalls eine Möglichkeit an, die Geräte bei Diebstahl aus der Ferne zu sperren. Das funktioniert auch oder gerade dann, wenn der Dieb die SIM-Karte Ihres Telefons bereits getauscht hat. Informieren Sie sich beim Hersteller Ihres Smartphones über entsprechende Möglichkeiten.

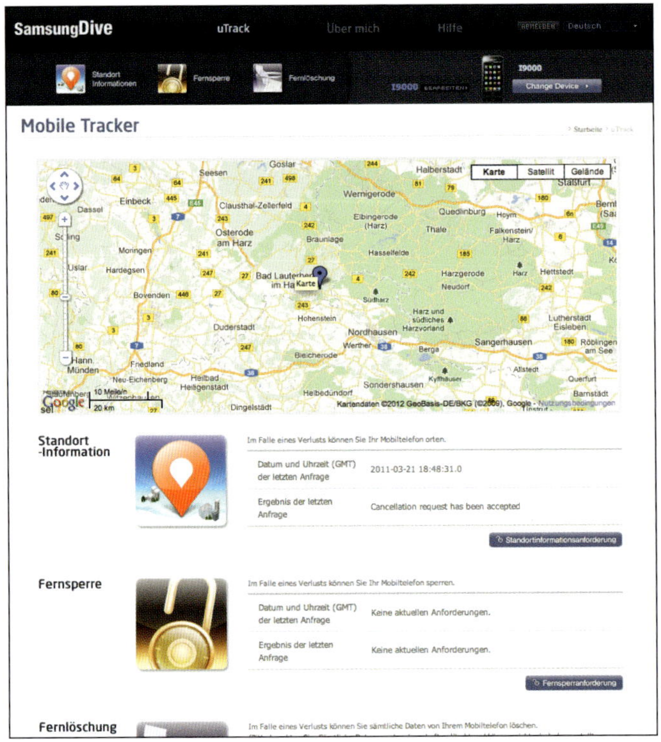

Abbildung 10.15: Samsung Android Smartphones können unter `www.samsungdive.com` *aus der Ferne lokalisiert (Location Information), gesperrt (Remote Lock) und gelöscht (Remote Wipe) werden.*

10.3 Rien ne va plus – nichts geht mehr …

10.3.1 Soft-Reset durchführen

Die harmlose Variante: Probieren Sie zunächst, ob Sie einen sogenannten Soft-Reset durchführen können. Dabei wird das Gerät neu gebootet. Die Tastenkombinationen für die Durchführung des Soft-Resets variieren von Hersteller zu Hersteller und können sogar bei unterschiedlichen Modellen desselben Herstellers voneinander abweichen.

Führen Sie daher zunächst eine Google-Recherche mit den Schlüsselwörtern *<Smartphone-Modellbezeichnung> soft reset* durch, um die Tastenkombination für einen Soft-Reset in Erfahrung zu bringen. Beispielhafte Ergebnisse: Beim Samsung

Galaxy S2 wird der Soft-Reset durch langes Drücken (10 bis 20 Sekunden!) der Einschalttaste ausgelöst, beim HTC Desire (HD) drückt man ebenfalls lange auf den Power-Knopf und bestätigt im folgenden Dialog den Neustart des Geräts.

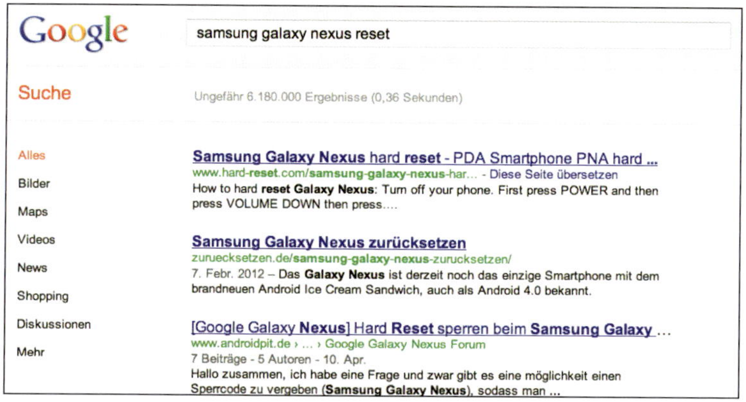

Abbildung 10.16: Google hilft: Mit welcher Tastenkombination führe ich einen Reset durch? Beachten Sie dabei stets den Unterschied zwischen Hard- und Soft-Reset, siehe Text.

10.3.2 Ultima ratio: den Akku entfernen

Nun kann es durchaus auch vorkommen, dass Ihr Smartphone auf die Soft-Reset-Bemühungen nicht mehr reagiert. Die folgende Lösung ist trivial: Entfernen Sie den Akku und warten Sie ca. eine Minute mit dem Wiedereinbau. Dadurch wird sichergestellt, dass der flüchtige Speicher komplett gelöscht wird. Nach dem Einbau starten Sie das Gerät wie gewohnt.

Auch an dieser Stelle kann ich mir die Bemerkung nicht verkneifen, dass iPhone-Benutzern die beschriebene Möglichkeit infolge des fest verbauten Akkus versperrt bleibt. Einzige Abhilfe in solch einem Fall: warten, bis sich der Akku selbstständig entladen hat.

10.3.3 Hard-Reset durchführen

Der Worst Case: Durch die Installation einer App wurden wichtige Systemdateien »zerschossen« oder zumindest komplett verkonfiguriert. In diesem Fall kann ein Soft-Reset oder das Entnehmen des Akkus das Problem nicht lösen. Ich bin selbst in eine solche Situation geraten, nachdem ich eine App zur automatischen Verwal-

> **Hard-Reset vor Verkauf**
> Tragen Sie sich mit dem Gedanken, Ihr gutes Stück bei eBay zu veräußern, so empfiehlt sich hier ein Hard-Reset, um sämtliche persönlichen Daten auf dem Gerät rückstandsfrei zu löschen. Achten Sie dabei darauf, dass auch der Inhalt der SD-Speicherkarte gelöscht wird. Dies erreichen Sie durch Markieren der entsprechenden Option.

tung von Hotspots installiert habe. Danach gelang es mir trotz eines Soft-Resets nicht mehr, mich in WLANs einzuloggen. Auch nach Deinstallation der App war die Netzwerkschnittstelle des Smartphones komplett zerschossen.

Hier hilft nur ein Hard-Reset, der das Gerät auf Werkseinstellungen zurücksetzt. Dumm nur, dass dabei sämtliche persönlichen Daten und Einstellungen verloren gehen. Aber Sie haben ja in *Kapitel 6* gelernt, wie man das Smartphone via Google-Konto sichert und Backups anfertigt, und können das Gerät somit auch nach einem Hard-Reset wiederherstellen.

Die Tastenkombination für einen Hard-Reset bringen Sie ebenfalls durch eine Google-Recherche in Erfahrung, suchen Sie hier nach *<Smartphone-Modell> hard reset*. Beim Samsung Galaxy Nexus etwa führen Sie einen Hard-Reset über das Menü *Einstellungen/Sichern und Zurücksetzen/Auf Werkszustand zurück* durch.

10.4 Drucken und Scannen mit dem Android Smartphone

Ja, Sie haben richtig gelesen, auch das ist möglich: Sie können Dokumente vom Smartphone direkt an einen Drucker senden – *Google Cloud Print* macht's möglich. Und auch als mobiler Scanner zur Texterfassung gibt Ihr Smartphone eine gute Figur ab …

10.4.1 Google Cloud Print nutzen

Der Ausdruck über Googles Druckerdienst *Cloud Print* erfordert für die Konfiguration zunächst einen Desktop-PC, der an das Internet angeschlossen ist und an dem sich wiederum ein (eingeschalteter) Drucker befindet. Die Vorbereitung zur Nutzung des Google-eigenen Druckdienstes geschieht wie folgt:

1. Installieren Sie (falls noch nicht geschehen) den Google-Browser *Chrome* auf Ihrem PC.
2. Starten Sie den Chrome-Browser und geben Sie in die Google-Suchmaske *google cloud print* ein.

3. Folgen Sie dem ersten Link. Loggen Sie sich auf der folgenden Seite als Google-Nutzer ein. Daraufhin gelangen Sie zur Cloud Print-Konfiguration.

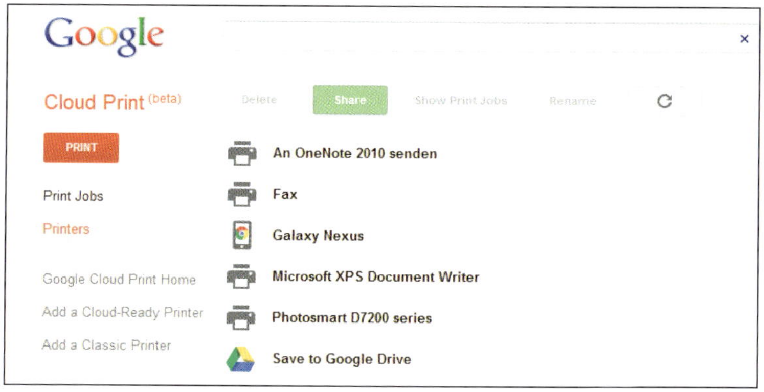

Abbildung 10.17: Nach der Konfiguration von Google Cloud Print stehen Ihnen sämtliche Systemdrucker online zur Verfügung. Neben einigen Pseudodruckern wie dem Microsoft XPS Document Writer können Sie im vorliegenden Fall auf einen HP Photosmart-Drucker zugreifen.

4. Begeben Sie sich zu den Einstellungen des Chrome-Browsers und betätigen Sie dort im Bereich *Einstellungen/Erweiterte Einstellungen* die Schaltfläche *Google Cloud Print Connector aktivieren*. Dadurch werden die auf Ihrem System befindlichen Drucker bzw. Druckertreiber gesucht und zu Google Cloud Print hinzugefügt. Stellen Sie sicher, dass der Drucker, den Sie in Cloud Print nutzen möchten, eingeschaltet ist.

5. Loggen Sie sich mit Ihren Kontodaten bei Google per Browser ein und rufen Sie den Link `http://www.google.com/cloudprint` auf. Sie erhalten nun einen Überblick, welche Drucker in Cloud Print angemeldet wurden (Abbildung 10.17).

6. Laden Sie schließlich die kostenlose App *Cloud Print* auf Ihr Smartphone. Diese stellt sicher, dass sich Ihr Android Smartphone mit dem freigegebenen Drucker verbinden kann. Die App führt Sie durch eine selbsterklärende Konfigurationsroutine.

Google Play: cloud print

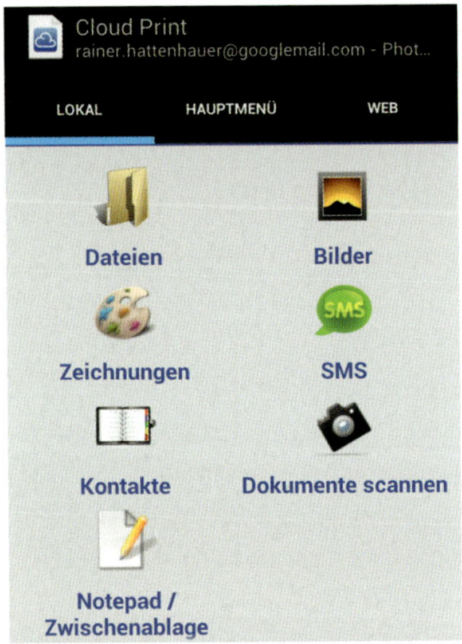

Abbildung 10.18: Die Cloud Print-App sorgt für eine reibungslose Verbindung zwischen Ihrem Androiden und dem lokalen Drucker. Im Hauptmenü der App können Sie zwischen verschiedenen zu druckenden Objekten auswählen.

Google Play: camscanner

Das war's schon! Sie können im Anschluss an die Installation und Konfiguration mit Cloud Print nun eine Testseite drucken, um zu sehen, ob die Anmeldung Ihres Systems erfolgreich war. Anschließend steht Ihnen der Cloud-Drucker innerhalb etlicher Apps, z. B. Google Docs und Google Mail, zur Verfügung. Auch die Cloud Print-App selbst verfügt über ein Hauptmenü, aus dem Sie bestimmte Dokumenttypen direkt drucken können (Abbildung 10.18).

Beachten Sie bitte: Das Ganze funktioniert nur dann, wenn Ihr PC und der angeschlossene Drucker online sind. Diverse Druckerhersteller bieten mittlerweile Hardware an, die auf die Verwendung mit Googles Cloud-Druckservice optimiert wurde.

10.4.2 Schöner scannen

Eine meiner Lieblings-Apps ist der *CamScanner*: Dieser wandelt mit der Smartphone-Kamera eingescannte Dokumente unmittelbar in PDFs um.

1. Installieren Sie die App über den Google Play Store und starten Sie diese.
2. Scannen Sie ein beliebiges Dokument mit dem CamScanner ein.
3. Nach dem Scannen haben Sie zunächst die Möglichkeit, das eingescannte Dokument zu beschneiden.
4. Anschließend können Sie den Kontrast sowie die Helligkeit des gescannten Bildes anpassen.
5. Wenn Sie mit dem Ergebnis zufrieden sind, wird das Dokument lokal auf Ihrem Smartphone gespeichert. Über die bekannte *Teilen*-Schaltfläche kann das fertige PDF schließlich in Google Drive hochgeladen werden.

Abbildung 10.19: Das fertige PDF kann nach dem Einscannen unter anderem auf Google Drive hochgeladen werden.

OCR in Google Drive

Der Clou an Google Drive ist die Möglichkeit, eingescannte Dokumente per **Optical Character Recognition** (kurz: OCR) in editierbare Texte umwandeln zu lassen. Wählen Sie dazu in Google Drive einfach das PDF aus und verwenden Sie anschließend aus dem Menü **Datei** die Option **In Google-Dokument exportieren** aus.

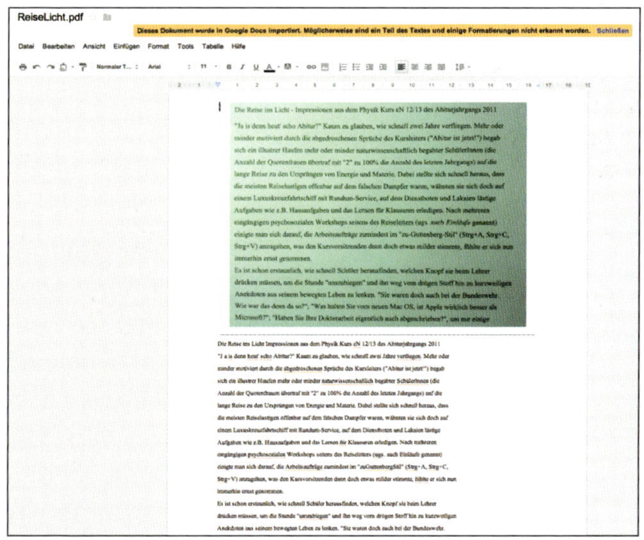

Abbildung 10.20: Das OCR-Modul in Google Drive ermöglicht die Umwandlung von gescannten Dokumenten per Mausklick.

10.5 Online im Ausland

So mancher Urlaubsreisende wurde schon nach der Heimkehr aus dem Himmel der Erholung auf den harten Boden der Tatsachen geholt. Der Grund: Die exorbitant hohe Rechnung für den Smartphone-Tarif. Dabei hatte er doch nur kurz eine Onlineverbindung per Handynetz für die lokale Wettervorhersage und das Bild der Webcam im Skigebiet hergestellt.

Fakt ist, dass man derzeit noch schlecht beraten ist, mit einer deutschen SIM-Karte im Ausland mobile Datendienste zu nutzen. Zwar ist von der EU eine schrittweise Deckelung der Datentarife bis zum Jahr 2015 vorgesehen, bis diese jedoch vollständig greift, lauert (insbesondere natürlich auch im Nicht-EU-Gebiet) die Kostenfalle. Der folgende Abschnitt stellt daher kostengünstige Alternativen vor.

10.5.1 Erwerb einer SIM-Karte für das Ausland

Mittlerweile haben sich diverse Anbieter darauf spezialisiert, SIM-Karten anzubieten, die einen weltweit günstigen Zugang zum Internet ermöglichen. Günstig bedeutet in diesem Fall, dass zu einem bezahlbaren Volumentarif abgerechnet wird. In der Regel beträgt der Datenpaket-Preis derartiger Angebote 50 Cent pro Megabyte Transfervolumen. Das ist im Vergleich zur Nutzung einer deutschen SIM-Card im Ausland sehr günstig: Hier fallen pro Megabyte bis zu 20 Euro (!) an, wenn man kein spezielles Zusatzpaket für das Ausland gebucht hat.

Ein Anbieter global nutzbarer SIM-Karten ist die österreichische A1 Telekom, die unter `www.abroadband.com` Informationen sowie einen Onlineshop zum direkten Erwerb einer solchen Karte anbietet. Beachten Sie: Mit einer günstigen Datenkarte kann in der Regel nicht regulär telefoniert werden. Eine mögliche Lösung in einem solchen Fall wäre, VOIP-Verfahren einzusetzen, falls der Provider es gestattet, siehe dazu auch *Kapitel 3*. Die günstigen Datenkonditionen gelten weltweit in ca. 50 Ländern, unter anderem dem EU-Raum sowie den USA und Australien. Exemplarisch soll an dieser Stelle die Einrichtung einer abroadband-SIM-Karte beschreiben werden. Die SIM-Karte sollte nach Möglichkeit bereits in der Heimat aktiviert werden:

1. Setzen Sie die SIM-Karte nach Erhalt bei ausgeschaltetem Gerät in Ihr Smartphone ein.
2. Schalten Sie Ihr Gerät ein.
3. Geben Sie nach dem Hochfahren die PIN ein, die sich auf der Plastikcheckkarte befindet. Dies ist bei abroadband standardmäßig 0000.
4. Erstellen Sie zunächst unter *Einstellungen/Drahtlos und Netzwerk/Mehr/Mobilfunknetze/Zugangspunkte* über Menüpunkt *Neuer APN* ein neues Profil für den Internetzugang über abroadband. Die vorzunehmenden Einstellungen entnehmen Sie der Tabelle 10.1.

Parameter	**Wert**
Profilname	abroadband
Benutzername	mdata@mdata.com
Passwort	ppp
APN	mdata.com
Authentifizierung	CHAP oder PAP
IP-Adresse	dynamisch
DNS	dynamisch

Tabelle 10.1: APN-Einstellungen des Providers abroadband

5. Aktivieren Sie nun den Roaming- und Datenübertragungsmodus im Menü *Einstellungen/Drahtlos und Netzwerk/Mobilfunknetze*.

Bei abroadband ist es notwendig, den Onlinezugang noch einmal explizit per Browser mit dem Gerät freizuschalten, in dem sich die SIM-Karte befindet.

6. Starten Sie den Systembrowser und rufen Sie eine beliebige Seite auf. Solange die SIM-Karte noch nicht registriert wurde, werden Sie automatisch auf das abroadband-Portal zur Registrierung umgeleitet (Abbildung 10.21). Reisende kennen dieses Verfahren, wenn sie sich in ausländischen Hotels Zugang zum kostenpflichtigen hauseigenen WLAN-Portal verschaffen möchten.

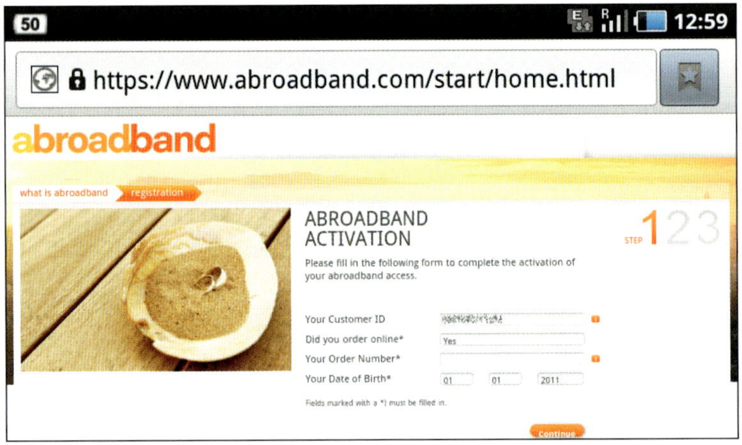

Abbildung 10.21: Die SIM-Karte wird per Smartphone über den Systembrowser aktiviert. Die Verbindung muss dabei über das Handynetz und nicht über das WLAN hergestellt werden. Man loggt sich zunächst mit der Kundennummer und Bestellnummer auf der Providerseite ein. In der oberen rechten Ecke der Statusleiste erscheint über dem Netzstärke-Indikator der Buchstabe »R«. Dieser signalisiert, dass Sie per Roaming in ein fremdes Netz eingebucht wurden.

7. Geben Sie alle zur Registrierung notwendigen Daten ein. Nach erfolgreicher Registrierung erhalten Sie eine Bestätigung per E-Mail.

Nun können Sie auch im Ausland munter drauflossurfen. abroadband bietet dabei einen Kostenairbag an: Sollten Sie beim Surfen die 60-Euro-Grenze überschreiten, werden Sie explizit aufgefordert, zu bestätigen, dass Sie weiteren Datentransfer wünschen.

10.5.2 Noch günstiger: die Prepaid-Karte aus dem Urlaubsland

Wenn Sie im Ausland richtig günstig unterwegs sein möchten, dann legen Sie sich am besten im Land eine Prepaid-Karte eines lokalen Providers zu. In einigen Ländern der EU erhalten Sie Datenvolumina in der Größenordnung von 500 MByte schon für 10 Euro. Eine Übersicht über entsprechende Angebote bietet die Seite `http://www.internet-ausland.de/`.

Noch besser: Sie gehen vor Ort in ein Mobilfunkgeschäft und lassen sich dort beraten, welche Optionen es für Prepaid-Datenkarten gibt. Ganz Clevere arbeiten also zunächst mit der in Abschnitt 10.5.1 beschriebenen Lösung und steigen vor Ort auf eine nationale SIM-Prepaid-Karte um.

10.5.3 Am günstigsten: WLAN-Hotspots nutzen

Die günstigste Alternative, im Ausland online zu gehen, bieten immer noch frei zugängliche WLAN-Hotspots. Vorreiter des kostenfreien Internets ist der Fastfood-Multi *McDonald's*: Hier erhalten Sie nach Anmeldung über ein Portal per Browser einen kostenlosen Internetzugang. Möchten Sie sich vor Reiseantritt über Hotspots vor Ort informieren, so bietet sich `http://www.hotspot-locations.de/` für eine Recherche an.

10.6 Android-Foren, Communitys, Websites

Gebildet ist, wer weiß, wo er findet, was er nicht weiß – oder zumindest einen Anlaufpunkt kennt, wo man sich guten Rat kostenlos holen kann. Android verfügt über eine kompetente Community, die hilft, wenn Ihr Smartphone mal klemmt.

10.6.1 Wie sag ich's meinem Forum?

Bevor Sie sich in einem Forum anmelden und wild Fragen stellen, sollten Sie einige Grundregeln im Umgang mit Ihren digitalen Mitbürgern berücksichtigen:

- Grundsätzlich gilt: **Erst recherchieren, dann fragen**. Gerade Anfänger übersehen, dass ein Großteil von Fragen und Problemen bereits im Forum diskutiert wurde. Nutzen Sie also zunächst die FAQ(*frequently asked questions*)-Liste sowie die Suchfunktion des Forums, um sicherzustellen, dass das Thema nicht schon ausführlich behandelt wurde.
- Seien Sie stets **freundlich und hilfsbereit**, wenn Sie Ihrerseits zur Lösung eines Problems beitragen können.
- Liefern Sie im Vorfeld bereits bei der Fragestellung genügend Informationen über Ihr spezielles Smartphone und den **ROM-Typ**. Letzteren bringen Sie über *Einstellungen/Über das Telefon* in Erfahrung (Abbildung 10.22).

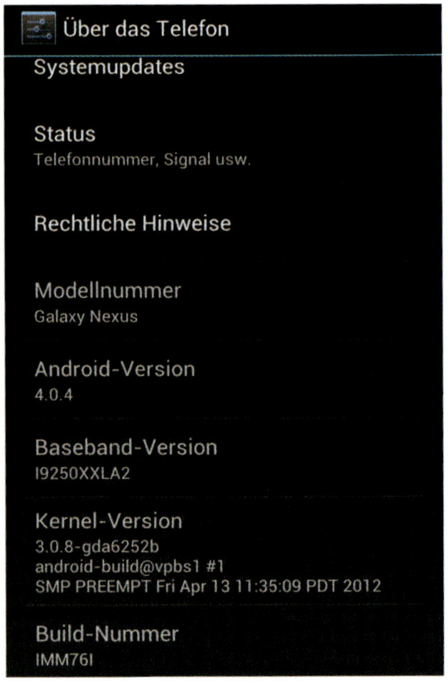

Abbildung 10.22: Über das Menü »Einstellungen/Über das Telefon« erfahren Sie, welchen speziellen Telefontyp Sie besitzen und welches ROM installiert wurde.

Informationen zur Hardware

Zum genauen Ermitteln der verbauten Hardware bzw. zum Testen der einzelnen Komponenten haben sich die folgenden Apps bewährt:

- **Phone Tester**
- **Z-Device Test**

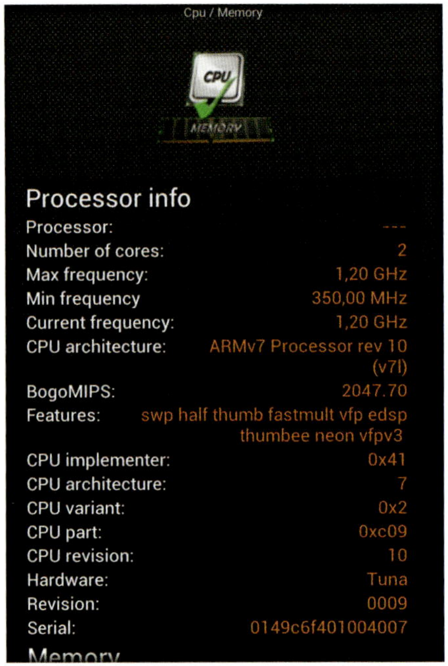

Abbildung 10.23: Z-Device Test liefert weiterführende Informationen über die Hardware, hier beispielsweise über den Prozessor und den verbauten Speicher.

10.6.2 Die wichtigsten Anlaufstellen

Nachdem Sie gelernt haben, wie man sich in den Foren bewegt, soll die folgende Tabelle einen Überblick über die wichtigsten Anlaufstellen für Android-Nutzer geben. Die Zusammenstellung erhebt natürlich bei Weitem keinen Anspruch auf Vollständigkeit, die beschriebenen Websites haben aber zumindest dem Autor des Buches wertvolle Dienste beim Einstieg in Android geleistet.

Name	URL	Inhalte
AndroidPIT	`http://www.androidpit.de/`	Foren für alle gängigen Android Smartphones, eigener App Google Play, App-Tests
Android-Hilfe	`http://www.android-hilfe.de/`	Großes Forum zu Android
Handy FAQ	`http://www.handy-faq.de/`	Größtes Handyforum mit speziellem Android-Bereich
PocketPC.ch	`http://www.pocketpc.ch/`	Website zu allen gängigen PDAs und Smartphones mit großem Android-Bereich
xda-developers	`http://www.xda-developers.com/`	Expertenforum, Quelle diverser alternativer ROMs, englischsprachig

Tabelle 10.2: Die wichtigsten Anlaufstellen zu Android

Einige Anbieter stellen sogar eine eigene App zur Nutzung ihrer Angebote zur Verfügung, so z. B. AndroidPIT und PocketPC.ch. Möchten Sie vom Smartphone aus aktiv an den Forumsdiskussionen teilnehmen, so empfiehlt sich die Installation der Tapatalk Forum App. Diese bietet eine bequeme Schnittstelle zur gängigen Forensoftware.

Google Play: tapatalk

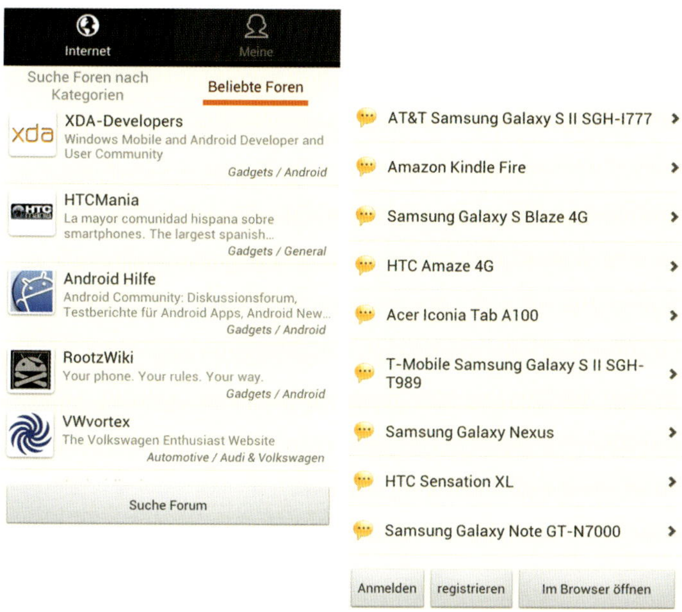

Abbildung 10.24: Mithilfe der Tapatalk Forum App können Sie vom Smartphone aus am munteren Treiben in den Android-Foren teilnehmen. Auf der rechten Seite ist beispielsweise die Forengruppierung der XDA Developer dargestellt. Sie haben innerhalb der App die Möglichkeit, sich im Forum anzumelden und eigene Beiträge zu verfassen.

10.7 Nur für Experten: Rooten und ROM-Wechsel

Lange habe ich mit mir gerungen, ob ich die folgende Thematik (wenn auch nur ansatzweise) in einem Einsteigerbuch anspreche. Es handelt sich sozusagen um den »Giftschrank« der Android-Küche. Folgende Dinge sollten Sie beachten, wenn Sie weiterlesen:

Achtung

- Durch das Rooten eines Android Smartphones verlieren Sie die Garantie bzw. Gewährleistung des Herstellers.
- Bei unsachgemäßer Durchführung eines ROM-Updates besteht eine gewisse Chance, das Smartphone komplett unbrauchbar zu machen. Man spricht in solch einem Fall davon, dass das Smartphone »gebrickt« wurde (engl.: brick = Ziegelstein). Ähnlich wie ein Ziegelstein taugt das gute Stück dann nur noch als Briefbeschwerer.
- Aufgrund der Komplexität kann nachfolgend nur ansatzweise angedeutet werden, wie beim Rooten bzw. ROM-Update vorzugehen ist. Ausführliche Schritt-für-Schritt-Anleitungen werden Sie aufgrund der Brisanz des Themas nachfolgend nicht finden. Dem Leser wird dringend geraten, sich anhand von Sekundärquellen aus dem Internet umfassend zu informieren, wie bei seinem speziellen Gerät zu verfahren ist und, vor allem, was alles schiefgehen kann(!).
- Weder der Verlag noch der Autor kommen für Garantieverlust oder Schäden an Ihrem Smartphone auf, die durch Rooten oder Einspielen von alternativen ROMs entstanden sind.

Wenn das Ganze so gefährlich ist, warum macht man es dann überhaupt?

- Durch das Rooten erhalten Sie die Möglichkeit, als sogenannter *Superuser* (oder *root*) auf Ihrem Smartphone tun und lassen zu können, was immer Ihnen beliebt. Das Rooten entspricht somit dem sogenannten *Jailbreak* auf iPhones. Dazu gehört auch die Verwendung von Apps, die sehr nützlich sind, aber Rootrechte beanspruchen. Ein Beispiel ist das überaus beliebte Titanium Backup, die derzeit einzige vollständige Backup-Möglichkeit für den kompletten Inhalt des Android Smartphones.
- Durch das Einspielen eines alternativen ROMs (ROM bedeutet *Read Only Memory*: darin wird das eigentliche Android-Betriebssystem abgelegt) gelangen Sie in den Genuss zeitnaher Systemupdates sowie geschwindigkeitsopti-

mierter Betriebssystemabbilder. Dadurch sind Sie nicht auf den verzögerten Updatezyklus der meisten Hersteller angewiesen.

Sie wissen also nun, worauf Sie sich einlassen. Wenn Sie jetzt noch den Mut aufbringen, dann folgen Sie mir.

10.7.1 Rooten mit einem Klick

Das Rooten des Android Smartphones ist wahrlich keine große Kunst. Sie benötigen entweder eine App, die (passend für Ihr Smartphone und das aktuell installierte ROM) das System durch einen einzigen Aufruf entsperrt, oder Sie flashen mit einem der gängigen ROM-Manager ein ROM, welches bereits über den Rootzugriff verfügt. Leider gibt es hier keine Universallösung, sodass Sie an dieser Stelle angehalten sind, selbst einmal in den gängigen Foren zu recherchieren, welche Lösung für Ihr spezielles Gerät optimal ist.

1. Suchen Sie per Google nach *<Name des Smartphone-Modells> rooten*.
2. Wählen Sie insbesondere Links, die zu den in Abschnitt 10.6.2 beschriebenen Foren führen.
3. Informieren Sie sich gründlich, welche Rootmethode für Ihr spezielles Gerät empfohlen wird.

Sind Sie schließlich fündig geworden, gehen Sie nach der Anleitung eines Forums vor. In der Regel gibt es zwei Varianten, ein Android Smartphone zu rooten.

- Sie laden eine ausführbare Datei auf die SD-Karte Ihres Smartphones und führen diese direkt auf dem Gerät aus.
- Alternativ: Sie benutzen eine Windows-Anwendung, die auf das Smartphone im USB-Debugmodus (*Einstellungen/Entwickleroptionen/USB-Debugging*) zugreift und die Rootrechte per USB-Verbindung einstellt.

Zur letzten Kategorie gehört der CF-Kernel, den es für den Großteil der Android Smartphones gibt. Der Kernel wird mit dem ODIN-Tool auf das Smartphone geflasht, vgl. Abschnitt 10.7.2.

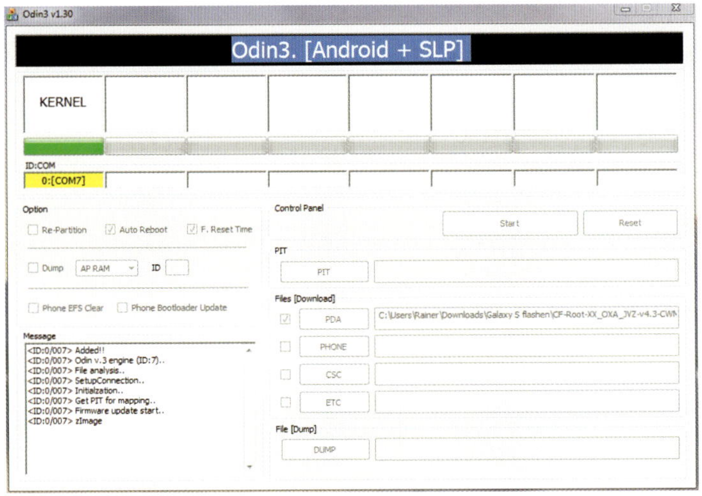

Abbildung 10.25: Per ODIN wird das Android Smartphone mit dem CF-Kernel versehen und gerootet.

Nun sollten Sie im Bereich der Anwendungen einige neue Apps finden, unter anderem die App *Superuser* (Abbildung 10.26). Um den Rootzugriff zu testen, installieren Sie am besten eine der vielen Rootchecker-Apps aus dem Google Play Store.

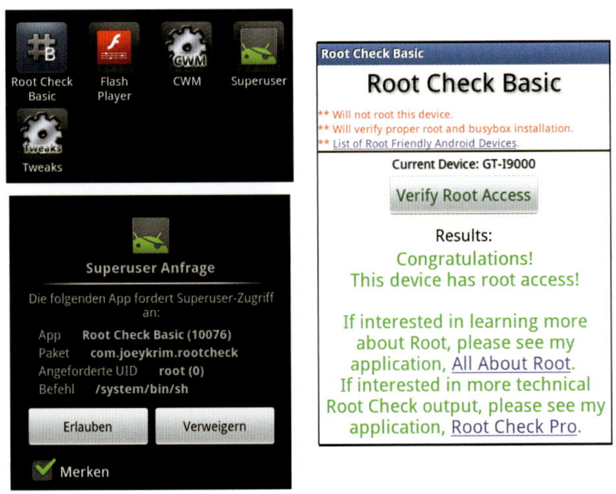

Abbildung 10.26: Nach dem Rooten taucht unter anderem die Superuser-App im Anwendungsmenü auf. Mit einem Rootchecker können Sie überprüfen, ob Ihr Smartphone korrekt gerootet wurde.

Nach dem Rooten können Sie auf eine Vielzahl weiterer interessanter Apps im Google Play zugreifen. Prominent sind beispielsweise das Titanium Backup und der Root Explorer, ein mächtiger Dateimanager (Abbildung 10.27).

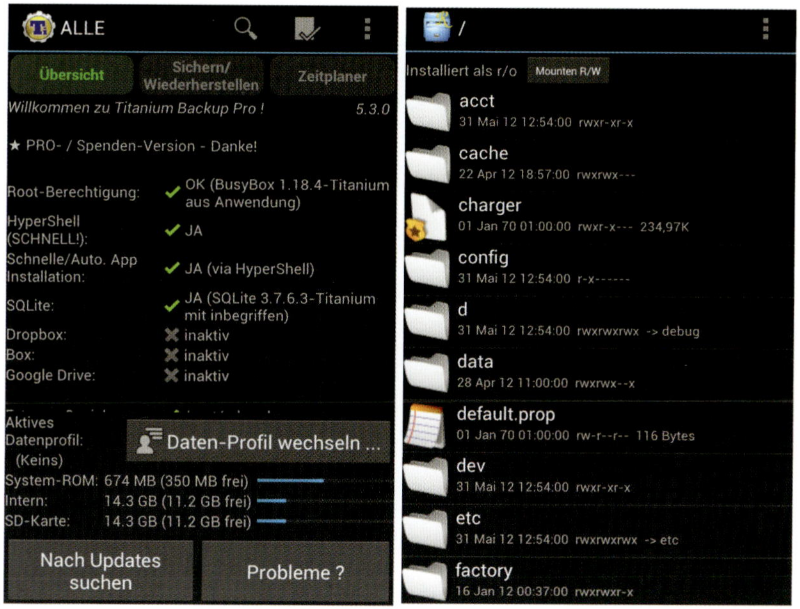

Abbildung 10.27: Zwei Anwendungen, die Rootrechte benötigen: links Titanium Backup, rechts der Root Explorer

> **Lästige System-Apps entfernen**
> Sie haben die Nase voll von sogenannter Bloatware, d. h. überflüssigen Programmen, die der Hersteller auf Ihrem Smartphone hinterlassen hat? Verwenden Sie den **Root Uninstaller**. Sie haben dabei zunächst die Wahl, die störenden Apps einzufrieren, um zu testen, dass diese nach dem Entfernen nicht die Stabilität des Systems beeinträchtigen.

10.7.2 Ein neues ROM einspielen

Die einzige stressfreie Möglichkeit, ein Betriebssystemupdate durchzuführen, ist die Verwendung der Updatesoftware des Smartphone-Herstellers. Dadurch verlieren Sie zumindest nicht die Garantie bzw. Gewährleistung, wenn dabei etwas schiefgehen sollte. Der Nachteil: Durch den Einsatz spezieller Oberflächen erfordert jedes neue Android-Release eine Anpassung des Hardwareherstellers. So streichen mitunter Monate, teilweise sogar Jahre ins Land, bis ein Android-Update beim Endkunden angekommen ist. Und in dieser Zeit tauchen weitere Sicherheitslücken auf …

Hinweis
Ein wesentlicher Kritikpunkt am Android-Betriebssystem ist der Vorwurf der **Fragmentierung**: Es existieren zu viele Systemvarianten für sehr unterschiedliche Basishardware. Im iPhone-Universum ist alles einfacher: Es gibt nur eine gemeinsame Hardwareplattform, die bei künftigen Updates versorgt werden muss.

Der Weg aus dem Update-Dilemma: Sie können alternative ROMs installieren, die stets aktualisiert werden. Die beliebtesten Varianten sind das *MIUI ROM* sowie *CyanogenMod*. Diese beiden ROM-Varianten enthalten einige wesentliche Optimierungen, die das Android-System stabiler und schneller machen. Sicherheitsupdates fließen zeitnah in aktuelle ROMs ein.

Für das Einspielen eines neuen ROMs für ein spezielles Gerät gilt in verstärktem Maße das bereits im letzten Abschnitt Gesagte: Drei Dinge sind wesentlich, bevor Sie sich heranwagen und ein neues ROM installieren: Recherchieren, Recherchieren und Recherchieren. Sehen Sie sich insbesondere auch Problemberichte an. Lohnt es sich wirklich, das alternative ROM einzuspielen? Welche (für mich unverzichtbaren) Vorteile bestehen gegenüber dem aktuell installierten ROM? Wird die komplette Hardware meines Smartphones unterstützt? Erst nach der Klärung dieser Fragen sollten Sie sich an das Flashen heranwagen.

Auf dem Weg zum neuen ROM

Am freundlichsten gegenüber dem Versuch des Anwenders, alternative Systemsoftware auf das Smartphone aufzuspielen, verhalten sich derzeit Geräte aus dem Hause Samsung. Hier haben Sie die Möglichkeit, mit dem *ODIN*-Tool alternative ROMs innerhalb kürzester Zeit einzuspielen (Abbildung 10.28).

Wo bekomme ich ROMs her? Auch hier hilft eine Google-Recherche. Füttern Sie die Suchmaschine mit den Begriffen *alternative ROMs <Smartphone-Typ>* und folgen Sie den Anleitungen und Links der einschlägigen Foren.

Eine gute Anlaufstelle für Samsung-Besitzer ist beispielsweise `www.samfirmware.com`. Dort finden Sie Firmwares für alle gängigen Samsung Smartphones. Diese kann dann mit dem ODIN-Tool nach Anleitung auf der Website geflasht werden. Zuvor ist das Smartphone mit einer speziellen Tastenkombination in den sogenannten Download-Modus zu bringen. Es empfiehlt sich außerdem, vor dem Flashen die SIM-Karte sowie die externe SD-Karte aus dem Smartphone zu entnehmen.

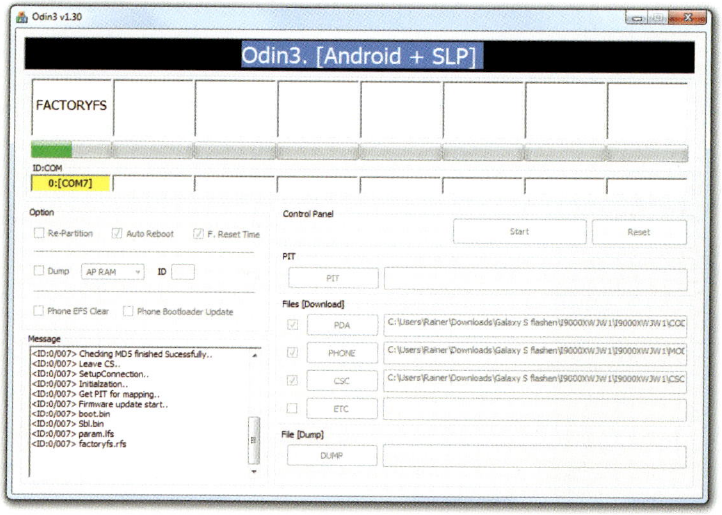

Abbildung 10.28: Das Flash-Tool ODIN in Aktion. Das Tool können Sie neben diversen ROMs von `www.samfirmware.com`. laden. Dort finden Sie auch Tutorials zum Flashen von Samsung Android Smartphones.

Besitzer anderer Smartphone-Hardware wie z. B. HTC oder Motorola werden per Internetrecherche ebenfalls fündig auf der Suche nach Flash-Anleitungen. Bei einigen Herstellern wird das Flashen des Smartphones dadurch erschwert, dass der Bootloader vom Hersteller speziell geschützt wird. Aber auch hier gibt es Mittel und Wege, den Schutz auszuhebeln.

Alternative ROMs bequem einspielen mit dem ROM Manager

Ist Ihr Smartphone erst einmal gerootet, so haben Sie die Möglichkeit, über die App ROM Manager aus dem Google Play Store ein alternatives ROM wie z. B. CyanogenMod einzuspielen.

Nach der Installation der App spielen Sie das gewünschte alternative ROM einfach per USB-Verbindung auf Ihr Smartphone und installieren dieses nach Anleitung eines Forums.

Google Play: rom manager

Abbildung 10.29: Mithilfe des ROM Managers lassen sich alternative ROMs im Handumdrehen installieren. Der erste Schritt besteht darin, das aktuelle ClockworkMod Recovery-System einzuspielen (Menüpunkt eins).

Mit einem alternativen ROM lassen sich auch betagte Smartphones, die der Hersteller längst aus dem Updatezyklus entfernt hat, mit frischen Android-Versionen versehen (Abbildung 10.30).

Abbildung 10.30: Auch in die Jahre gekommene, vom Hersteller vernachlässigte Hardware wie hier der ehemalige Bestseller von Samsung, das Galaxy S, kommt mit einem alternativen ROM, im vorliegenden Fall CyanogenMod 9, in den Genuss aktueller Android-Versionen.

Noch ein abschließender Hinweis: Bei aktuellen Smartphones haben Anwender stets die Möglichkeit, *Over-The-Air-Updates*, d. h. Updates direkt über das WLAN oder Mobilfunknetz, zu erhalten. Den entsprechenden Menüpunkt finden Sie unter *Einstellungen/Über das Telefon/Systemupdates*.

Wörterbuch

Account
Account ist das englische Wort für Konto. Ein wichtiger Account für Ihr Android Smartphone ist Ihr Konto bei Google.

A-GPS
Das *Assisted GPS* erleichtert das Auffinden von Satelliten bei Einsatz eines *GPS*. Aufgrund der per Onlineverbindung grob ermittelten Position des Smartphones erfolgt ein Satellitenfix durch das A-GPS schneller.

Android Market
Der *Android Market* war die ursprüngliche Bezeichnung des *Google Play Store*s. Im Gegensatz zum Play Store war die Plattform nur auf Apps ausgerichtet.

APN
Access Point Name ist der Name und die Beschreibung des *Zugangspunkts*, mit dessen Hilfe Sie per Mobilfunknetz eine Verbindung zum Internet aufbauen können.

App
Eine *App* ist ein Anwenderprogramm, das auf Ihrem Smartphone läuft.

Attachment
Ein *Attachment* ist ein Anhang, den Sie an eine E-Mail »anheften« können. Das kann z. B. ein Foto, aber auch ein Textdokument sein.

Augmented Reality
Die *erweiterte Realität* ermöglicht das Einblenden von Informationen in das Livebild Ihrer Smartphone-Kamera. Dabei wird Ihre momentane Position zunächst per GPS lokalisiert, die Informationen zum Standort werden anschließend per Onlineverbindung abgerufen.

Bluetooth
Mithilfe des Bluetooth-Funks lassen sich Informationen zwischen zwei Smartphones über kurze Distanzen übermitteln.

Client
Unter einem Client versteht man auf einem Smartphone ein Programm, das besondere Netzwerkdienste nutzen kann. So bietet Skype etwa einen Android-Client für VOIP-Telefonie an.

Cloud (Computing)
Die *Cloud* ist ein Verband von Servern im Netz, auf denen Daten gelagert und Programme genutzt werden können. Die Arbeit mit Programmen, die auf diesen Servern bereitgehalten werden, nennt man *Cloud Computing*.

Codec
Die *Codier-Decodier-Software* (engl. Abkürzung: *Codec*) ermöglicht das platzsparende Speichern von Audio- und Videomaterial auf Ihrem Smartphone. Typische Codecs sind der *MP3*-Audiocodec und der DivX-Videocodec.

Copy&Paste
Manch einer macht's im Rahmen seiner Diplom- oder Doktorarbeit: das Kopieren und Einfügen von Textteilen, eine zumeist unrühmliche Kulturtechnik des 21. Jahrhunderts.

DCIM
Im *Digital Camera Images*(DCIM)-Ordner werden in der Regel die Fotos und Videos der Smartphone-Kamera abgelegt. Je ein Exemplar des Ordners befindet sich sowohl auf der internen als auch auf der externen *SD-Karte*.

Desktop
Den *Desktop* kennen Sie schon von Ihrem PC: Das Wort steht für Schreibtisch und beschreibt die Oberfläche, auf der Programme und Dateien in Form von kleinen *Icons* abgelegt werden können.

DHCP
Das *Dynamical Host Configuration Protocol* sorgt dafür, dass Ihr Smartphone beim Einbinden in ein Netzwerk mit einer *IP-Adresse* versehen wird.

Drag&Drop
Platzieren Sie einen Finger über ein Objekt, verschieben Sie das Objekt mithilfe des gedrückten Fingers an eine andere Stelle und lassen Sie den Finger los: Voilà – Sie haben das Prinzip von Drag&Drop entdeckt!

eBook
Das *elektronische Buch* ist auf dem Vormarsch: In den Vereinigten Staaten hat der Umsatz der eBooks bei Amazon bereits den der gedruckten Bücher überflügelt.

Flash von Adobe
Mittlerweile befinden sich Flash-Inhalte im Android-Bereich auf dem Rückzug und folgen damit Apples Strategie: Google verweigert ab Android Version 4.1 die Unterstützung des proprietären Medienformats, und Adobe bietet darüber hinaus keinen Flash-Player für aktuelle, mobile Plattformen an. Dennoch können Sie auf einigen älteren Android Smartphones noch das Flash Plug-In aus dem Google Play Store installieren.

Flashen des Smartphones
Darunter versteht man das Einspielen eines neuen *ROMs*.

FTP
Mit dem *File Transfer Protocol* greift man auf Internetserver zu und kann darauf befindliche Dateien mithilfe eines FTP-Clients herunterladen.

Galerie
In der *Galerie* Ihres Android Smartphones werden üblicherweise alle Mediendateien abgelegt. Mithilfe eines speziellen Browsers können Sie die Galerie durchsuchen und die Materialien unter anderem in Form einer Diashow wiedergeben.

Google Play Store
Der *Google Play Store* ist Dreh- und Angelpunkt, wenn Ihr Android Smartphone mit Apps, Büchern und Medien ausgestattet werden soll. Die Installation einer App oder der Erwerb von Medien kann direkt von Ihrem Android Smartphone per Play Store App, aber auch bequem am heimischen PC per Browser erfolgen.

GPS
Das *Global Positioning System* ist ein weltumspannendes System von Satelliten, mit deren Hilfe eine genaue Positionsbestimmung vorgenommen wird. Ihr Smartphone muss dafür mit einem GPS-Empfangschip ausgestattet sein.

GSM
Das *Global System for Mobile Communications* ist der allgemein bekannte Standard für digitale Mobilfunknetze.

Homescreen
Auf dem *Homescreen* (zu Deutsch: *Heimbildschirm*) legen Sie Ihre beliebten *Widgets* und *Apps* ab, um schnell darauf zugreifen zu können. Android bietet Ihnen in der Standardkonfiguration mehrere Homescreens an, die Sie thematisch geordnet belegen können.

Hotspot
Ein *Hotspot* ist ein Zugangspunkt für drahtlose Verbindungen per *WLAN*.

Icon
Ein *Icon* ist ein kleines Symbol, das für eine *App* steht. Durch Antippen des Icons starten Sie die entsprechende App.

IMAP
Mithilfe des *Internet Message Access Protocol*, eines Internetprotokolls für den E-Mail-Zugriff, können Sie Ihr Mailpostfach so nutzen, dass E-Mails wie bei einem stationären Mailprogramm in eine Ordnerstruktur einsortiert und bei Bedarf auch gelöscht werden können. IMAP bietet sich an, wenn Sie viel unterwegs sind und Ihr Postfach parallel per heimischem PC oder Smartphone nutzen möchten.

IP-Adresse
Die *Internetprotokolladresse* (IP: Internet Protocol) ist eine Zahlenkolonne, mit deren Hilfe man ein an das Internet angeschlossenes Endgerät ansprechen kann. Beispiel für eine IP-Adresse wäre 192.168.0.1.

Labels
Mithilfe von *Labels*, also Markierungen, lassen sich die Mails in Ihrem Google Mail-Postfach sortieren.

Linux
Das freie Betriebssystem ist der Urahne des Android-Betriebssystems. Linux wurde im Jahr 1991 von dem damals 21-jährigen Studenten Linus Torvalds entwickelt. Dieser führt bis heute die Aufsicht über die Entwicklung des Betriebssystemkerns, des sogenannten *Kernel*s.

LTE
Der neue, schnelle Mobilfunkstandard *LTE* (= *Long Term Evolution*) ist der Nachfolger von *UMTS* und bietet Datenübertragungsraten, die man bislang nur von Breitbandanschlüssen gewohnt war.

MMS
Der *Multimedia Messaging Service* stellt die Weiterentwicklung der klassischen *SMS* dar. Damit haben Sie die Möglichkeit, kleine Multimediadateien wie z. B. Fotos oder Videos an eine Kurznachricht zu heften.

MP3
Das *MP3-Kompressionsverfahren* bietet die Möglichkeit, Audiodateien, in der Regel Musik, auf einen Bruchteil ihrer Größe bei nahezu gleichbleibender Qualität zu komprimieren.

Multitasking
Unter *Multitasking* versteht man das scheinbar parallele Abarbeiten von Programmen auf einem Computer oder Smartphone. Scheinbar deshalb, weil der Prozessor im Mikrosekundentakt zwischen den geöffneten Anwendungen hin und her wechselt und so der Eindruck der Parallelbearbeitung erweckt wird.

PDF
Das *Portable Document Format* ermöglicht die Darstellung von Dokumenten auf beliebigen Plattformen. Sie benötigen allerdings spezielle Apps, um PDF-Dokumente anzuzeigen: Das Android-System selbst beherrscht dieses Format nicht.

PIN
Mit dem PIN-Zahlencode, der *Persönlichen Identifikationsnummer*, aktivieren Sie Ihre *SIM-Karte*.

Pinch-to-Zoom
Eine Anleihe vom iPhone: Mit gespreizten Fingern können Sie Bildschirminhalte verkleinern bzw. vergrößern.

QR-Code
Das ganze Buch wimmelt davon: Über diese praktischen kleinen Piktogramme, die *Quick Response Codes*, installieren Sie im Handumdrehen Apps mithilfe Ihrer Smartphone-Kamera und einer Scanner-App.

RAM
Der *Random Access Memory* ist derjenige Speicher Ihres Smartphones, in dem die Programme ablaufen und temporäre Daten abgelegt werden. Alle Inhalte des RAM-Speichers werden beim Abschalten des Smartphones gelöscht.

Reset
Durch das *Zurücksetzen* Ihres Smartphones gelangen Sie in einen definierten Ausgangszustand. Ein Reset ist dann sinnvoll, wenn das Telefon wider Erwarten einmal abstürzen bzw. hängen bleiben sollte.

ROM
Im *Read Only Memory* ist das Betriebssystem Ihres Smartphones untergebracht. Dieser im Normalbetrieb nicht beschreibbare Speicher enthält sämtliche Daten und Programme, die Android benötigt. Sie haben aber stets die Möglichkeit, das ROM zu *flashen* und ein neues Betriebssystem einzuspielen oder das bestehende System zu aktualisieren.

Rooten
Nur für Experten zu empfehlen: Durch das *Rooten* Ihres Smartphones verschaffen Sie sich Zugang zum Kern des Systems und systemkritischen Dateien.

RSS
Mit dem *Really Simple Syndication*-Format können Überschriften von Nachrichtenkanälen des Internets oder ganz allgemein auch von Webseiten auf das Smartphone befördert werden. Dazu ist es nicht notwendig, die komplette Seite zu laden, was einem Smartphone-Nutzer aufgrund des dadurch reduzierten Datenaufkommens sehr entgegenkommt.

SD-Karte
Auf einer *Secure Digital Memory Card* lassen sich Daten ablegen, die auch nach einem Neustart des Geräts zur Verfügung stehen. Neben der fest verbauten internen SD-Karte bieten die meisten

Smartphones die Möglichkeit an, den nicht flüchtigen Speicher mit einer externen SD-Karte zu erweitern.

SIM-Karte

Zum Telefonieren oder zur Nutzung des mobilen Internets benötigen Sie ein *Subscriber Identity Module*, kurz *SIM-Karte* genannt. Derartige Chips erhalten Sie von einem der zahlreichen Mobilfunkprovider.

SMS

Der *Short Message Service* ist der Dinosaurier unter den mobilen Kommunikationsformen und außer in Teeniekreisen vom Aussterben bedroht. Kein Wunder, stehen doch über das mobile Internet weit kostengünstigere Alternativen zur Verfügung.

Swype

Swypen statt tippen: Durch das Nachfahren von Buchstabensequenzen mit dem Zeigefinger steigern Sie nach kurzer Zeit Ihre Geschwindigkeit bei der Texteingabe beträchtlich.

Task-Manager

Moderne Betriebssysteme setzen auf *Multitasking* und lassen eine Vielzahl von Programmen und Diensten parallel ablaufen. Mit einem *Task-Manager* haben Sie die Möglichkeit, selektiv Anwendungen zu stoppen, die Ihr Gerät ausbremsen.

Tethering

Seit Android-Version 2.2 Froyo können Sie den Internetzugang Ihres Handys anderen Geräten zur Verfügung stellen. Ihr Smartphone dient dabei als Hotspot, das Verfahren wird als *Tethering* bezeichnet.

UMTS bzw. 3G

Mit dem schnellen *Universal Mobile Telecommunications System*-Standard lassen sich Dateien im D-Zug-Tempo übertragen, und auch das Surfen per Browser gestaltet sich äußerst flüssig.

URL

Die *Uniform Resource Location* ist dem Normalanwender besser bekannt unter dem landläufigen Begriff *Internetadresse*. Ein Beispiel für eine URL wäre `http://www.addison-wesley.de/`.

USB

Per *Universal Serial Bus* erfolgt der Abgleich Ihres Smartphones mit Ihrem PC. Jedes moderne Gerät verfügt mittlerweile über einen entsprechenden Steckanschluss, der per Kabel mit einem PC verbunden werden kann.

VOIP

Der *Voice over IP*-Standard ist jedem Computerkundigen unter dem Namen *Internettelefonie* ein Begriff. Skype verwendet dieses Verfahren, um kostengünstige Telefonate rund um den Globus zu ermöglichen.

Wallpaper

Mit einer Wallpaper (zu Deutsch: Tapete) gestalten Sie den Hintergrund Ihres *Desktops*.

Widget

Diese praktischen kleinen Helfer verwandeln Ihr Smartphone in eine Informationszentrale. Ob Wetter, Uhrzeit oder Kalendereinträge: Für jeden Zweck gibt es die passende Informationsanwendung für den *Desktop*.

WLAN bzw. WiFi

Über das *Wireless Local Area Network* gelangen Sie insbesondere im Ausland kostengünstig ins Internet. Mittlerweile ist jedes Standard-Smartphone mit einer WLAN-Schnittstelle ausgestattet, die die drahtlose Verbindung zu einem Hotspot herstellt.

XT9

Bei XT9 (*extended T9*) handelt es sich um eine Weiterentwicklung der weit verbreiteten Texteingabehilfe T9. Bereits während des Tippens erhalten Sie Wortvorschläge vom System. Die Wörter können Sie dann per Antippen sofort in Ihren Text übernehmen.

Stichwortverzeichnis

Bibliografische Information Der Deutschen Nationalbibliothek
Die Deutsche Nationalbibliothek verzeichnet diese Publikation in der Deutschen Nationalbibliografie; detaillierte bibliografische Daten sind im Internet über http://dnb.dnb.de abrufbar.

10 9 8 7 6 5 4 3 2 1

13 12

ISBN 978-3-8273-3181-6

Lektorat: Birgit Ellissen, bellissen@pearson.de
Korrektorat: Marita Böhm, München
Herstellung: Claudia Bäurle, cbaeurle@pearson.de
Satz: Ulrich Borstelmann, Dortmund (www.borstelmann.de)
Einbandgestaltung: Marco Lindenbeck, webwo GmbH, mlindenbeck@webwo.de
Druck und Verarbeitung: Drukarnia Dimograf, Bieslko-Biala
Printed in Poland